CB073364

ESCUTE O QUE ELA DIZ

JOANNE LIPMAN

Viés inconsciente — o que os homens precisam saber
(e as mulheres têm a dizer) sobre trabalhar juntos

PRIMAVERA
EDITORIAL

SUMÁRIO

Introdução: Os homens não são o inimigo 5

1. A vida secreta das mulheres 19
2. O sucesso dela é o seu também 41
3. Todo mundo é meio sexista.. 71
4. As doze palavras mais terríveis do idioma inglês 95
5. Ela tem certeza de que você não a respeita 119
6. Apesar de merecer, ela não vai pedir um aumento 151
7. Teste às cegas 179
8. Mulheres invisíveis.. 209
9. A nova geração 233
10. Qual o melhor lugar do mundo para uma mulher? 255
11. O futuro é agora.. 275

Lembrete 287
Agradecimentos...293

INTRODUÇÃO
OS HOMENS NÃO SÃO O INIMIGO

ESTE LIVRO COMEÇOU COM UM VOO para Des Moines. Quase tudo nesta viagem foi como de costume. O empresário sentado ao meu lado não poderia ter sido mais amigável. Enquanto taças de plástico de vinho branco iam e vinham, conversamos sobre o negócio dele, sua nova casa em um subúrbio de Nova York e as equipes esportivas de seus filhos.

Quando mencionei que ia palestrar em uma conferência de mulheres, meu vizinho congelou.

– Oh, me desculpe! – retrucou. – Eu sou um homem, me desculpe.

Fiquei sem graça e fitei o fundo da taça de vinho. Meu vizinho de assento me deu uma olhada de lado e se explicou.

– Tive que passar por treinamento em diversidade há alguns meses. Foi péssimo.

Então, me contou que ele e os demais colegas do sexo masculino haviam sido massacrados pela facilitadora. Era como se tivesse sido enviado para a sala do diretor da escola, ou sentado no canto da classe, de castigo. Horas de sua vida desperdiçadas. E a mensagem que ficara, para ele e para os colegas, resumiu-se a uma acusação: *É tudo culpa de vocês.*

As palavras do meu vizinho me impressionaram. A verdade é que já ouvi algum tipo de versão delas dezenas de vezes antes. Vi a linguagem corporal, aquela recuada que diz *não grite comigo, por favor!*, mais vezes do que poderia lembrar. Eu tinha visto homens seguros de si, autoconfiantes, adotarem a postura defensiva quando o assunto "mulheres" – ou, que Deus nos livre, a expressão "igualdade de gênero" – surgia. Meu colega de assento e eu passamos o resto do voo em um silêncio constrangedor.

Na manhã seguinte, várias centenas de mulheres se reuniram no salão de festas de um hotel. Eu havia sido convidada para falar sobre alguns dos problemas mais comuns que nós, mulheres, enfrentamos no trabalho – somos negligenciadas em reuniões, subestimadas, observamos homens levando crédito por nossas ideias. Enquanto falava, observei aquelas centenas de cabeças femininas assentindo em reconhecimento.

Parei bem no meio de uma frase.

– Nós já sabemos tudo isso – falei. – Precisamos de homens nesta sala, para que ouçam essa mensagem.

o o o

PRIMEIRAS COISAS, PRIMEIRO: Não haverá *man shaming* em *Escute o que ela diz.* que é o que ela disse. Nenhuma misandria. Ninguém vai apontar o dedo na cara do outro.

Por anos, a maneira mais rápida de tirar os homens de uma sala era mencionar igualdade de gênero. E quem poderia culpá-los? A conversa implicitamente fazia dos homens os vilões. Em 1859, muito antes de minha epifania em Des Moines, uma charge da *Harper's Weekly* mostrava homens acuados em um tribunal, enquanto sufragistas os censuravam. Em uma charge de 1875, cuja legenda é "Sufrágio feminino, sofrimento masculino", um bando de mulheres tenta persuadir um homem aparentemente indiferente.

Os homens se sentiam, e ainda se sentem, demonizados. Um recente estudo de Harvard descobriu que o "treinamento de diversidade" corporativo acentua a lacuna de gênero, em parte porque faz os homens se sentirem mal consigo mesmos. O que, como acontece, é o que foi projetado para fazer.

– Costumávamos fazer isso com uma ripa nas mãos – disse Howard Ross, veterano em treinamentos de diversidade. – Batíamos neles até que enxergassem onde estavam errando. Era ótimo quando alguém chorava. Enquanto isso, as mulheres se isentaram totalmente de culpa e cortaram completamente os homens da conversa.

Toda uma indústria de livros, conferências e grupos de trabalho em rede floresceu nos dizendo que resolver a lacuna de gênero depende de nós, não deles. Dizem que precisamos nos manifestar, para sermos mais confiantes, para exigirmos receber aquilo que merecemos. Entre nós, mulheres, falamos interminavelmente sobre tudo isso. O que não fazemos é conversar com os homens sobre esses assuntos.

Essa desconexão entre homens e mulheres não faz sentido para mim. Se só falarmos entre nós, mulheres, apenas poderemos resolver 50% do problema. Precisamos que os homens participem da conversa, que sejam nossos parceiros. E quanto aos homens, a maioria deles não está nem perto de ser um vilão. Eles não precisam apanhar de ripa. Eles gostariam de trabalhar em um ambiente igualitário, só não sabem qual é seu papel nisso. Como disse o diretor executivo da Intel, Brian Krzanich:

– Tenho duas filhas. Quero que desfrutem um mundo de oportunidades iguais para elas.

E, ainda assim, os homens recuam diante da conversa sobre o fechamento do hiato. Alguns simplesmente não estão interessados. Outros têm certeza de que eles mesmos não têm problemas com as mulheres – deve ser algo que outros caras que fazem. E alguns se sentem vitimizados, como se o próprio tópico guardasse uma acusação implícita. Eles têm certeza de que a lacuna não existe, e que este é apenas um pretexto para que as mulheres recebam uma vantagem injusta em empregos e oportunidades.

De fato, alguns indicadores mostram que a hostilidade contra as mulheres aumentou ou, pelo menos, tornou-se mais visível na última década. Ela tem sido difundida tanto pelo Velho Oeste da rede, onde a misoginia e o racismo prosperam, e pela profunda frustração econômica e rejeição do "politicamente correto" que puseram Donald Trump na presidência. Culturas corporativas misóginas floresceram em empresas como Fox News, Uber, firmas de capital de risco, estúdios cinematográficos, empresas de mídia e muito mais, embora, quando expostas, o resultado tenha sido a demissão de altos executivos. A indústria de tecnologia tem sido agitada por vários escândalos de assédio sexual. Em Hollywood, depois que o produtor Harvey Weinstein foi acusado por várias mulheres de assédio sexual e agressão ao longo de um período de trinta anos, milhares de mulheres em outras indústrias apresentaram suas próprias histórias de abuso.

Essas tendências estão acontecendo no cenário mundial. Em uma pesquisa global com mais de 17 mil pessoas, em 24 países, um em cada cinco homens disse que as mulheres são inferiores aos homens. Quase metade das mulheres e dos homens entrevistados na Rússia e na Índia acredita que as mulheres são inferiores. E essa foi uma pesquisa feita em 2017. Essas atitudes tornam tudo ainda mais difícil para os homens que *querem* acabar com a divisão de gênero. Quando Robert Moritz, executivo-chefe da consultoria PricewaterhouseCoopers (PwC), escreveu um post no LinkedIn sobre por que a empresa valoriza a diversidade, homens profissionais, usando nomes reais, comentaram a postagem considerando o conteúdo "repulsivo", "uma afronta a todo homem branco", e argumentaram que "não existe um negócio de verdade dirigido por alguém que não seja um homem branco". Um sugeriu que ele "entregasse seu emprego a alguém beneficiado pela diversidade e ficasse em casa, ocupando-se das tarefas domésticas".

Não é de admirar que os homens se sintam inibidos, temerosos em falar em nome das mulheres. Enquanto estudava na Harvard Business School, em 2012, o consultor de gestão Kunal Modi publicou um artigo no *Huffington Post* defendendo a igualdade de gênero. "Virem homens, cresçam", escreveu ele. "Os homens, da mesma forma que as mulheres, devem se apropriar dessas questões familiares, que são fundamentais para a competitividade econômica americana." Ele ofereceu cinco conselhos, incluindo sugestões de senso comum, como "conheça os fatos", "faça sua parte... em casa" e "vote com consciência" – na qual observou que, em termos de representação feminina na legislatura nacional, os EUA são o 90º país. Mesmo assim, ele pensou bem antes de apertar o botão "enviar".

– É difícil para os caras fazerem isso – ele me disse, mais tarde. – Os homens se preocupam: Eu sei o suficiente? Tenho o direito de falar sobre este assunto?... Um dos maiores desafios, na minha perspectiva, que é a de um cara, é como tornar esses assuntos discutíveis. De fato, muitos outros homens ficariam felizes em participar da conversa. Eles só têm muito medo de dizer algo errado.

Quando a Catalyst, uma organização sem fins lucrativos focada em profissionais mulheres, perguntou a alguns homens o que poderia minar seu apoio à igualdade de gênero, 74% citaram medo – medo de perder *status*, medo da desaprovação de outros homens e, o mais revelador de tudo, medo de cometer um erro. Os homens estão pisando em ovos. Telle Whitney, presidente e diretora-executiva Anita Borg Institute for Women and Technology, testemunhou esse fenômeno inúmeras vezes durante a conferência Grace Hopper para mulheres que atuam no mercado de tecnologia. O evento anual atrai não apenas centenas de mulheres, mas também executivos das principais empresas de tecnologia que querem recrutar mais funcionárias.

Segundo Whitney, esses homens querem genuinamente corrigir o desequilíbrio de gênero em suas respectivas indústrias. Mas estão intimidados e não sabem ao certo como agir ou o que dizer. Quando Blake Irving, executivo-chefe da GoDaddy, empresa de registros de domínios on-line, falou ao grupo sobre como ele estava tentando mudar a cultura machista da organização, incluindo a eliminação de anúncios notoriamente sexistas com mulheres seminuas, os participantes o atacaram nas redes sociais.

– Temos muitos homens vindo para Grace Hopper, e eles se sentem muito confusos – disse Whitney. – Eles gostariam de ajudar, mas sentem que serão criticados por qualquer coisa que tentem fazer.

Esses temores só aumentaram nos últimos anos, já que a menor gafe pode ser ampliada e ecoada instantaneamente na internet. Para complicar ainda mais as coisas, a política e o vocabulário de "inclusão" – de não ofender qualquer grupo externo – tornaram mais difícil do que nunca o engajamento dos homens nesse diálogo. Existem as temidas "microagressões" – dolorosos deslizes, ainda que não intencionais. Existem os controversos "alertas de gatilho", para materiais potencialmente ofensivos em campi universitários. Existem "espaços seguros", aonde as pessoas podem ir para evitar interações perturbadoras. Por que os homens – especialmente os homens brancos que dominam os níveis mais altos dos negócios – não ficariam apreensivos?

O medo deles não é irracional. Pesquisadores descobriram que, quando um homem defende os direitos das mulheres, todos ficam furiosos e surpresos. Não apenas os homens, mas as mulheres também. Adam Grant, professor de Psicologia da Wharton, que escreveu sobre questões das mulheres em colaboração com a executiva do Facebook e autora de *Faça Acontecer – Mulheres, Trabalho e a Vontade de Liderar*, Sheryl Sandberg, diz que algumas leitoras o repreendem: "Quem é você para achar que pode escrever sobre mulheres?".

Conforme comentam no livro *Work with Me: The 8 Blind Spots Between Men and Women in Business*, os especialistas em gênero Barbara Annis e John Gray observam que, em seus workshops, os homens ficam aterrorizados com a ideia de estragar tudo ao falar com mulheres. Costumam dizer que têm um histórico de "dizer a coisa errada", um medo que pode ser paralisante. Um único episódio em que tenham agredido ou perturbado involuntariamente uma mulher pode trazer de volta sentimentos horríveis da adolescência, quando os meninos têm medo de dizer a coisa errada às meninas.

O problema pode ser exacerbado quando esses homens se tornam chefes. Em uma pesquisa, 79% dos supervisores do sexo masculino relataram preocupação em dar feedback sincero às mulheres. Sentiam-se obrigados a fornecer orientação cuidadosa e indiretamente. A ironia é que, por causa dessa autocensura, os homens não dão às mulheres o feedback necessário para que elas progridam.

Além disso, esse nervosismo, essa supressão dos instintos naturais, torna ainda mais provável que a coisa errada *saia mesmo* de sua boca. Os homens se sentem inseguros, perplexos e desconfortáveis, o que os leva a evitar determinados tópicos específicos – ou mulheres, como um todo.

Este fenômeno me intriga há muito tempo. Passei minha carreira como jornalista trabalhando principalmente com homens. Todos os meus mentores eram homens. A maioria dos profissionais homens que encontrei realmente acredita ser imparcial. E, no entanto, quando o assunto das mulheres aparece, ficam tão desconfortáveis, ou com tanto medo de dizer a coisa errada, que simplesmente se calam.

Então, aonde isso nos leva? A um enigma: como nenhum dos lados fala abertamente com o outro, muitos homens ainda não sabem nada sobre as mulheres com quem trabalham todos os dias. Não intencionalmente. Mas, uau, eles inconscientemente nos depreciam, ou nos ignoram, ou fazem algo que acham que é legal e que só faz nos enfurecer. A pesquisa da Catalyst descobriu que 51% dos homens entrevistados desconhecem quais são problemas que as mulheres estão enfrentando.

Não é de admirar que quase 30% das mulheres digam que ainda sofrem preconceito no trabalho, meio século após John F. Kennedy ter assinado o Equal Pay Act. Na indústria de tecnologia, dominada por homens, esse número chega a 80%, com 60% relatando também assédio sexual. A maioria dos homens, enquanto isso, informa que, no que diz respeito a eles, a discriminação não existe. O sexismo já foi resolvido.

É ainda pior para as mulheres que não são brancas e, por isso, enfrentam um duplo vínculo, desconsideradas pelo gênero e pela raça. Primeiro, por serem mulheres: vários estudos descobriram que quando um homem e uma mulher são igualmente qualificados para um trabalho que exige habilidades matemáticas, os empregadores são duas vezes mais propensos a contratar o homem. Segundo, pela raça: as mulheres que não são brancas têm muito mais probabilidade de experimentar a síndrome do impostor, na qual precisam trabalhar mais do que os colegas de trabalho e comprovar repetidamente sua competência. Uma pesquisa de 2014 com cientistas mulheres pertencentes a minorias descobriu que surpreendentes 100% relataram ter sofrido viés. Além disso, enquanto as mulheres nos EUA ganham apenas 80% do que os homens ganham, a discrepância para as mulheres das minorias é muito mais acentuada: apenas 63% para as mulheres negras e 54% para as latinas.

Os sociólogos tentam entender por que isso ainda acontece. Sabemos que, intelectualmente, não faz sentido. As mulheres começaram a obter o mesmo número de diplomas universitários que os homens há mais de três décadas e, agora, são maioria; portanto, houve muito tempo para percorrer o "percurso" que leva aos cargos gerenciais. Quando me formei, na década de 1980, minhas amigas – e nossos amigos homens também – presumiram que seria apenas uma questão de tempo, e de certeza matemática, até que as mulheres ocupassem metade dos cargos de liderança. Nós competíamos igualmente na escola. Solicitamos e recebemos os mesmos cargos de nível básico.

Poucos dias antes da formatura, minhas colegas de quarto e eu escrevemos previsões para nossa vida: onde estaríamos em dez anos? Depois guardamos nossas profecias em um envelope. Na época, Carol estava a caminho da Faculdade de Direito, Ira estava prestes a entrar na Faculdade de Medicina, Miranda estava indo para a pós-graduação em Estudos Russos/Soviéticos e eu tinha conseguido um emprego como repórter no *Wall Street Journal*. Examinando nossas bolas de cristal pessoais, cada uma de nós previra que teríamos carreiras satisfatórias – e grandes famílias.

Não nos ocorreu que isso pudesse ser uma proposição "ou/ou". Por que ocorreria? Afinal, estávamos em pé de igualdade com os caras, e eles nos respeitavam como iguais. Até onde percebíamos, a batalha pelos direitos das mulheres tinha acabado. As mulheres haviam vencido.

Algumas das empresas de maior prestígio – e historicamente dominadas pelos homens – chegaram a recrutar no campus, naquela época, e estavam contratando mais mulheres do que homens. Quando os recrutadores da Lehman Brothers chegaram – na época, o banco de investimento ainda era o "rei do mundo" e não havia quase derrubado a economia –, minha amiga Phyllis foi uma das sortudas a ganhar uma cobiçada vaga no programa de treinamento de analistas. Ao aparecer em seu primeiro dia de trabalho, alguns meses depois, ela ficou surpresa – e ela, rindo, admite, um pouco desapontada – ao descobrir que dois terços de sua turma de nível básico eram do sexo feminino. A chance de sair com alguém do trabalho era pequena.

Minhas amigas e eu não nos considerávamos "feministas". Essa era uma palavra meio suja entre muitas mulheres jovens na época. Conjurava imagens de mulheres que odiavam os homens e não depilavam as pernas. Para nós, a batalha pela igualdade havia terminado fazia muito tempo. Homens e mulheres marchariam juntos para o futuro, em pé de igualdade. Nossos professores e administradores continuavam dizendo à nossa turma que éramos o futuro. Nós acreditamos neles. Afinal, não haviam acrescentado nenhum "porém". Não disseram que apenas os homens seriam líderes. Tudo que falavam valia para todos nós.

No entanto, três décadas depois, as coisas não saíram como imaginávamos. Estávamos erradas em nossa atitude arrogante em relação às feministas, aquelas mulheres que haviam se sacrificado tanto que poderíamos, sem pensar, esperar ter tudo. E, além de estarmos erradas, ao presumir que não deveríamos lutar a luta delas – e que as batalhas delas tinham acabado –, inadvertidamente perdemos algumas das vitórias conquistadas com tanto esforço. Quase todas as mulheres naquela turma da Lehman Brothers acabaram abandonando o negócio de finanças, inclusive Phyllis, que fez um MBA em Stanford e abandonou a carreira para se tornar roteirista. Quanto a minhas colegas de quarto, aqueles pedacinhos de papel dobrados com nossas previsões não poderiam estar mais equivocados. Enquanto, de fato, casamos e tivemos filhos, metade de nosso grupo deu uma desacelerada, largando o emprego ou trabalhando em meio período para tentar equilibrar trabalho e família. As demais descobriram que os caras que superávamos facilmente na escola haviam subitamente se tornado chefes. Em nossa reunião de dez anos após a formatura, os homens circulavam em casacos esportivos de caxemira, descobrindo qual deles havia se tornado diretor administrativo do banco antes. As mulheres já haviam encontrado obstáculos e dificuldades que nunca imagináramos.

Minhas amigas de faculdade e eu somos, de certa forma, um microcosmo do que aconteceu no mundo em geral. Mesmo que as mulheres obtenham quase 60% dos diplomas universitários, e mais da metade dos diplomas de pós-graduação, elas representam apenas 5,6% dos executivos-chefes do Standard & Poor's 500 e 18% dos membros do conselho das empresas da Fortune 1000. Elas são apenas 19% dos sócios em escritórios de advocacia. Uma pesquisa da Fundação Rockefeller descobriu que um em cada quatro americanos acredita que vamos inventar viagens no tempo antes que as mulheres administrem metade das empresas da Fortune 500.

De acordo com uma análise da McKinsey/*WSJ*, no ritmo em que as coisas estão acontecendo, levaremos cem anos para alcançar a paridade no âmbito executivo. Globalmente, a situação é pior. O Fórum Econômico Mundial estima que a paridade econômica para mulheres e homens em todo o mundo será alcançada em 170 anos.

Este é um problema urgente não apenas para as mulheres, mas para os homens. Se as mulheres participassem igualmente com os homens na força de trabalho, o produto interno bruto americano – o valor total dos bens e serviços do país, e uma medida fundamental da saúde econômica – aumentaria em 5%, impulsionando a economia para todos nós. Isso não é apenas um problema americano. A Europa e a Ásia estão lutando contra o mesmo panorama desequilibrado, e precisam desesperadamente de mais mulheres trabalhando para impulsionar suas economias lentas. Pelo menos oito países europeus aprovaram cotas que exigem que 30% dos assentos do conselho ou mais sejam ocupados por mulheres – incluindo Alemanha, Noruega, Itália, Espanha e França. No Reino Unido, a nova legislação exigirá que as grandes empresas divulguem publicamente a disparidade salarial entre homens e mulheres, um abismo que atualmente chega a 300 mil libras ao longo da vida profissional de uma mulher. O Japão lançou o Womenomics, um programa para encorajar mais mulheres a trabalharem, alegando que isso impulsionará a economia do país em 15%. O primeiro-ministro Shinzō Abe chama as mulheres de "o recurso mais subaproveitado do Japão". Mas enquanto os homens temerem, ou não souberem falar sobre os problemas, ou estiverem desorientados em relação às mulheres, não vamos alcançar a paridade. Mesmo os homens com as melhores intenções têm um longo caminho a percorrer. Recentemente participei de um evento para o 30% Club, uma organização fundada pela executiva financeira britânica Helena Morrissey, que incentiva as empresas a se empenharem na busca por 30% de representação feminina nos conselhos de administração. Uma pesquisa mostrou que, a menos que representem um terço dos membros de qualquer grupo, as mulheres têm suas opiniões desconsideradas. O evento, festividade de abertura para um programa de mentoria para mulheres com carreiras promissoras, teve como anfitrião Kenneth Jacobs, presidente e diretor executivo do Lazard, um grande banco. Ocupamos o enorme espaço do banco para conferências, em um dos andares mais altos do Rockefeller Center. Janelas ofereciam vistas panorâmicas de Midtown Manhattan enquanto garçons serviam deliciosos sushis. Jacobs subiu ao pódio e olhou demoradamente para a audiência esmagadoramente feminina, composta por cerca de cem mulheres em seus melhores terninhos. Finalmente começou:

– Geralmente, eu sou um bom orador público. Mas confesso que, esta noite, estou um pouco nervoso. Aqui estou diante de uma sala cheia de mulheres. Isso é bem incomum... Tenho que dizer que é um tanto intimidador.

A ironia não passou despercebida por todas na sala, nem por mim. Todas as mulheres ali sabiam bem como era ser uma única mulher em uma sala cheia de homens. E nenhuma mulher – com certeza, não eu – confessaria estar assustada. Imagine qualquer mulher tomando o pódio e começando sua palestra dizendo:

– Uau, aqui estou eu em uma sala cheia de homens, e isso é apavorante!

Isso seria um absurdo. Apenas um homem poderoso poderia usar uma frase dessas para quebrar o gelo. E o fato de ele parecer não perceber a ironia foi emblemático do quão longe teremos que ir para unir homens e mulheres no trabalho.

Não é só ele. Sua fala é um recurso comum entre os homens. Em um almoço de premiação para mulheres da mídia, o apresentador Andy Cohen olhou para o salão do Waldorf Astoria com mais de mil mulheres e brincou:

– Estou intimidado!

Um dos apresentadores, Michael Roth, executivo-chefe da gigante da propaganda Interpublic, tomou o seu lugar ao microfone e brincou:

– Não é sempre que eu represento a diversidade.

Engraçado, claro. Mas também um lembrete de que esses homens, e tantos outros, não precisam pensar no que as colegas do sexo feminino experimentam o dia todo, todos os dias.

Motivada por aquele empresário na viagem de avião para Des Moines, percebi como é crucial que nós, mulheres, deixemos que os homens se envolvam em nossos segredos. E embarquei na missão de entender não apenas os desafios que as mulheres enfrentam, mas também o que faz que os homens fiquem perplexos ou que mistifiquem as mulheres em seu ambiente de trabalho. Meu objetivo era chegar ao fundo das questões que os homens enfrentam todos os dias: por que as mulheres geralmente não se manifestam nas reuniões, por que parecem hesitantes quando falam, por que há tão poucas mulheres qualificadas na *pipeline* de liderança, apesar dos esforços para recrutá-las.

E então comecei a buscar soluções. Procurei executivos do sexo masculino que estão tentando acertar. Viajei pelos EUA e além, em busca de novas descobertas, pesquisas e experimentos da vida real. Concentrei-me em homens, instituições e até países, que estão ativamente tentando fechar a lacuna de gênero.

O que encontrei acabou com tudo que eu achava que sabia sobre gênero. Algumas das revelações mais surpreendentes vieram das fontes mais improváveis: do escândalo da Enron, da pesquisa sobre o cérebro, de cientistas transgênero, da campanha da Islândia para "feminizar" uma nação inteira. Juntos, esses achados oferecem novos *insights* sobre a maneira como nos relacionamos uns com os outros. Minha esperança é que as informações contidas neste livro sejam úteis para os homens que queiram aprimorar sua vantagem competitiva, e que podem seguir algumas dicas práticas para descobrir e se envolver com mulheres – sem julgamento ou culpa.

E quanto às mulheres, minha esperança é que recebam um novo conjunto de ferramentas para derrubar barreiras agora mesmo. As mulheres estão acostumadas a serem ignoradas e marginalizadas. Estamos frustradas porque, apesar de muita conversa, houve pouca ação no que se refere à equidade de gênero. No entanto, aqui e ali, houve um progresso notável, então tentei entender como iniciativas bem-sucedidas podem criar raízes.

Então, considere este livro um convite para participar da conversa, para trabalhar em conjunto com a meta de fechar a lacuna de gênero. Você pode se surpreender, sentir alívio, irritação ou encantamento. Mas, acima de tudo, minha esperança é que *Escute o que ela diz* se torne um grito de guerra, tanto para homens quanto para mulheres, para finalmente dar passos reais rumo ao fechamento da lacuna de gênero no trabalho e na vida.

As pessoas que você conhecerá nestas páginas não pretendem ter todas as respostas. Nem eu. Mas suas histórias oferecem motivos para otimismo. Estamos à beira de uma nova maneira de pensar, que, em vez de dividir homens e mulheres, nos une – no trabalho e além.

1

A VIDA SECRETA DAS
MULHERES

UMA CARTILHA PARA OS HOMENS

DIGAMOS QUE VOCÊ SEJA UM cara e que tenha se saído muito bem até agora. Por que pensaria em mudar sua forma de fazer as coisas para agradar as mulheres? Parece absurdo até mesmo considerar essa possibilidade.

"Senhoras (Mulheres? Garotas? Mas que droga, eu não sei!), vocês precisam ser mais como os homens se quiserem ter sucesso no mundo dos homens", escreveu um leitor do *Wall Street Journal*, depois que sugeri, em um artigo, que os homens tentassem compreender as mulheres.

Como argumentou outro leitor, "as mulheres precisam observar a maneira como os homens interagem e mudar seu comportamento".

Na verdade, as mulheres já mudam bastante a si mesmas. Caso você seja um homem, aqui estão algumas coisas que deve saber. Eu uso salto alto no trabalho, porque estou convencida de que isso me faz parecer mais poderosa aos seus olhos. (E as pesquisas confirmam que estou certa – as mulheres mais altas ganham até 8% mais do que as mais baixas.) Linda Hudson, ex-chefe executiva da BAE Systems, empresa que fornece equipamentos para o Departamento de Defesa dos Estados Unidos, contratou uma professora de teatro, tanto para se livrar de seu sotaque da Geórgia como para deixar o tom de voz dela mais parecido com o seu. A Dra. Carmen Quatman, chefe residente da cirurgia ortopédica da Ohio State University, procurou coaching para parecer tão confiante quanto você, apesar de já ter publicado vinte artigos, palestrado em dezessete conferências e ter ganhado seis prêmios nacionais.

Todas nós tentamos nos encaixar em um mundo profissional criado à imagem dos homens. A maneira como falamos, nos vestimos, escrevemos e-mails, nos apresentamos – estamos conscientes de que nos deparamos com uma cultura que não é nossa. Somos sempre um pouco como "turistas", tentando imitar os hábitos dos moradores locais para que possamos nos misturar. David Streitfeld, repórter do *New York Times*, descreveu perfeitamente o equilíbrio impossível que muitas mulheres tentam atingir em seu artigo sobre um processo de discriminação sexual: "Fale, mas não fale demais. Ilumine a sala, mas não ofusque os outros. Seja confiante e crítica, mas não soe convencida, nem negativa". Essa é uma das razões pelas quais as mulheres têm ficado tão intrigadas com o trabalho da psicóloga social Ann Cuddy sobre posturas de poder. Ela descobriu que podemos melhorar nossa confiança e realmente aumentar nossos níveis de testosterona – para ficarmos literalmente mais parecidas com os homens –, adaptando "posturas de poder" simples, como ficar de pé com as mãos nos quadris (a "Mulher Maravilha"), colocando nossas pernas sobre a mesa ou estufando nosso peito. As posturas não só aumentam os níveis de testosterona em até 20%, mas diminuem os níveis de estresse.

Não é de surpreender que essas posturas aconteçam naturalmente para os homens, mas sejam estranhas para a maioria das mulheres – para não mencionar a dificuldade em conciliá-las com saias e saltos altos. Mas nós as reproduzimos, de qualquer maneira.

Nós mudamos nossa aparência para nos adaptarmos a você também. O visual de uma mulher às vezes conta mais do que seu currículo. Um estudo descobriu que as mulheres com cabelos loiros ganham 7% a mais do que as morenas. As mulheres que usam maquiagem conseguem empregos melhores e são promovidas mais rapidamente. Mulheres magras recebem mais do que mulheres gordas. Mulheres brancas e gordas recebem em média 12% a menos do que mulheres brancas e magras. Múltiplos estudos descobriram que pessoas de ambos os gêneros que são mais atraentes do que a média ganham mais dinheiro do que seus pares menos dotados geneticamente. Mas até nisso os homens têm a vantagem: quando os pesquisadores entrevistaram 14 mil pessoas, concluíram que, para as mulheres, o embelezamento – cabelo, maquiagem, roupas – conta ainda mais do que o visual parece quando se trata de ganhos.

Acredite em mim, toda essa manutenção custa uma pequena – ou talvez grande – fortuna. Uma mulher comum gasta, em média, 15 mil dólares apenas em cosméticos ao longo da vida. E isso é só para começar. As mulheres pagam mais do que os homens por quase todas as suas necessidades, desde limpeza a seco até depilação, xampu e jeans. É a conhecida "taxa rosa", já bem difundida. O Serviço de Proteção ao Consumidor da cidade de Nova York descobriu que, dentre oitocentos produtos pesquisados, 42% custam mais para as mulheres do que para os homens. Isso significa um custo adicional de até 1.400 dólares por ano para as mulheres, segundo um estudo da Califórnia. Considerando que as mulheres ganham menos do que os homens, desempenhando exatamente a mesma função, as consequências financeiras são bem importantes. Dependendo de onde você trabalha, os custos podem ser ainda mais altos. Os setores de moda, propaganda e turismo são particularmente brutais para as mulheres. Quando eu era editora da Condé Nast, uma empresa de comunicação conhecida por revistas como a *Vogue* e a *Glamour*, cada item de roupa, bolsa e par de sapatos que eu usava era julgado, embora eu trabalhasse em uma publicação de negócios e nem mesmo compartilhasse os mesmos elevadores que os editores de moda. Entrar na lanchonete da empresa, com um mar de olhos te analisando de cima a baixo, podia se transformar em um exercício de insegurança e autoflagelação. Logo no início, alguns colegas do departamento de fotografia me sequestraram, em uma "missão de misericórdia" – como disseram meio brincando, meio falando sério –, para me salvar de mim mesma. Aparentemente, minha aplicação amadora de maquiagem me deixava com um visual "muito New Jersey" (e, apesar de ter nascido e crescido em New Jersey, não considerei isso um insulto). Eles trouxeram uma maquiadora profissional, que prontamente jogou fora o rímel e o delineador de farmácia que eu usava desde os doze anos e me encheu de cosméticos caros.

Todos esses custos extras não consideram as horas que as mulheres gastam ajeitando os cabelos, fazendo manicure e se maquiando. Um dos meus exemplos favoritos dos desdobramentos disso vem da ex-presidente do Barnard College, Debora Spar, que, em seu livro *Wonder Women: Sex, Power e Quest for Perfection*, calculou que gasta 282 horas por ano em manutenção básica, contra as 30 horas que o marido gasta. "Ao longo de uma carreira de quarenta anos, vou investir 10.080 horas, que se converteriam em cinco anos de trabalho, tentando me tornar apresentável", escreveu ela.

Este é um pensamento preocupante: nós, mulheres, precisamos investir cinco anos extras, paralelos ao período de tempo de nossas carreiras, apenas para nos equipararmos aos homens. E isso sem considerar o tempo adicional que passamos cuidando dos filhos e dos afazeres domésticos. Apesar dos avanços admiráveis dos homens nessas áreas ao longo da última geração, as mulheres ainda empenham, por semana, nove horas a mais, em média, nestas tarefas.

As mulheres em cargos de autoridade fazem ainda mais mudanças, de modo a não parecerem muito ameaçadoras para você. Um estudo descobriu que 48% das CEOs e 35% das senadoras têm cabelos loiros, embora apenas 5% da população branca seja loira. Hillary Clinton, que em seus dias de estudante parecia ser uma morena, há muito tempo se tornou loira. Sandra Day O'Connor, primeira juíza da Suprema Corte? Loira. Meg Whitman, diretora-executiva da Hewlett Packard? Virginia Rometty, diretora-executiva da IBM, e Kirsten Gillibrand, senadora de Nova York? Sim, elas são loiras também. Pesquisadores teorizam que a cor do cabelo mais leve está associada a juventude, beleza e calor, o que ajuda a neutralizar o traço de agressividade que contraria os estereótipos femininos.

As mulheres mudam até a forma como falam para se adaptar a você. Linguistas documentaram o que a maioria de nós observou na vida real: os homens tipicamente têm padrões de fala mais assertivos e agressivos, enquanto as mulheres tendem a ser mais inclusivas e discretas. Eu me lembro disso todas as vezes que vou ao almoço do Prêmio Matrix para mulheres na mídia. Todos os anos, em uma segunda-feira de abril, um salão de festas de um hotel em Manhattan transborda de âncoras, executivas, escritoras, pioneiras tecnológicas e atrizes. No palco, apresentando os prêmios ou recebendo homenagens, estão algumas das mulheres mais bem-sucedidas no país, de Tina Fey a Toni Morrison e Katie Couric.

As homenageadas fazem um breve discurso de agradecimento. E quase todas, de uma forma ou de outra, dizem as mesmas palavras: "Eu tenho sorte". Ao receber um prêmio, até mesmo Lena Dunham, atriz e ícone do feminismo moderno, declarou-se "sortuda" por duas vezes. Quando os homens são bem-sucedidos, atribuem isso à própria coragem e inteligência. As mulheres atribuem à sorte. Temos dificuldade em assumir nossas conquistas. Nós os diminuímos, ou nos recusamos a falar sobre eles ou a dar o crédito a outra pessoa. Pedimos desculpas o tempo todo, embora não nos desculpem. Nós começamos nossos diálogos de trabalho com qualificadores como "Talvez seja uma pergunta estúpida, mas..." ou "Desculpe incomodar, mas...". Nós fazemos declarações que soam como perguntas, mesmo quando afirmamos fatos ("Não devíamos virar à direita, em vez de à esquerda?"). Usamos uma linguagem que nos faz parecer hesitantes, que minimiza nosso próprio *status* e que, implicitamente, cede mais poder à outra pessoa na conversa – especialmente se for um homem.

Também estamos extremamente conscientes disso e tentamos desesperadamente mudar. Sabemos que, para os homens, nossos padrões naturais de fala podem ser interpretados, erroneamente, como sinal de fraqueza ou indecisão.

A comediante Amy Schumer retratou comicamente esse hábito das mulheres de se desculparem em um esquete hilário. Nele, homenageadas em um painel de "Mulheres na Inovação", incluindo uma ganhadora do Prêmio Pulitzer e uma do Prêmio Nobel, se atropelam enquanto se desculpam por cenários absurdos, culminando com uma das mulheres sendo fatalmente queimada por café escaldante que um homem derrama nela ("Desculpe, isso é café? Desculpe, a culpa foi minha!"). Não foi tão longe da verdade: Hillary Clinton se tornou a primeira candidata presidencial na história registrada a pedir desculpas em um discurso de concessão.

Então, tentamos apagar nossos próprios padrões naturais de fala para nos parecermos mais com você. Algumas executivas mantêm um "vaso de 'desculpe'" em sua mesa, botando um dólar lá dentro cada vez que dizem essa palavra. O Google até oferece um plug-in para o Gmail chamado "Just Not Sorry". Ele destaca palavras e frases de autossabotagem com um sublinhado vermelho, como se fossem erros ortográficos. É um lembrete para que as mulheres parem de se diminuir diante de homens. Tudo isso é simplesmente para se encaixar no padrão dos homens. Queremos ser tão discretas quanto possível, para que possamos ser reconhecidas por nosso trabalho, e não penalizadas por nossa aparência ou pelo modo como nos vestimos, falamos ou agimos. São necessárias horas de esforço e centenas de minúsculas decisões diárias, conscientes e subconscientes, sobre o que dizer, quando falar, o que vestir, se devemos mencionar que temos um filho doente em casa – movimentos que fazemos para nos proteger e que são completamente invisíveis para a maioria dos homens.

Meu objetivo não é culpar os homens, que, na maioria das vezes, não percebem que isso está acontecendo. Eu estou simplesmente expondo os fatos. Essa é a realidade das mulheres que trabalham com você.

o o o

A LINGUISTA DEBORAH TANNEN, autora de *Talking from 9 to 5*, tem argumentado que todos esses tiques verbais e comportamentais – o "tom de pergunta" no final de afirmações, os pedidos de desculpas, o excesso de ressalvas, a linguagem discreta – remontam à infância. As meninas aprendem a brincar com outras meninas colaborando, enquanto os meninos aprendem a brincar com outros garotos em competição. Garotas que tentam ter algum poder são evitadas. Observando as brincadeiras das crianças, Tannen percebeu que, em um grupo, as meninas usam linguagem e ações que asseguram às outras que todas são iguais. Meninas que ostentam abertamente o *status* são banidas pelo grupo. Os meninos ganham *status* vencendo e superando os outros, enquanto as meninas o perdem exatamente pelo mesmo comportamento.

Garotas que violam a norma não são "legais". Elas são "mandonas" ou "desagradáveis". E, claro, quem não quer ser legal? Eu certamente quero. As meninas aprendem cedo que pagamos um preço por agir de forma diferente do que é esperado de nós.

Tannen escreveu seu livro seminal sobre esses erros entre os sexos há mais de duas décadas. É preocupante saber que suas percepções permanecem atuais como nunca. Ela me disse: "Quando publiquei o livro pela primeira vez, se você me perguntasse se eu achava que em vinte anos as coisas estariam iguais, eu teria dito que esperava que não. Mas não, as coisas não mudaram".

Some tudo isso a um fato exasperante e enervante: apesar das décadas em que homens e mulheres trabalham juntos, ainda não nos entendemos. Os homens, mesmo os mais esclarecidos, muitas vezes permanecem alheios aos problemas enfrentados pelas colegas sentadas no cubículo ao lado. Não é nenhuma surpresa. Eles cresceram aprendendo o conceito de que "igualdade" no trabalho significa "o mesmo" – uma noção que prestou um desserviço a todos nós. Ela não cria espaço para as muitas diferenças que podem, inadvertidamente, recompensar os homens enquanto penalizam as mulheres. Ela suaviza e acaba negando os desafios que as mulheres enfrentam todos os dias, o que torna suas experiências invisíveis aos homens. Essa é uma situação perigosa tanto para os homens quanto para as mulheres. Se os homens não enxergam a lacuna de gênero vivenciada pelas mulheres, dificilmente podemos esperar que eles se importem com isso, ou que sejam parceiros na luta para superá-la. Talvez não devêssemos nos surpreender com o resultado de uma pesquisa recente do Pew, que constatou que a maioria dos homens acredita que os obstáculos para o sucesso das mulheres "desapareceram há muito tempo", enquanto a maioria das mulheres acredita que "grandes obstáculos" ainda estão em seu caminho.

O mesmo vale para o comportamento sexista, que os homens subestimam consistentemente. Em uma pesquisa nacional, enquanto a maioria das mulheres disse ter sido tocada de forma inadequada por um homem, apenas um terço dos homens achava que suas parceiras tinham experimentado esse tipo de assédio.

A busca pela igualdade de gênero ainda é percebida, em grande parte, como uma luta feminina, liderada por mulheres e para o benefício das mulheres. Como o sociólogo Michael Kimmel disse, "a maioria dos homens não sabe que eles são seres de gênero. Quando dizemos 'gênero', ouvimos 'mulheres'". Isso explica por que um estudo descobriu que 43% das mulheres concordaram com a afirmação "As mulheres têm menos oportunidades do que os homens", enquanto apenas

12% dos homens concordaram. Os homens simplesmente não conseguem quantificar o que não enxergam.

Homens que não conseguem ver o problema acabam exacerbando-o. Ser cego para a questão encorajou Kevin Roberts, então presidente da Saatchi & Saatchi, uma das maiores empresas de publicidade do mundo, a insistir publicamente que a diversidade de gênero é "uma questão que não existe de fato", que "o maldito debate está por toda parte", que a falta de liderança feminina em sua indústria não é um "problema", e que ele não perdia tempo com "supostas questões de gênero".

Ele não fez esses comentários cinquenta anos atrás, como você poderia esperar. Ele os fez em 2016! Sem considerar a enorme lacuna de gênero na liderança da indústria de propaganda. Enquanto a indústria como um todo é dividida igualmente entre os gêneros, as mulheres representam apenas 11% dos diretores criativos. Tais comentários provocaram tanta fúria que ele acabou pedindo demissão.

Esse ponto cego também ajuda a explicar por que, no ano seguinte, John Allan, presidente da gigante britânica de supermercados Tesco PLC, disse que homens brancos "são espécies ameaçadas" nos conselhos corporativos do Reino Unido, apesar de apenas 29% dos diretores nomeados no ano anterior serem do sexo feminino, e de seu próprio conselho, de 11 membros, ter apenas duas mulheres. (Ele voltou atrás em seus comentários, quando as mulheres ameaçaram boicotar suas lojas.) O que pôs esses homens em evidência não foram seus comentários ultrapassados. Foi que eles os fizeram em voz alta, em público. Décadas de pesquisa mostraram que suas percepções são comuns: os homens tendem a superestimar não apenas o progresso das mulheres, mas também sua presença. O Instituto Geena Davis sobre Gênero na Mídia descobriu que, em média, apenas 17% das pessoas nas cenas de filmes que retratam multidões são mulheres, mas a percepção entre os homens é de que 50% são mulheres.

Os homens também acreditam que as mulheres falam mais do que realmente falam. Enquanto a sensação deles é de que as mulheres falam mais do que os homens, as mulheres, na verdade, nem dispõem de um tempo igual em discussões em grupo, a menos que representem uma maioria – 60% a 80% – do grupo. Isso também vale para os filmes: a Escola Annenberg de Comunicação e Jornalismo da USC descobriu que, em 2015, as personagens femininas representavam menos de um terço das falas nos filmes. A realidade é que, até hoje, ser homem é a norma. Ser mulher é o diferente. E não apenas no trabalho. "Masculino" é o modo padrão em todo o mundo – em casa, na escola, no shopping e no consultório médico, on-line e na vida real. Até as palavras que falamos são principalmente masculinas. Nos idiomas europeu e asiático, a forma padrão de qualquer palavra é masculina; você precisa de um formulário alternativo – "a" ou "iz" acrescentados, por exemplo – para transformá-lo no equivalente feminino. A variante masculina é levada mais a sério. Um "astro de cinema" tem mais seriedade do que uma "estrela". E quem gostaria de ser operado por uma "cirurgiã"?

o o o

TUDO ISSO PARA DIZER QUE as mulheres já estão vivendo em um mundo masculino. Estamos nos ajustando aos homens todos os dias. A noção mais intrigante para mim, porém, é que os homens estão começando a nos encontrar no meio do caminho. Eles estão recalibrando seu comportamento, assim como nós recalibramos o nosso. E, ao fazê-lo, estão transformando uma conversa unilateral – mulheres conversando com e sobre mulheres – em algo muito mais poderoso. Quando homens e mulheres tentam, juntos, resolver a divisão entre os gêneros, nós realmente temos uma chance de superar a lacuna. Considere Glen Mazzara, produtor executivo da série de TV de sucesso *The Shield*, sobre uma equipe da polícia de Los Angeles. Há uma grande diversidade de personagens no programa, mas ele lembra: "Quando comecei a trabalhar, dei uma olhada nos roteiristas e muitos dos meus colegas eram homens brancos e de meia-idade". Mesmo quando ele solicitava especificamente mulheres a agentes de talentos, eles continuavam mandando caras brancos, porque não acreditavam que ele fosse sincero. Um até disse que ele estava só "fazendo uma média". Mazzara começou a acreditar que "o sistema é baseado em aceitar homens brancos, treiná-los e mantê-los na linha de produção". De fato, menos de um terço dos roteiristas de cinema e televisão é do sexo feminino. Em 2016, apenas 7% dos 250 filmes de maior bilheteria foram dirigidos por mulheres.

Acabou que o programa contratou duas roteiristas. Mas então surgiu outro problema: as mulheres não estavam contribuindo na sala dos roteiristas. Elas não tinham nem chance. Toda vez que tentavam apresentar um material preparado, um cara as cortava. E o pior, percebeu Mazzara, era que isso vinha acontecendo havia algum tempo. Ele levou tempo demais para perceber.

– Eu fui cúmplice disso, porque meu ouvido masculino estava sintonizado com a voz masculina que as interrompia – ele disse. – Então, percebi que tinha que desaprender este comportamento.

A percepção de Mazzara de que as mulheres estavam sendo caladas pode ter sido novidade para ele, mas é familiar para as mulheres em todos os lugares. Visite qualquer reunião, em qualquer empresa, em qualquer lugar do mundo, em qualquer dia, e você encontrará o mesmo cenário. Os homens dominam. As mulheres geralmente não falam, ou se autocensuram, ou tentam fazer declarações como perguntas. E aquelas que falam são interrompidas ou ignoradas. Se conseguem expor uma ideia antes de serem caladas, é um cara quem, inevitavelmente, recebe o crédito.

Se um alienígena pousasse no meio de uma reunião de orçamento trimestral em uma empresa típica, identificaria facilmente o desequilíbrio. No entanto, para a maioria dos homens, é invisível. As reuniões, simplesmente, são as carnificinas da carreira de uma mulher.

Isso também remonta ao Jardim de Infância. A linguista Tannen descobriu que os garotinhos não ouvem garotas. Mesmo quando jovens, os meninos "prestam menos atenção às fêmeas da sua idade do que aos outros machos", diz ela. "E a experiência das mulheres nas reuniões indica que isso é frequentemente verdadeiro para homens e mulheres adultos."

De fato, as mulheres que falam nas reuniões são penalizadas com frequência como as menininhas. Um estudo de Yale descobriu que os executivos (do sexo masculino) que falam mais do que seus pares são vistos como mais competentes. Para as executivas, foi o contrário. Se elas falassem mais que seus colegas, seriam julgadas menos competentes em 14% dos casos. E quando os pesquisadores observaram reuniões de empresas para um estudo de 2012, eles descobriram que os homens falam 75% do tempo – e que, como resultado, as mulheres têm pouco impacto nas decisões.

Isso é tão verdadeiro para os líderes mundiais quanto para os estagiários da empresa. Christine Lagarde, chefe do Fundo Monetário Internacional, disse que, em uma reunião, quando uma mulher fala, "muitos membros homens do conselho começam a se retirar, a olhar seus documentos, a olhar para o chão... e você precisa interromper isso". Ela não hesita em chamar a atenção deles: "Quando você é a presidente, diz: 'Alguém está falando. Você deveria ouvir'."

Da mesma forma, Linda Hudson, ex-diretora-executiva da BAE, notou o fenômeno ao longo de sua carreira.

– Dá para ver isso... em uma mesa de conferência – ela me disse. – Em uma reunião, os homens que falam prestarão mais atenção em outros homens do que nas mulheres. É apenas uma dinâmica que se desenvolveu ao longo de décadas e vidas, a visão de que de alguma forma o que o homem tem a dizer é importante. E deve ser mais importante do que o que uma mulher tem a dizer.

Dezenas de estudos concluíram que as mulheres são interrompidas com mais frequência do que os homens, e que os homens o fazem para demonstrar seu poder. Kieran Snyder, executiva de tecnologia com ph.D. em Linguística, registrou as interrupções em reuniões de sua própria empresa e descobriu que os homens tinham três vezes mais probabilidade de interromper as mulheres do que os outros homens. Talvez ainda mais desanimador, no entanto, seja que as poucas mulheres que interromperam o fizeram quando outra mulher estava falando – impressionantes 87% das vezes. Eles quase nunca interromperam os homens.

Nem mesmo a Suprema Corte está imune. Uma análise da Universidade Northwestern de discussões da Suprema Corte ao longo de uma dúzia de anos descobriu que as três juízas foram interrompidas três vezes mais frequentemente do que seus colegas do sexo masculino. Por mais poderosas que essas mulheres sejam, elas "são como outras mulheres", escreveram os pesquisadores. Curiosamente, no entanto, quanto mais antigas eram as juízas na corte, mais adotavam padrões de fala semelhantes aos dos homens, usando menos qualificações educadas, como "desculpe-me" ou "desculpe", e um estilo mais incisivo e agressivo.

Assim como as juízas, a executiva de tecnologia Snyder concluiu que as mulheres precisam mudar seu comportamento, agir como homens para serem ouvidas:

– As mulheres não avançam em suas carreiras, além de um certo ponto, quando não aprendem a interromper.

Mesmo assim, enfrentam grandes dificuldades. Fui lembrada disso em uma reunião recente do Fórum Econômico Mundial, em Davos. A cada ano, bilionários, CEOs e líderes mundiais desembarcam nesta pequena cidade suíça para uma semana de tapinhas nas costas, muito papo e festejos e encontros com George Clooney ou Xi Jinping, dos quais vão se vangloriar depois. E, ah, sim, resolvendo os problemas do mundo.

Em diversos anos estive lá também, como jornalista, fazendo a cobertura do evento. E todas as vezes ficava impressionada com a pouca quantidade de mulheres que via. Esta é uma conferência de três mil pessoas, mas nunca há filas para o banheiro feminino. Isso diz praticamente tudo que você precisa saber sobre a "elite global".

O fórum fez um esforço conjunto para convidar mais mulheres. Adotou até mesmo a medida desesperada de permitir que as empresas levassem um participante extra, além do máximo de quatro – desde que o extra fosse do sexo feminino. Isso me lembra dos botecos que eu frequentava na faculdade: noite das mulheres! Em 2017, os organizadores da conferência anunciaram, orgulhosamente e com grande fanfarra, que 20% dos participantes eram do sexo feminino. A plateia aplaudiu, para minha consternação. As mulheres representam pouco mais da metade da população mundial e devemos comemorar porque são 20% dos participantes?

– É preciso perseverança – me disse Kim Metcalf-Kupres, diretor de marketing da Johnson Controls, durante a reunião de 2017. – Sou naturalmente introvertida e, como mulher nesses fóruns, este é um fórum de extrovertidos e um fórum de grandes egos.

A maior parte da ação em Davos ocorre não nas grandes sessões formais, mas em pequenas reuniões privadas. Ela diz:

– Lá os homens dominam a conversa. Sua linguagem corporal em relação a mim é ofensiva. Sinto meu espaço pessoal ficando cada vez menor, e seus gestos de braço, cada vez maiores. E ninguém quer fazer perguntas. Todo mundo faz declarações... O que importa é ser o centro das atenções. É tudo muito instigante intelectualmente, mas estão todos falando uns com os outros e ninguém está realmente conversando.

As mulheres precisam de coragem para falar. E, às vezes, é necessário ser um pouco "casca-grossa" também. Aprendi isso com experiências dolorosas. Por anos, eu mal falava em reuniões. Temia que os outros achassem minhas ideias estúpidas... ou que eu era tola. A primeira vez que me forcei a fazê-lo, fiquei apavorada com o fato de meus comentários serem ignorados, ou recebidos com escárnio, ou descartados com o insulto mais temido pelos jornalistas: "Todo mundo sabe disso". Dia após dia, eu me sentava silenciosamente enquanto os homens falavam, fazendo comentários nos quais eu já havia pensado, mas tinha sido tímida demais para expressar. Finalmente, tentei, hesitantemente, apresentar minhas próprias ideias. No início, foi libertador. Meu chefe era aberto a sugestões, minhas ideias para cobertura de notícias apresentavam certo impacto. Até então, tudo bem.

Mas então um dos meus colegas homens mais arrogantes, que se considerava em uma disputa pela atenção de nosso chefe, me puxou de lado. Ele me levou a um escritório vazio e fechou a porta. A veia em sua testa latejava.

– Pare de falar! Pare. Você não é tão inteligente quanto pensa.

Fiquei assustada demais para responder. Tremia, mortificada. E furiosa. E também... me perguntava se ele estava certo. Talvez todos os outros na sala soubessem mais do que eu. Abalada, contei tudo ao meu marido, Tom, naquela noite. A primeira reação do meu marido galante foi se oferecer para bater no cara, o que achei fofo. Mas então ele encolheu os ombros e disse mais ou menos isso:

– Bem, você vai ter que superar isso. Esse cara está botando banca porque está disputando a atenção do chefe com você.

No dia seguinte, respirando fundo, forcei-me a falar. Nas semanas seguintes, todos os dias fiz o mesmo. Falar não era natural para mim – ainda não é. Mas meu marido estava certo. Minha voz foi ouvida. Quanto ao meu colega arrogante, ele acabou saindo da empresa.

Minha experiência e minha insegurança sobre o valor da minha opinião dificilmente surpreenderiam os sociólogos. Não apenas os homens, mas as próprias mulheres têm dificuldade em aceitar quando o comportamento de uma mulher está em desacordo com os estereótipos arraigados. Uma pesquisa perguntou a mais de três mil mulheres, profissionais e universitárias que lições haviam aprendido durante a infância. No topo da lista: "Seja gentil com os outros"; "Seja uma boa aluna"; "Respeite as autoridades/os mais velhos" e "Seja prestativa". No fim da lista? "Seja uma boa líder"; "Faça a diferença na sociedade"; "Domine uma habilidade"; e "Compartilhe seu ponto de vista".

Quando nós, mulheres, nos forçamos a falar, estamos eliminando apenas o primeiro obstáculo. O próximo pode ser ainda mais difícil: quando as ideias das mulheres são aceitas, muitas vezes é porque o crédito é atribuído a um homem. Olivia faz um comentário inteligente e ninguém parece ouvir. Então Bill parafraseia, e de repente ele é um gênio:

– Nossa! Esse Bill... Que pensamento afiado!

Enquanto isso, as mulheres na sala estão todas pensando a mesma coisa:

– Como assim?? Foi ela quem disse isso!

Quase toda mulher a quem você perguntar dirá que já passou por isso. É tão comum que *Mother Jones* publicou uma lista com o título "Ladies Last: 8 Inventions of Women That Dudes Got Credit For" [As damas por último: 8 invenções femininas pelas quais os homens levaram o crédito] – incluindo a dupla-hélice (Rosalind Franklin), programação de computadores (Ada Lovelace) e o jogo Monopólio (Elizabeth Magie). O exemplo clássico é Kanye West, que levou o crédito pelo sucesso da cantora Taylor Swift: "Eu fiz essa cadela famosa. Droga, eu fiz essa cadela famosa"*.

– Acontece com todas nós, todos os dias – disse-me Metcalf-Kupres, da Johnson Controls, com um sorriso triste. – Eles nem sabem que estão fazendo isso.

Certa vez, falei do fenômeno em um discurso para um grupo de advogados. Durante a sessão de perguntas e respostas, um dos homens da plateia levantou a mão, com os olhos arregalados. Ele disse que fazia parte de um grupo de trabalho em que a parte da tarefa se concentrava em uma advogada. Mas quando o trabalho foi concluído, um dos homens do grupo fez a apresentação final para o sócio sênior e obteve o crédito. Enquanto falava, ele aparentava estar atordoado com essa nova e súbita percepção. Ao redor dele, uma centena de rostos

---

* Kanye West, em sua música "Famous", cita a cantora Taylor Swift: "I feel like me and Taylor might still have sex/ I made that bitch famous (*Goddamn*)/ I made that bitch famous". O que ele quer dizer aqui é que Taylor apenas se tornou famosa por ter transado com ele. [N.R.]

femininos pareciam confusos e um pouquinho irritados. Eu quase podia ouvir o pensamento de todas: "Dããã".

No entanto, os homens que se tornam conscientes dessa dinâmica estão na melhor posição possível para nos ajudar a mudar esse cenário. É por isso que a epifania de Glen Mazzara – de que ele precisava "desaprender" alguns dos seus próprios comportamentos para garantir que as mulheres fossem ouvidas – é tão importante. Quando ele percebeu que as escritoras estavam sendo constantemente interrompidas por seus colegas do sexo masculino, surgiu com uma nova regra: não interromper as apresentações preparadas. Para qualquer um! A ideia não era mimar as mulheres, mas garantir que as melhores ideias fossem reveladas, e as piores, sumariamente descartadas.

– Todo roteirista tem o direito de apresentar seu argumento, até a sua conclusão, sem que ninguém o interrompa – explicou Mazzara. – Então, quando ele termina, você pode dilacerá-lo e deixá-lo aos prantos, seja homem ou mulher.

Mazzara se tornou o *showrunner* de várias séries de sucesso, inclusive *The Walking Dead*, e adotou essa prática em cada uma delas.

○ ○ ○

EMBORA OS HOMENS TALVEZ não percebam, as mulheres vêm surgindo com tipos similares de "jeitinhos" por anos, para serem ouvidas. Jennifer Allyn, diretora-executiva da PricewaterhouseCoopers para a diversidade, defende a abordagem "brag buddies" [amigas que se gabam, em seu lugar, por você]. As mulheres têm dificuldade em falar sobre suas próprias conquistas e são vistas desfavoravelmente quando o fazem.

– É a "armadilha da humildade" – diz ela –, a ideia de que "boas garotas não se gabam".

Ela recomenda que as mulheres, em vez disso, troquem histórias de sucesso umas com as outras. Então, cada uma tem a missão de falar bem das demais para seus colegas, apoiando-se e destacando as conquistas de outras mulheres.

As mulheres que trabalham na administração do presidente Barack Obama adaptaram essa ideia à sua própria realidade. Obama se orgulhava de defender mulheres. O primeiro projeto de lei que ele aprovou ao assumir o cargo, em 2009, foi o Lilly Ledbetter Fair Pay Act, efetivamente estendendo o prazo de prescrição para ações judiciais por igual remuneração. No final do seu mandato, as mulheres representavam 44% da liderança de sua equipe.

E, ainda assim, as mulheres em sua administração ainda se sentiam negligenciadas e intimidadas pelos homens nas reuniões. Tanto que criaram uma solução que chamaram de "amplificação": quando uma mulher falava, outra repetia sua ideia e lhe dava o crédito por isso. As mulheres empoderavam umas às outras, permitindo que fossem, de fato, donas de suas ideias antes que um homem pudesse roubá-las.

Fico encorajada ao ver que mais homens estão adotando esse tipo de tática também. Depois de se tornar gerente, Paul Gotti, vice-presidente de serviços de farmácia nuclear da Cardinal Health, notou que, em reuniões, quando uma mulher "diz alguma coisa, não é reconhecida até que um cara diga a mesma coisa mais tarde". Então agora ele se certifica de dar crédito à mulher e, em seguida, trazê-la de volta para a discussão, pedindo que fale mais sobre o assunto.

A beleza da solução de Gotti é sua simplicidade elegante. Você não precisa ser chefe para reconhecer quando uma mulher tem uma ótima ideia que foi negligenciada ou creditada a outra pessoa. Qualquer um de nós, homem ou mulher, pode falar e dar crédito a ela em seu nome.

∘ ∘ ∘

A MIRÍADE DE FORMAS como as mulheres estão se ajustando a você, todos os dias, todas as horas, permanece teimosamente invisível para a maioria dos homens. É hora de acabar com isso. E é aí que entra este livro. Seja você homem ou mulher, quer esteja apenas começando sua carreira ou já esteja no cargo de gerente sênior, seja pai ou mãe, é hora de reconhecer a lacuna e entender como podemos trabalhar juntos para fechá-la. Estive em ambos os lados desta equação, como funcionária ou chefe e como mãe de uma filha e um filho, para quem desejo um mundo mais igualitário – algo que meu marido deseja com tanto fervor quanto eu.

Onde quer que você esteja, uma vez que enxergue a lacuna – mulheres sendo negligenciadas, interrompidas, suas ideias creditadas a um homem –, você a notará em todos os lugares. A boa notícia é que esse é o primeiro passo para fechá-la. Ao atravessar o país e o mundo, falando com dezenas de executivos e acadêmicos que estão se esforçando para resolver o problema da desigualdade de gênero, todos observaram esse mesmo passo essencial. Consciência, como a luz do sol, não é apenas o melhor desinfetante. É a cura. Os homens que conheci e que se conscientizaram das questões me disseram que modificaram seu próprio comportamento – e tentaram mudar a cultura de seus próprios locais de trabalho também.

Esses homens já estão fazendo a diferença. É o caso de Matt Krentz, meu colega de faculdade. Ficamos amigos no primeiro ano, quando ele e um grupo de garotos ocupavam um quarto diretamente acima do meu, que abrigava cinco garotas. Eles eram como irmãos, que nos protegiam e torturavam alternadamente. Certa vez, minhas colegas de quarto e eu voltamos do jantar para descobrir que todos os nossos móveis – que compramos do Exército de Salvação, reunindo nossos escassos recursos – haviam desaparecido. Entramos em pânico e ligamos para a polícia. Os rapazes, percebendo que éramos ingênuas demais para entender que nenhum ladrão iria querer o nosso sofá xadrez esfarrapado, tiveram que admitir que o haviam escondido em seu próprio quarto, de brincadeira.

Após a formatura, Matt conseguiu um emprego de nível básico no Boston Consulting Group (BCG). Matt vem de uma família de mulheres fortes: ele tem duas irmãs brilhantes, uma mãe com um diploma avançado em inglês, e conheceu sua esposa quando eram colegas na escola de negócios. Então, ficou perplexo ao descobrir que, com o passar dos anos, conforme prosperava na carreira, o número de mulheres no mesmo nível hierárquico que o dele diminuía. Finalmente promovido a diretor do escritório da empresa em Chicago, ele olhou em volta e percebeu que não havia colegas mulheres em seu grupo. Foi quando começou a avaliar a questão com seriedade.

Matt tornou-se um antropólogo em sua própria empresa, estudando os hábitos, hábitats e interações dos homens e mulheres ao seu redor. Consultoria é uma carreira difícil para qualquer um. O caminho para a parceria, projetado décadas atrás para homens com esposas em casa, tipicamente leva cerca de oito anos e exige viagens contínuas para entender as peculiaridades de cada cliente.

Mas Matt e outros líderes da empresa começaram a perceber outras questões mais sutis, que eram alienantes para as mulheres, em particular. Por exemplo:

– Somos uma cultura muito crítica. Costumamos dizer às pessoas o que elas precisam fazer para melhorar.

Essa mensagem era eficaz para muitos homens, mas era desvalorizadora para muitas das mulheres. De fato, os pesquisadores descobriram que algumas mulheres reagem ao feedback negativo com muito mais força do que os homens. Quando recebem uma mistura de feedback positivo e negativo, os homens se concentram no positivo, enquanto as mulheres atribuem maior peso ao negativo.

No BCG, as mulheres levavam a sério esse feedback crítico, e isso acabou por minar sua confiança. Mesmo para mulheres de alto desempenho, o feedback da empresa muitas vezes era "Você precisa ser mais ousada, mais confrontante", o que inadvertidamente enviava a mensagem de que elas deveriam agir como homens.

– Para os homens, esse ambiente não parece estranho – disse Matt. – Mas as mulheres ficam muito mais desconectadas e perdemos a oportunidade de retê-las.

Não apenas as mulheres desistiam em taxas mais altas do que os homens. As que não saíam de maneira voluntária, eram cortadas a uma taxa desproporcionalmente maior do que a dos homens.

– Eu e outros colegas analisamos nosso próprio comportamento e percebemos que precisávamos mudar o ambiente em que trabalhávamos e a forma como dávamos feedback. Precisávamos mudar a forma como orientávamos, supervisionávamos e guiávamos as mulheres – Matt me disse.

Entre outros passos, ele juntou mulheres com parceiros bem-sucedidos, para que pudessem acompanhar modelos de sucesso. Os parceiros não ofereceram apenas conselhos e apoio moral, mas passaram a defender as mulheres com quem trabalhavam.

– Um mentor não é o suficiente. Você precisa de alguém que ponha o pescoço para fora e diga: "Sim, vou responder por esta pessoa" – descobriu Matt.

Ao ser novamente promovido e partir para a próxima empreitada, deixou o escritório de Chicago com 20% do quadro de sócios composto por mulheres.

Hoje, Matt é um dos líderes mais antigos do BCG, membro do comitê executivo e chefe da equipe global de pessoas. (E suponho que não roube mais a mobília de seus amigos!) Seu trabalho levou à criação de um programa chamado "Aprendizagem em Ação", que, entre outras coisas, ajuda os funcionários menos experientes a desenvolverem relacionamentos profissionais.

As avaliações de desempenho também mudaram e agora focam os pontos fortes, não apenas os fracos, e vincula esses pontos fortes às áreas de desenvolvimento.

– Os gerentes estão sempre atentos para não recair em falas de dominância masculina, como "Você precisa ser mais agressiva nas reuniões, tem que defender seus pontos de vista com mais ardor" – ressalta Matt. – Apenas dizer isso a alguém e, em seguida, observar se é feito é um desenvolvimento. Mas os homens normalmente reagem a este tipo de estímulo.

De 2011 a 2016, o número de consultoras cresceu 70%.

– O ponto central é que nossos líderes homens precisam se engajar nisso – Matt me disse. – Temos que nos comportar de um jeito diferente.

"Temos que nos comportar de um jeito diferente." Pense nisso por um momento. As mulheres passam toda a carreira tentando se adaptar aos homens. Mas quando homens como Matt Krentz e Glen Mazzara mudam seu comportamento para se adaptar às mulheres também, há uma mudança no cenário. A velha frase sobre Ginger Rogers – "ela fazia tudo que Fred Astaire fazia, mas de trás para a frente e de salto alto" – é uma descrição bastante precisa de como as mulheres se sentem no trabalho. Mas quando mais homens se mobilizam para acabar com a desigualdade de gênero, podemos trabalhar lado a lado – vislumbrando o futuro juntos.

2

O SUCESSO
DELA
É O SEU TAMBÉM

UM DIA, EM 1945, um paisagista fracassado tropeçou em uma ideia que, com certeza, faria dele um homem rico.

Earl Silas Tupper já havia falido uma vez e podia muito bem estar a caminho da bancarrota novamente. Ele tinha perdido seu negócio de recuperação de árvores em Massachusetts durante os dias sombrios da Depressão. Quem se importava com árvores quando não conseguia alimentar os filhos? Ele havia tentado a sorte como inventor também, mas ninguém se interessava por seu barco movido a peixe, nem pelo cone de sorvete antiescorrimento.

Desesperado por trabalho, conseguiu um emprego em uma fábrica de plásticos. Economizou o bastante para comprar algumas máquinas de moldagem e entrou no negócio sozinho. Quando a Segunda Guerra Mundial começou, ele se transformou em um empreiteiro militar e produziu peças de plástico para máscaras de gás e jipes.

Com o fim da guerra, a demanda por máscaras de gás evaporou. Para piorar, o mesmo aconteceu com as matérias-primas de que ele precisava para manter suas fábricas em funcionamento.

– Sinto muito, mas o que temos aqui não dá para nada – disse um representante de vendas de Bakelite, quando Earl foi à procura da resina de plástico de que precisava para seus moldes.

Earl se recusou a desistir.

– O que mais você tem? Você deve ter algo por aí.

O representante encolheu os ombros e entregou a Earl uma substância borrachuda, preta e fedorenta, que deixava os dedos ensebados. Era a escória residual da fundição industrial. Os militares usavam durante a guerra para isolar a fiação em dispositivos militares. Mas, agora que a guerra acabara, ninguém precisava mais daquilo.

– Temos toneladas desse troço aqui. Não nos serve para nada – disse o representante. – Você pode levar tudo, se quiser.

Earl levou o troço pegajoso para casa. Ficou passando de uma mão para outra, pensando. E ocorreu a ele que, talvez, se conseguisse liquefazer aquilo, pudesse produzir algo útil. Então jogou em uma panela com água e ferveu.

Em pouco tempo, experimentava diversas misturas usando a escória, tecnicamente conhecida como polietileno. Todas as noites, levava para casa uma dúzia de amostras do material, misturadas com produtos químicos e processadas a pressões variadas. Então ele e seu filho adolescente, Miles, jogavam as amostras em cubas e cozinhavam cada uma a diferentes temperaturas.

Escravizaram o fogão durante meses, experimentando diferentes combinações, temperaturas e pressões. Finalmente, descobriram uma maneira de tornar o polietileno maleável – liquefeito o bastante para derramar em um molde, flexível o suficiente para que, quando endurecesse, não rachasse, e translúcido, em vez de preto. Earl até deu um jeito de injetar cores pastel naquilo. Ele chamou de "Poli T: Material do Futuro".

Então, começou a fazer coisas com o material. Miçangas. Uma cigarreira. Eram legais, mas até ele teve que admitir que não eram nada de especial. Ele só percebeu que tinha algo realmente diferente em mãos quando tentou criar uma tigela.

O armazenamento de alimentos era um problema para as donas de casa da América do pós-guerra. Depois que os garotos americanos voltaram da batalha, eles se casaram, tiveram filhos, mudaram-se para casas arrumadas nos subúrbios em crescimento. Conforme fazendas e terras cultiváveis eram substituídas por *tract houses**, supermercados surgiam em todo o país, as prateleiras tinindo com uma gama estonteante de produtos. Todas as semanas, na primeira página dos jornais, havia inaugurações de enormes e novas lojas A&P e Safeway.

Mas as mulheres não encontravam uma forma de manter a comida que compravam fresca. Na maior parte do tempo, improvisavam. Um método popular era cobrir as sobras com uma touca de banho. Não era uma solução das melhores, já quer o ar acabava entrando e a comida estragava.

E foi aí que Earl viu uma oportunidade. Ele fez uma tampa para sua tigela, uma que caberia com tanta força que nenhum ar poderia entrar, garantindo que a salada de frutas ou as sobras do jantar ficassem frescas. O macete era que, para que o recipiente permanecesse realmente selado, você tinha que abrir um pouquinho dos cantos para soltar o ar preso.

Earl o chamou de Tupperware.

As resenhas sobre sua nova invenção, que ele fabricava em uma variedade de cores pastel, foram arrebatadoras. "Belas artes por 39 centavos", declarou *House Beautiful*. O Museu de Arte Moderna de Nova York exibiu tigelas Tupperware em uma exposição de utensílios domésticos.

---

*   *Tract housing* é um estilo de construção muito popular nos Estados Unidos e no Canadá. Envolve a construção simultânea de dezenas de casas iguais, o que barateia os custos finais. [N.T.]

Choveram pedidos. Uma das maiores lojas de departamentos do país, a J.L. Hudson, de Detroit, colocou toda a linha criada por Earl em exibição. Aos quarenta anos, Earl era um sucesso. Um artigo de 1947 da revista *Time* disse que se tratava de um "boom de um homem só". Ele tinha certeza de que venderia um milhão de tigelas no primeiro ano, segundo o autor Bob Kealing, cujo livro *Tupperware Unsealed* narra sua história.

Uma grande história de sucesso, certo?

Nem tanto.

As lindas tigelas encalharam nas prateleiras das lojas por todo o país.

As mulheres não sabiam como usar a Tupperware. As poucas que compraram devolveram o produto, dizendo que estava com defeito, já que a tampa não fechava direito. Ele juntou poeira nas vitrines das lojas de departamentos.

Earl falhara novamente.

o o o

A ECONOMIA AMERICANA é impulsionada, principalmente, por mulheres. Cerca de 75% do produto interno bruto dos EUA – o valor de todos os bens e serviços, que geralmente é usado como medida de saúde econômica – deriva das compras do consumidor. Um surpreendente percentual de 85% dessas compras é decidido por mulheres.

No entanto, assim como nos tempos de Earl Tupper, os homens dominam o design, a fabricação e a venda da maioria das coisas que compramos. Isso leva a um monte de projetos de produtos comicamente horríveis, catástrofes de marketing e muito mais momentos "que diabos eles estavam pensando" do que o necessário.

Mesmo a Apple, conhecida por seu senso impecável de design, enfureceu muitas mulheres quando introduziu o enorme iPhone 6 Plus, dimensionado confortavelmente para a maioria dos homens, mas grande demais para a as mãos e os bolsos das mulheres. Onde nós deveríamos guardar a coisa? "iPhone 6 Plus: é grande demais para as mulheres?", perguntou a *CBS News*. Os designers de roupas se esforçaram para redesenhar os bolsos das mulheres. Adicionando mais insulto à injúria, a câmera do telefone acabava arrancando fios de cabelo das mulheres com tanta frequência que foi criado, no Twitter, o #hairgate.

Talvez nada disso devesse ser surpresa. Apesar dos esforços concentrados para contratar mulheres, funcionários do sexo masculino ainda representam 68% da força de trabalho da Apple, e a concentração aumenta nas equipes de design e engenharia.

O design dominado pelos homens explica muitos mistérios da vida. Quase todas as mulheres que conheço mantêm um moletom, um xale ou – como eu – um aquecedor em seu escritório. Às vezes você me encontra usando luvas enquanto digito. Eu costumava me perguntar por que eu estava sempre congelando no trabalho. Eu perguntei ao meu médico sobre isso uma vez. Eu sou literalmente de pele fina?

Aparentemente não. Como o *New York Times* divulgou, as temperaturas do consultório foram estabelecidas desde a era de *Mad Men*, usando a anatomia masculina como base. A maioria dos prédios de escritórios usa uma fórmula que calcula a temperatura ambiente ideal, levando em conta a taxa metabólica média – a taxa na qual o corpo gera calor – de um homem de quarenta anos e 70 quilos. O metabolismo dos homens geralmente é mais rápido do que o das mulheres. Portanto, essa velha fórmula cria uma temperatura de escritório que é ótima para um cara de terno ou camisa de manga, mas é fria para mulheres em vestidos e saltos.

Se arrepios fossem o pior problema com que as mulheres têm que lidar, nós superaríamos e compraríamos um suéter. Mas há consequências muito mais sérias. Um estudo de 2011 descobriu que airbags e cintos de segurança são projetados principalmente para corpos masculinos – por isso, as mulheres que usam cintos de segurança são 47% mais propensas a sofrer lesões em um acidente.

E em 2013, o Food and Drug Administration descobriu que eram rotineiramente prescritas para mulheres dosagens acima do necessário de um remédio para dormir chamado Ambien. O FDA reduziu a dose recomendada pela metade depois de descobrir que, nos níveis prescritos, as mulheres corriam o risco de apresentar efeitos colaterais perigosos, incluindo condução arriscada. Por que a dosagem estava tão desajustada? Porque os testes médicos do Ambien, como a maioria dos testes feitos historicamente, foram em homens – e, no organismo masculino, os efeitos são menos acentuados do que no feminino.

De fato, por décadas os cientistas não levaram em conta as diferenças biológicas básicas ao pesquisar o funcionamento de medicamentos. Os homens eram cobaias mais simples, já que seu corpo não lida com questões inconvenientes, como menstruação e oscilações hormonais. Ainda hoje, a maioria dos exames médicos em animais de laboratório usa machos.

Agora, imagine um mundo em que homens e mulheres realmente trabalhem juntos e em ambiente igualitário. Onde projetos e produtos são criados com informações de ambos os sexos. Como isso seria? Para começar, nós provavelmente teríamos menos *startups* de tecnologia como a Titstare, lançada para potenciais patrocinadores na conferência TechCrunch Disrupt, em 2013, como "um aplicativo por meio do qual você tira fotos de si mesmo olhando para peitos". (Embora a plateia, formada por jovens brancos de capuz, tenha adorado, o app causou uma enxurrada de protestos nas redes sociais.)

Também é bem razoável dizer que a economia receberia um impulso. Gastaríamos mais, os lucros da empresa aumentariam, as taxas de emprego subiriam. "Eis o que aconteceria se mais mulheres projetassem ou fossem responsáveis pelo marketing de produtos femininos" foi uma manchete no blog feminino *Jezebel*. O artigo falava sobre produtos que não existiriam (giletes rosa, ferramentas rosa) e aqueles que provavelmente existiriam (remédios infantis que não são vermelhos, cosméticos que não explodem em aviões). E a *Buzzfeed* complementou com sua própria lista de "21 produtos que não têm motivo algum para a atribuição de gênero", incluindo tampões de ouvido rosa, canetas e fita de celofane. Em vez de reclamar, uma pesquisadora do MIT Media Lab arregaçou as mangas e organizou uma hackatona para criar uma bomba tira-leite. As engenhocas que encontramos no mercado, desajeitadas, constrangedoras e embaraçosamente barulhentas, claramente foram desenhadas por pessoas que nunca amamentaram um bebê.

No entanto, não precisa ser assim. Coisas notáveis podem acontecer quando os homens cooperam para acabar com a desigualdade entre gêneros. Você provavelmente conhece a Container Store. É o nirvana para loucos por organização e aspirantes a tal, como eu. Com seus cestos de vime perfeitamente ordenados, cabides, sapateiras, sistemas de arrumação de armários e caixinhas multicoloridas de todo tipo, faz com que você imagine como seria bom ter uma vida simplificada e sem bagunça. Os corredores de loja são projetados para acalmar. É como se uma capa da revista *Real Simple* ganhasse vida. Cada pedaço dessa ilusão é intencional.

– Nossa imagem disso gira em torno de uma mulher. Você está tentando arrumar duas crianças para a escola, todo mundo está atrasado, há lágrimas e estresse e é terrível – explicou o fundador da empresa, Kip Tindell. – Mas se você tem a vida organizada, então é alegre, o uniforme escolar da menininha está perfeitamente passado, o marido é um pouco mais corpulento. Tudo é melhor.

Um de seus produtos nesse mundo cuidadosamente construído, no entanto, não estava dando certo. Era um organizador de cosméticos, tipo aqueles que as mulheres deixam em uma bancada ou em uma gaveta, para manter batons e rímel facilmente à mão. Tindell ficou perplexo. As mulheres queriam os organizadores, elas iam até a loja procurando por eles. Então por que os produtos não estavam saindo? Para chegar ao fundo do mistério, ele começou na fonte: Taiwan. É onde os organizadores são feitos. E o que ele descobriu? Os designers eram todos homens.

– Era uma loucura – disse ele. – Homens taiwaneses sentavam-se em uma sala e criavam organizadores de cosméticos arbitrariamente projetados, que não eram funcionais... Provavelmente não era muito diferente de uma caixa para equipamentos de pesca.

Então ele abandonou a linha e contratou mulheres americanas para redesenhar um organizador de cosméticos. As vendas quadruplicaram.

Desde então, Tindell não só dá preferência a designers do sexo feminino, mas a executivas também.

– As mulheres geralmente têm habilidades de comunicação mais fortes, empatia e inteligência emocional, que fortalecem o desempenho da empresa. Empoderando as mulheres no trabalho, os homens empoderam seus negócios. As mulheres são líderes melhores – acrescenta.

o o o

CERTAMENTE EXISTE UM ARGUMENTO forte e sábio que justifica a igualdade de gêneros como um bem social. É um direito humano básico. É simplesmente a coisa certa a fazer.

Mas esse não é o argumento de Tindell. Em vez disso, ele descobriu por conta própria o que os economistas concluíram desde então: se você quiser ter mais sucesso, a melhor coisa que pode fazer é contratar mulheres.

Vários estudos descobriram que incluir mulheres em equipes exclusivamente masculinas leva a um maior sucesso financeiro. Empresas com chefias financeiras femininas fazem menos aquisições, porém melhores do que aquelas com chefias financeiras masculinas. As executivas fazem aquisições mais lucrativas e assumem menos dívidas do que os executivos. As empresas com mais mulheres entre os membros do conselho superam aquelas com menos em quase todas as medidas financeiras. Empresas em que pelo menos metade dos cargos de alta administração é ocupada por mulheres têm retornos sobre o patrimônio 19% acima da média. E incluir mulheres em equipes de trabalho diminui comportamentos de risco, como as apostas financeiras que derrubaram a economia, em 2008.

Um estudo concluiu que os fundos liderados por mulheres superam aqueles chefiados por homens por uma larga margem. E, em um estudo com 38 mil famílias, os pesquisadores descobriram que os homens mudam com mais frequência, e, como resultado, geravam retornos mais baixos do que as mulheres.

Talvez não seja nenhuma surpresa que Warren Buffett, considerado o investidor mais bem-sucedido de nossa era, tenha uma abordagem muito diferente de outros financiadores do sexo masculino de seu escritório em Omaha, Nebraska, longe dos becos cheios de testosterona de Wall Street: investir a longo prazo, botar dinheiro apenas em empresas que ele entende e evitar as negociações frenéticas e a venda precipitada, que são a ruína de tantos investidores homens. Há uma razão para que a autora LouAnn Lofton tenha escrito um livro analisando seu estilo de investimento e o intitulasse *Warren Buffett Invests Like a Girl*.

A evidência também reforça a intuição de Tindell de que as mulheres são melhores executivas. Uma pesquisa com 7.280 líderes descobriu que as mulheres apresentaram um desempenho melhor do que os homens em doze das dezesseis competências, incluindo características masculinas estereotipadas, como tomar iniciativa, gerar resultado e promover mudanças. Os pesquisadores descobriram que as mulheres eram mais eficazes precisamente por causa da percepção de que não são tão boas quanto os homens. Elas acreditavam que tinham que trabalhar mais do que os homens para provar seu valor.

– Elas têm medo de descansar sobre os louros. Como sentem necessidade (muitas vezes, agudamente) de tomar a iniciativa, estão mais motivadas a se aprimorar após as avaliações – concluíram os consultores de liderança Jack Zenger e Joseph Folkman. – A ironia é que esses são comportamentos fundamentais que impulsionam o sucesso de todo líder, seja mulher ou homem.

A inclusão de mulheres em grupos exclusivamente masculinos pode ser transformadora, e, às vezes, de formas surpreendentes. Considere o simples balde de plástico. Há alguns anos, com as vendas caindo, a Home Depot decidiu tentar reinventar o balde. As pessoas compram milhões deles todos os anos. Você provavelmente tem pelo menos um ou dois, que usa para limpar a casa, ou na jardinagem, ou para lavar seu carro. É provável que tenha uma cor ligeiramente desagradável, como amarelo de icterícia ou azul hospitalar. O balde de plástico não mudou em anos. Você poderia ter comprado o mesmo balde em 1967, quando foi inventado. Não coincidentemente, esse foi o ano em que *A Primeira Noite de um Homem* foi lançado. No filme, temos o memorável conselho dado a Benjamin Braddock, interpretado por Dustin Hoffman: "O futuro pode ser resumido em uma palavra: plásticos".

No entanto, em 2010, ninguém precisava ir à Home Depot para comprar um balde. Era mais fácil ficar em casa, de pijama, e clicar na Amazon. O fundador da Home Depot, Bernie Marcus, sabia que precisava de uma nova razão para trazer pessoas às lojas. Então, a empresa lançou um programa ultrassecreto: Project Whitespace. Tinha um objetivo aparentemente quixotesco: reinventar objetos comuns e cotidianos, para melhorar não apenas sua aparência, mas sua função.

A Home Depot recorreu a uma firma de design industrial da Califórnia, liderada por Scot Herbst, para pensar sobre o balde. Não há muitas designers industriais – segundo a maioria das estimativas, apenas 10% ou menos dos empregados da indústria são do sexo feminino –, mas Herbst incluiu uma em sua equipe. Ela rapidamente identificou uma falha óbvia que designers e varejistas masculinos haviam deixado passar durante cinquenta anos: quando um balde está cheio, é pesado demais para a maioria das mulheres. A equipe de design entrou em campo, observando pessoas reais enquanto usavam baldes para lavar janelas ou limpar o chão. Com certeza, observaram mulheres tentando, desajeitadamente, carregar baldes cheios com as duas mãos, ou arrastando-os pelo chão.

De volta ao estúdio, Herbst e sua equipe desenvolveram protótipo após protótipo para tentar resolver o problema. Finalmente, encontraram uma solução: um balde com uma segunda alça moldada na parte inferior e uma alça ergonomicamente projetada para melhor distribuir o peso. As mulheres poderiam levantá-lo com as duas mãos, carregá-lo sem tombá-lo e despejá-lo mais facilmente. Desde então, o Big Gripper tem sido encomendado por outros grandes varejistas, como o Walmart. Está se tornando um novo padrão.

Não se tratava de uma ciência avançada. Alguém poderia ter percebido isso cinquenta anos atrás. Mas ninguém se incomodou em trazer mulheres para o processo de design.

– Não foi mágica – disse-me Herbst.

Foram só mulheres.

º º º

O BALDE DE PLÁSTICO ainda não havia sido inventado quando Earl Tupper estava tentando, sem sucesso, vender seu Tupperware, em 1949. Enquanto contemplava o fracasso mais uma vez, do outro lado do país, em um subúrbio de Detroit, uma divorciada com um filho pequeno descobriu que tinha um dom para vender às donas de casa coisas das quais elas não sabiam que precisavam.

Brownie Wise levava a vida como secretária quando um vendedor da Stanley Home Products bateu à sua porta. Ela não se impressionou com seu discurso de vendas. *Eu posso fazer melhor que isso*, pensou consigo mesma. E então resolveu arriscar.

Logo, estava organizando reuniões domésticas, em que mostrava às donas de casa vassouras, escovões e limpadores – sem os quais não podiam mais viver sem. Era uma oradora talentosa, uma habilidade aprimorada durante a infância, quando proferia discursos em comícios sindicais organizados por sua mãe, chapeleira. Foi tão bem-sucedida que deixou o emprego de secretária.

Seu maior talento, no entanto, era para recrutar outras mulheres, que ofereciam suas próprias festas. Ela entendeu intuitivamente que as vizinhas, muitas das quais haviam trabalhado em fábricas durante a Segunda Guerra Mundial, foram mandadas de volta para a cozinha. Elas ansiavam pelo glamour, respeito e poder que acompanhavam o trabalho. Precisavam do dinheiro, com certeza. Mas o grande *insight* de Brownie foi o de que ansiavam pelo reconhecimento também. Além disso, que melhor trabalho do que aquele que permitia que uma dona de casa ficasse em casa, com seus filhos, e pusesse o jantar na mesa para seu homem todas as noites?

Brownie deu muita atenção à sua crescente força de vendas. Ela entregava troféus, elogiava-as em seus boletins informativos e distribuía presentes para as melhores vendedoras.

– A necessidade de reconhecimento pessoal não é nenhuma novidade. É tão antiga quanto a humanidade – dizia frequentemente.

Em 1949, era a principal gerente de vendas da Stanley. Estava certa de que, em breve, receberia uma grande promoção, para um trabalho corporativo, quando foi chamada à sede, em Massachusetts. Em vez disso, ouviu algo diferente. De acordo com o fundador da empresa, ela não era elegível para os cargos administrativos, porque a área executiva "não é lugar para uma mulher".

Enfurecida, ela voltou para Detroit. Havia chegado ao topo e tivera suas ambições frustradas.

– Ele vai ver só! – prometeu ao filho.

Talvez tenha sido por isso que ela ficou tão fascinada quando um adolescente local, um de seus melhores vendedores, deu-lhe um presente. Era um objeto curioso que tinha encontrado em uma loja próxima: uma tigela Tupperware. Brownie, como a maioria das pessoas, ficou inicialmente desconcertada com o estranho novo objeto. Ela o deixou cair e o viu quicar. Ficou intrigada com a tampa, tentando descobrir como funcionava, e finalmente disse algo que se tornaria um famoso bordão de marketing:

– Tem que botar para arrotar, que nem um bebê.

Brownie e seu jovem protegido rapidamente perceberam algo que escapara a Earl Tupper: as mulheres nunca comprariam as novas e estranhas tigelas por conta própria. Elas precisavam ver como o produto funcionava. Uma vez que vissem a magia, não poderiam mais viver sem ela. Brownie e sua crescente força de vendas logo passaram a vender produtos da Tupperware.

Acontece que Brownie teve ainda mais sucesso vendendo tigelas Tupperware do que quando vendia vassouras e esfregões. Ela mirou nas hordas de donas de casa que estavam lutando com as sobras, cobrindo-as com papel alumínio e toucas de banho. Ela estabeleceu recordes de vendas e recrutou mais algumas dezenas de mulheres, que se juntaram a ela como anfitriãs de festas da Tupperware.

– Livre-se de suas toucas de banho! Transforme suas sobras em novos pratos! – Era esse seu grito de guerra.

Nada disso ocorrera ao próprio Earl Tupper. Ele não entendeu intuitivamente que seus clientes predominantemente femininos ficariam confusos com o modo de usar suas lindas tigelas. Tampouco percebeu a frustração de mulheres que buscavam validação em um mundo que as enviara de volta à cozinha – mulheres que poderiam ser mobilizadas em uma poderosa força de vendas.

Não demorou muito para que Brownie chamasse a atenção do próprio Earl e prontamente dissesse a ele que, se quisesse que sua empresa tivesse sucesso, deveria parar de vender produtos da Tupperware nas lojas – só vendê-los em reuniões domésticas. Ela insistiu para que ele mudasse seu modelo de negócios. Ela tinha certeza de que entendia daquilo mais do que ele.

Qualquer coisa que seja dita aqui não retratará o quão notável foi este momento. Em 1950, as mulheres não diziam aos executivos como administrar seus negócios. Isso foi duas décadas antes que a primeira mulher fosse nomeada diretora-executiva de uma grande empresa – e essa mulher, Katharine Graham, do *Washington Post*, herdou o trabalho do marido. Uma mulher deveria ficar em casa, manter o marido feliz e nunca, jamais, responder.

Não se acreditava que as mulheres tivessem a mesma capacidade para os negócios ou o mesmo nível de inteligência que os homens. O anúncio da batedeira Chef, da Kenmore, na época, proclamava: "A Chef faz tudo menos cozinhar – é para isso que servem as esposas!". Um anúncio do desinfetante Lysol – que começou, surpreendentemente, como ducha vaginal (e que as mulheres usavam como uma forma primitiva e malsucedida de controle de natalidade) – alertava sombriamente as mulheres: "Em vez de culpá-lo se o amor no casamento começar a esfriar, ela deve se questionar". Então, orientava as mulheres que tomassem banho com Lysol: "Mantenha-se desejável!".

Neste contexto, dadas as forças culturais avassaladoras da época, Earl poderia facilmente ter ignorado o conselho de Brownie. Em vez disso, quase se rebelando contra a sabedoria convencional de seu tempo, aceitou a sugestão. Ele provavelmente não considerou a magnitude dessa ruptura com a tradição. Não estava apoiando a causa feminista, mas simplesmente tentando salvar seus negócios. E então seguiu as instruções de Brownie: retirou a Tupperware das lojas, entregando os esforços de venda a essa mulher persuasiva e insistente e suas legiões de donas de casa, que vendiam os produtos Tupperware em suas salas de estar.

Os *insights* de Brownie mostraram-se precisamente corretos. O negócio de Earl, até então falido, explodiu. Em poucos anos, Brownie comandava um exército de vendas da Tupperware, cerca de nove mil pessoas, quase todas donas de casa, da sede que construiu em Kissimmee, na Flórida. Rejeitada no início de sua carreira por Stanley, redobrara seus esforços para provar que poderia ser uma executiva tão bem-sucedida quanto qualquer homem.

O Jubileu Anual da Tupperware, que ela promovia para revendedores e gerentes, era uma mistura de renovação com carnaval. Em uma comemoração na Flórida, enterrou casacos de pele, anéis de diamantes e aparelhos de televisão. Depois distribuiu seiscentas pás para que as vendedoras desenterrassem os tesouros. Deu Cadillacs e viagens para a Europa. Levava sua legião de acólitas a um frenesi, oferecendo como prêmio seu próprio vestido ou os sapatos que calçava. Qualquer mulher poderia ser uma estrela de Tupperware, ela prometia. Às vezes, encomendava cem mil liquidificadores de uma só vez para presentear as anfitriãs das reuniões domiciliares.

– Brownie tinha a capacidade de conversar com seus sonhos. Coisas que você nem sabia que queria – disse uma de suas vendedoras. – Ela imaginava essas lindas cenas e, de repente, você se via sendo aquilo, algo em que não tinha pensado antes.

Graças a Brownie e sua equipe, Earl superou até mesmo suas metas mais ousadas, vendendo milhões de peças da Tupperware. Ele se tornou incrivelmente rico, multimilionário.

Earl e Brownie, como equipe, conseguiram o que nenhum dos dois alcançaria sozinho. Ele fez um ótimo produto, mas não compreendeu as mulheres. Ela entendia que as funcionárias queriam o reconhecimento tanto quanto o dinheiro, e que as clientes queriam excitação e mágica. Eles eram melhores juntos do que qualquer um deles seria individualmente.

A colaboração surpreendentemente bem-sucedida entre Earl e Brownie antecedeu em meio século a pesquisa que explicava exatamente por que sua parceria era tão proveitosa. Mas sabemos agora que, involuntariamente, eles criaram as exatas condições para que homens e mulheres trabalhassem juntos com o máximo de resultados.

Pesquisadores descobriram que, assim como acontece com a dupla Tupperware, quando as mulheres são introduzidas em equipes exclusivamente masculinas, as soluções são mais criativas – o mesmo vale para equipes do gênero feminino que recebem homens. Em um experimento, quando estudantes do sexo masculino e do sexo feminino foram solicitados a criar um negócio para ocupar uma loja vazia no campus, os grupos mistos apresentaram consistentemente ideias mais inovadoras do que pessoas em grupos do mesmo sexo. Pesquisadores descobriram que grupos de pessoas do mesmo sexo eram rápidos em concordar uns com os outros, o que levou a ideias limitadas e pouco imaginativas. Os grupos mistos abordaram o problema de múltiplos pontos de vista, resultando em soluções muito mais inventivas.

Assim como Earl e Brownie, os grupos mistos são mais inteligentes. Um estudo intrigante pediu que grupos resolvessem um mistério de assassinato, e nos deu uma visão profunda de por que isso acontece. Pesquisadores pediram a grupos homogêneos – neste caso, um grupo de três membros de uma fraternidade masculina e outro de membros de uma irmandade feminina – para apontar o assassino, em um mistério. Nos grupos com pessoas do mesmo sexo, todos se sentiam confortáveis uns com os outros e trabalhavam facilmente juntos. Encontraram rapidamente a solução e estavam confiantes em sua resposta. Todos se sentiram bem com o processo.

Em seguida, os pesquisadores inseriram um estranho em cada um dos grupos – um homem em um grupo feminino ou uma mulher em um grupo masculino. A harmonia nos grupos evaporou. Havia desconforto em seus membros. Nós naturalmente gravitamos em direção àqueles como nós, e trazer um estranho acabou com aquela dinâmica fácil. Alianças mudaram. Ao concordar com as opiniões do estranho, alguns membros sentiam que seus laços sociais com os demais haviam enfraquecido. Os membros do grupo, como um todo, subitamente sentiram mais pressão para justificar suas respostas. Esses grupos tiveram mais dificuldade em resolver o mistério do assassinato. Eles estavam menos confiantes sobre o resultado. O processo não foi agradável.

No entanto, esses grupos mistos apontaram o assassino correto com muito mais frequência do que os grupos do mesmo sexo. E fizeram isso precisamente por causa dessa dinâmica estranha. No grupo misto, cada indivíduo tinha que estar no controle de si mesmo, justificando e explicando cuidadosamente suas crenças. Os pesquisadores concluíram que, simplesmente adicionando alguém de um gênero diferente, os grupos se tornaram mais atenciosos, trabalharam mais arduamente para encontrar um terreno comum e, como resultado, surgiram soluções superiores.

Mais de meio século atrás, homens como Earl Tupper provaram isso primeiro. Quando os homens ultrapassam as linhas de gênero, quando homens e mulheres trabalham juntos em direção a um objetivo comum, grandes coisas podem acontecer. Todos nós já sabemos bem disso.

º º º

EARL TUPPER foi um visionário em seu tempo, contrariando convenções sociais ao promover uma mulher à parceira de negócios. Ele não estava tentando promover a causa da igualdade para as mulheres. É bem difícil que fosse um ativista social, como sua vida posterior provaria. Ele estava focado, simplesmente, nas vendas, no resultado.

A esse respeito, estava alinhado com suas contrapartes modernas. Enquanto coletava fatos para este livro, ao longo de dois anos, entrevistei mais de cem executivos de sucesso, médicos, acadêmicos e outros que estão ultrapassando a divisão entre os gêneros. Praticamente todos compartilhavam uma característica distinta com Earl Tupper: como ele, esses homens não eram ativistas agindo em prol dos direitos das mulheres.

Em vez disso, o traço comum entre os homens com quem falei foi que, como Earl Tupper, a maioria não via a tentativa de igualar as condições entre homens e mulheres primariamente como um posicionamento político. Esses homens não andam por aí se intitulando feministas. Eles não são movidos por grandes objetivos, como reverter séculos de dominação masculina, ou expiar a discriminação de seus antepassados, ou corrigir os erros da história.

Eles simplesmente enxergam a igualdade de gênero como um imperativo comercial. Mais de um deles chegou a me explicar usando a analogia de uma aula de educação física. Quando você é o capitão do time de vôlei, quer escolher os melhores jogadores da sala. Se você só escolher metade deles, e o capitão adversário conseguir escolher todos os seus jogadores entre os melhores, você vai perder. Quer ganhar? Você precisa escolher os melhores, entre todo o talento disponível. E ponto final. Cortar metade das opções não vai te levar a lugar nenhum.

∘ ∘ ∘

AINDA HÁ UMA OUTRA característica, mais alarmante, que esses homens compartilham com Earl Tupper. Earl enfrentou enormes pressões sociais ao se associar a uma mulher. Em uma virada desconcertante de eventos, os homens com quem falei me disseram que também enfrentam hostilidade. Eles lidam com a amargura e a oposição de outros homens, que suspeitam de seus motivos na defesa da causa das mulheres. Seus detratores estão certos de que o sucesso de uma mulher significa o fracasso de um homem. É um jogo de soma zero. Se as mulheres vencerem, eles necessariamente perderão.

Essa mentalidade de soma zero tem uma história longa e arraigada. Ernest Belfort Bax, advogado britânico do século XIX, avisou ameaçadoramente que as mulheres estavam "trabalhando não por igualdade, mas por ascendência feminina". Sua visão era comum nos dias em que as mulheres começaram a se agitar pelo direito de voto. Um típico cartão-postal intitulado "Sufragistas a caminho da guerra" mostrava mulheres usando seus guarda-chuvas para bater em um policial caído. A mensagem era clara: essas mulheres não queriam igualdade, mas supremacia. O sucesso das mulheres significava o fracasso dos homens.

Avançando para os dias de hoje, um estudo da Universidade da Virgínia sobre casais de graduandos descobriu que os homens interpretam o sucesso da namorada como seu próprio fracasso. Pesquisadores desse estudo deram aos casais um teste sobre resolução de problemas e inteligência social, após uma breve palestra sobre o tema. Então, os pesquisadores atribuíram aleatoriamente pontuações aos testes de cada indivíduo. Os casais foram informados sobre os resultados de cada um. Em alguns casos, o homem "superou" sua namorada. Em outros casos, foi o contrário.

Depois, os pesquisadores mediram a autoestima de cada participante. Surpreendentemente, os homens que sabiam que a namorada tinha tirado uma nota mais alta se sentiam piores sobre si mesmos. Sua autoestima foi atingida. Mas houve aumento na autoestima dos homens cujas namoradas tiveram notas inferiores às suas. A autoestima das mulheres, enquanto isso, não variou mediante o desempenho dos namorados. Experiências similares com estudantes na Holanda e com voluntários recrutados em uma pesquisa on-line apresentaram os mesmos resultados. Quando um homem pensava no sucesso da namorada, sua autoestima despencava.

Existem poderosas forças culturais que moldam essas reações. Desde o nascimento, os homens são condicionados a ver o mundo em termos de vencedores e perdedores. Lembre-se do Capítulo 2, em que Deborah Tannen descobriu que os meninos brincam uns com os outros competindo, enquanto as meninas aprendem a jogar colaborando. Para os meninos, o objetivo é unir um ao outro. Quando esses meninos e meninas crescem, a dinâmica permanece a mesma.

Como adultos, os homens associam ser o provedor financeiro à masculinidade – e à vitória. Jay Wade, professor de Psicologia de Fordham, estudou a conexão entre poder aquisitivo e masculinidade:

– Mesmo entre os rapazes na casa dos vinte e trinta anos, uma geração que se orgulha de dividir igualmente os deveres em casa e os cuidados com os filhos, uma coisa que não mudou foi o papel de provedor financeiro – disse ele. – Um homem sente que, se pretende casar e começar uma família, deve ser capaz de sustentar sua esposa e filhos. Acho que isso é tão verdadeiro hoje como era para meu pai, que, na década de 1950, iniciava sua família.

O impacto na autoestima dos homens é agravado porque eles se julgam consistentemente mais inteligentes e mais competentes do que realmente são. Um estudo descobriu que os homens rotineiramente superestimam seu QI em cinco pontos, enquanto as mulheres subestimam o delas em um mesmo valor. Em outro experimento, depois que homens e mulheres fizeram um teste de matemática, os homens superestimaram seu desempenho em 30%, o dobro do que as mulheres.

Vamos ser absolutamente claros sobre isso: os homens não estavam mentindo. Eles realmente *acreditavam* que seu desempenho havia sido muito melhor do que realmente fora. Estavam bastante confiantes de seu desempenho superior. Pode ser devastador, então, ser confrontado com uma mulher que tenha mais sucesso – sugerindo, implicitamente, que o homem falhou.

Alguns homens respondem atacando. Pesquisadores descobriram que, quando uma mulher ganha mais do que o marido, é mais provável que o marido dela a traia. Pior, quanto mais a mulher ganha, maior a probabilidade de o marido ter um caso. No entanto, o inverso é verdadeiro para as mulheres: quando ganha menos do que o marido, é menos provável que ela traia. Um estudo descobriu que, em vez disso, ela tomará medidas para reforçar a masculinidade do marido. Ela minimizará suas conquistas ou aumentará a quantidade de tarefas domésticas que desempenha.

Essa dura realidade deixa muitos homens com medo de apoiar abertamente as mulheres, mesmo que eles queiram. Adam Grant, que escreveu vários artigos sobre mulheres na liderança com a executiva do Facebook e autora de *Faça Acontecer – Mulheres, Trabalho e a Vontade de Liderar*, Sheryl Sandberg, experimentou esse tipo de reação em primeira mão. Os leitores o atacaram por tentar ficar do lado das mulheres. "Muitos homens que gostariam de ver mais mulheres líderes têm medo de falar sobre isso", concluiu ele, no *The Atlantic*.

Robert Moritz, o CEO da PricewaterhouseCoopers (PwC), não previu quão dura seria a reação negativa quando postou no LinkedIn um texto sobre diversidade. Ele é um defensor, de longa data, das mulheres trabalhadoras. Em 2010, sua empresa lançou o programa "Homens Brancos e Diversidade", reconhecendo deliberadamente que 79% dos parceiros da empresa eram, sim, homens brancos. Entre outras coisas, o programa trabalha com parceiros para ajudá-los a reconhecer pontos cegos sobre mulheres e minorias, e sugere formas pelas quais eles podem promover a igualdade entre gêneros. Por exemplo, o programa encoraja homens, antes de as reuniões começarem, a conversarem com a mulher sentada sozinha em um canto, em vez de se juntar aos caras e debater as últimas da NFL.*

– Trabalhar com mulheres e outros grupos sub-representados faz de você um líder melhor, porque o mundo não está ficando mais branco, nem nossos clientes, mais homogêneos – diz Chris Brassell, diretor do Escritório de Diversidade e Inclusão da PwC nos Estados Unidos.

Moritz, em seu ensaio no LinkedIn, foi meticuloso e comedido, explicando algumas ações simples que tomou em sua própria empresa, que podem ser seguidas por outras pessoas, como organizar jantares com parceiras para ouvir suas preocupações. "Nós, homens, às vezes nos preocupamos tanto em dizer a coisa errada que acabamos não dizendo nada", escreveu ele. "Mas isso é um erro."

As sugestões dele, que também incluíam "tornar pessoal" e "fazer perguntas, ouvir a perspectiva da outra pessoa e mostrar que você se importa", não eram nada radicais. Os mais de duzentos comentários negativos imediatamente o atacaram, como se ele estivesse lá para destruir os homens:

- Diversidade = código secreto para "livrar-se dos homens".
- "Como um 'cara branco', eu me pergunto: por que a culpa tem que ser sempre minha? Estamos em 2015 e estou farto dessa baboseira de 'o homem branco é a raiz de todo o mal'.
- "Homens brancos são o grupo mais discriminado nesta terra."

Os comentários não pouparam nem o próprio Moritz, chamando-o – entre outros epítetos – de "branco covarde".

Para homens como Moritz, que estão tentando mudar a cultura e serem mais justos com as mulheres, a pressão para recuar e se adequar ao *status quo* é tremenda. É preciso coragem e convicção para remar contra essa maré. A verdade é que o fato de Moritz advogar pelas mulheres vai

---

* National Football League (NFL) é a liga de futebol americano profissional dos Estados Unidos. (N.R.)

contra a própria natureza dos seres humanos: somos programados para desconfiar daqueles que apoiam grupos dos quais não fazem parte.

Pesquisadores descobriram que as pessoas ficam realmente ressentidas com os homens que promovem os direitos das mulheres, porque estão lutando por uma causa que não é deles. Homens que o fazem de qualquer maneira, violando normas culturais, são frequentemente atacados, como Moritz aprendeu rapidamente. Além disso, defender a diversidade não beneficia os executivos do sexo masculino, em termos de remuneração ou reconhecimento. Um estudo da *Harvard Business Review* descobriu que isso não tem nenhum efeito sobre como seus próprios patrões classificam a competência e o desempenho deles.

Apesar do risco de hostilidade e suspeita, Moritz e seus colegas são acompanhados por um número crescente de executivos masculinos que promovem a igualdade entre gêneros. Eles estão enfrentando o abuso e a desconfiança ao fazer isso. E sua motivação é bem simples: obter resultados.

Muitos dos homens com quem conversei podem apontar seu momento "a-ha", aquela súbita epifania em que percebem: "Sim, tenho que dar um jeito nessa coisa toda das mulheres". Para Tom Falk, esse momento veio durante uma reunião do conselho. Falk é o diretor executivo da Kimberly-Clark Corporation, empresa que fabrica marcas de consumo como Huggies, Kleenex e Kotex.

Em uma reunião, Falk e o executivo que administrava o negócio da Kotex estavam tentando explicar a estratégia para os absorventes internos. Um membro da diretoria o abordou tranquilamente depois e fez uma pergunta simples: "O que acha de chamar uma mulher para nos apresentar a estratégia?".

De volta ao seu escritório, Falk deu uma olhada em seu organograma e observou que 81% dos principais cargos eram ocupados por homens, ainda que os clientes da empresa fossem majoritariamente mulheres. Se você já se perguntou por que comerciais de absorventes apresentam mulheres alegres girando em calças justas e brancas

– algo que nenhuma mulher de verdade faria de bom grado durante o período menstrual –, agora você sabe.

Falk já se considerava um defensor da diversidade. Ele via a si mesmo como justo e imparcial, e supunha que sua atitude esclarecida percorria toda a empresa. Mas os números que viu em sua planilha contavam uma história diferente.

– Aquela planilha me fez acordar para a realidade – ele me contou mais tarde. – Tinha que começar por mim. Eu frequentava um monte de eventos sobre diversidade, mas não implementava aquilo ao meu redor.

Então Falk começou a fazer mudanças. Ele falou sobre a diversidade em reuniões da empresa. Conduziu melhorias no ambiente de trabalho, incluindo a criação de salas de amamentação e horários flexíveis. Na China, onde engarrafamentos épicos na hora do *rush* são comuns, ele mudou os horários de início e término para permitir que as mães passassem mais tempo com seus bebês, e ligou isso a uma campanha externa da Huggies, pedindo a outras empresas que fizessem o mesmo.

Então ele foi além dessas medidas suaves, que abrangem os problemas de estilo de vida que podem ser difíceis de quantificar. Ele criou uma iniciativa de diversidade voltada para incentivos financeiros, acrescentando-a à equação de compensação da empresa. Os executivos da Kimberly-Clark ganham bônus com base em quatro tipos de desempenho. Um desses tipos agora inclui não apenas contratar, mas treinar, promover e reter pessoas de diversas origens. Algumas outras empresas estão começando a adotar políticas similares, incluindo a Intel, que passou a vincular certos bônus a metas de diversidade.

A transição nem sempre era fácil. Corrigir a cultura corporativa em uma empresa gigante é, na melhor das circunstâncias, uma tarefa complexa e difícil de navegar. E assim como Moritz, na PwC, Falk enfrentou uma forte reação em alguns setores. A mentalidade de jogo de soma zero é difícil de abalar. Alguns homens da Kimberly-Clark recuaram.

– Eles se sentiram "ameaçados" – disse Sue Dodsworth, diretora global de diversidade da empresa.

Até mesmo um homem com quem ela havia trabalhado de perto, alguém que Sue presumia ser um defensor, reclamou:

– Não posso apoiar isso. Se você continuar com essa iniciativa, nunca mais serei promovido.

Ele acabou deixando a empresa.

Outros executivos fincaram os pés no chão, insistindo que apoiavam a iniciativa de diversidade, enquanto não tomavam nenhuma medida para implementá-la.

– Tentamos estimulá-los, um a um – disse-me Sue Sears, vice-presidente de diversidade e inclusão global. – Você enxerga os campeões e dá a eles o pódio. Eles começam a ser reconhecidos pelo CEO e promovidos, porque estão criando equipes diversificadas e obtendo melhores resultados.

E isso é exatamente a chave do sucesso da Kimberly-Clark: melhores resultados. É surpreendente o que um pouquinho de influência feminina pode fazer. Os funcionários da Kimberly-Clark passaram a fazer "visitas às mães", para conhecer melhor suas clientes. Um pequeno grupo visita uma mulher em casa e pede que ela mostre seus produtos de limpeza ou fale sobre seu ciclo menstrual.

Em uma dessas visitas, em Israel, há alguns anos, Falk havia se juntado a um grupo exclusivamente masculino para questionar uma adolescente sobre sua menstruação. É claro que foi um encontro desconfortável e bastante infrutífero para ambas as partes. Outras vezes, para coletar informações sobre os clientes, os executivos visitam drogarias para ver as consumidoras fazendo compras.

– Nada como cinco caras de terno olhando as mulheres enquanto fazem suas compras na seção de cuidados femininos – observa Falk seca e ironicamente.

Inserir mulheres nessas equipes fez toda a diferença. Durante uma visita domiciliar na Índia, um membro feminino de uma equipe masculina observou que os sogros de uma nova mãe também viviam na casa – e ela sentiu que a avó estava dando as ordens, não a mãe. Sua equipe foi capaz de usar essa inteligência para ajustar a forma como comercializa produtos para bebês no país. Nos Estados Unidos, uma equipe exclusivamente feminina foi capaz de superar o fator constrangimento ao entrevistar mulheres com incontinência urinária para a linha de fraldas adultas da Poise – levando a uma campanha cômica protagonizada por Whoopi Goldberg, que, no talk show *The View*, admitiu ter o problema. Na série de comerciais, ela posou como Mona Lisa e Joana D'Arc. ("Quando eu rio, deixo um jatinho escapar.")

De fato, um dos primeiros departamentos da Kimberly-Clark a receber uma repaginada foi o marketing. É uma das primeiras iniciativas foi se livrar daqueles anúncios antigos da Kotex. Um novo comercial irônico zombou de suas campanhas anteriores, mostrando uma montagem dessas mulheres em êxtase, usando roupas brancas, narrado ironicamente por uma mulher: "Como me sinto durante o período menstrual? Eu amo ficar menstruada! Faz com que eu me sinta purificada. Às vezes, só quero correr na praia. Gosto de girar, talvez em câmera lenta. E faço isso usando uma calça branca bem justa. No terceiro dia, fico com muita vontade de dançar".

A campanha foi apelidada de "Pedido de desculpas".

Falk admite abertamente que não contratou e promoveu mais mulheres para ser politicamente correto.

– Minha intenção era realmente me cercar dos melhores talentos do mercado – disse.

E o que aconteceu com os homens da Kimberly-Clark? Bem, por um lado, eles ficaram mais ricos: as vendas da Kotex subiram e o preço das ações da empresa mais do que dobrou desde que Falk embarcou em sua iniciativa, em 2009 – uma dádiva tanto para os homens que trabalham lá quanto para as mulheres.

∘ ∘ ∘

Talvez Earl Tupper tenha percebido isso há mais de meio século. Ou talvez não. Apesar de sua parceria inovadora com Brownie Wise, era uma criatura de seu tempo, sucumbindo às pressões culturais contra ele. E nunca se deu conta de que mulheres e homens podem ter sucesso trabalhando lado a lado. Jamais entendeu que a vida não é um jogo de soma zero. Ele não podia aceitar que as conquistas de Brownie Wise, por mais importantes que fossem, não diminuíam seu próprio sucesso. Não conseguia compreender a verdadeira sinergia que vem de homens e mulheres trabalhando juntos, e que, ao fazê-lo, criam muito mais valor do que qualquer um pode criar sozinho.

A conclusão para sua colaboração bem-sucedida mostra por que, embora os benefícios pareçam tão óbvios, ainda vivemos em um mundo que é, em grande parte, liderado por homens brancos. Por um tempo, a parceria entre Earl e Brownie não poderia ter sido mais doce. Suas forças pareciam idealmente alinhadas. Brownie Wise estava no auge, inspirando mulheres a venderem a Tupperware e donas de casa a comprá-la. Earl Tupper, antes anônimo, tornou-se um dos empresários mais bem-sucedidos do país, o soberano do império Tupperware. Se não fosse por ela, a Tupperware, a mais importante e duradoura invenção de Earl, provavelmente teria sido esquecida pela história há muito tempo.

Suas personalidades pareciam alinhadas também. Earl evitava a publicidade, enquanto a vivaz Brownie adorava. Ele estava satisfeito em ficar em segundo plano e ver seu império crescer, enquanto ela se deleitava em servir como seu rosto público. Com a ajuda da equipe de publicidade da Tupperware, ela se transformou em uma queridinha da mídia, bajulada em programas de entrevistas e em revistas femininas como *McCall's* e *Cosmopolitan*, que a apelidaram de "Sunshine Cinderella". A forma como os dois se complementavam alavancava os negócios.

E assim foi, até 17 de abril de 1954. A data em que Brownie Wise se tornou a primeira mulher na história a estampar a capa da *Business Week*. Não era uma revista feminina, nem um programinha de televisão. Era a Bíblia dos negócios, lida por homens de sucesso – os homens que Earl considerava seus pares. E Earl mal chegou a ser mencionado no artigo. Como ousava Brownie levar o crédito por seu trabalho?!

Brownie Wise se tornou a empresária de maior sucesso do país, talvez até do mundo. Ela era um nome familiar. E depois da capa da *Business Week*, a imprensa a adorava ainda mais. A própria Brownie publicou um livro inspirador para mulheres chamado *Best Wishes* ("É maravilhoso ser mulher. As mulheres e os desejos parecem andar juntos!") E convenceu seu ídolo, o inspirador pastor Norman Vincent Peale, a escrever o prefácio.

E, assim, Earl fez o que precisava fazer.

Ele demitiu Brownie Wise.

Depois de quase oito anos trabalhando juntos, ele a cortou. Instruiu sua equipe a enterrar cada cópia de seu livro em um buraco atrás da sede da Tupperware. Brownie nunca recebera ações na empresa, nem tinha um contrato de indenização. Depois que ela o processou, ele relutantemente lhe deu um ano de salário, cerca de 30 mil dólares. Alguns meses depois, ele vendeu a empresa por 16 milhões dólares – o equivalente a 132 milhões de dólares nos dias de hoje.

○ ○ ○

Brownie Wise morreu, na obscuridade, em 1992. A antiga celebridade foi esquecida há muito tempo (embora agora mereça uma página e uma exortação – "Seja como Brownie!" – no site da Tupperware). Earl morreu quase uma década antes. Em seus anos pós-Tupperware, nenhum dos dois atingiu o mesmo sucesso que alcançaram juntos.

E quanto à Tupperware? Em 1992, o ano em que Brownie faleceu, Rick Goings ingressou na empresa como executivo. Um homem entusiasmado, com um histórico incomum como veterano da Marinha dos EUA e da Avon, entrou em uma empresa que ainda refletia o triste legado de Earl. Brownie Wise havia sido apagada da história da empresa. As mulheres não desempenhavam quase nenhum papel na liderança da empresa. A linha de produtos estava obsoleta. A Tupperware era uma marca fraca. Era algo que sua mãe costumava comprar em cores pastel horríveis. As vendas estavam em queda.

Goings começou imediatamente a trabalhar para mudar as coisas. Umas de suas primeiras iniciativas foi recrutar mais mulheres. O amável senhor, de 71 anos, continua tão apaixonado pela Tupperware quanto naquele primeiro dia, há 25 anos:

– Há uma reunião domiciliar da Tupperware a cada 1,3 segundo! – anuncia, quando nos encontramos.

Mas ele admite que tem sido uma tarefa árdua. Também é um esforço que tem mantido desde que foi nomeado diretor executivo, em 1997. Pela primeira vez, na história da empresa, uma mulher é presidente e diretora operacional. O conselho é formado igualmente por homens e mulheres. E Goings quer elevar para 50% a taxa de mulheres entre os gerentes – que, atualmente, é de 30%.

No processo, Goings reformulou o modelo de negócios da Tupperware. Quando se juntou à firma, as mulheres americanas estavam entrando no mercado de trabalho. As donas de casa entediadas, com as quais Brownie Wise contava para formar sua equipe de vendas, eram uma espécie em extinção.

Assim, Goings rapidamente mudou o foco da empresa para o exterior, de onde 90% das vendas se originam agora. No pequeno mercado dos EUA, Goings depositou suas esperanças na geração dos millennials, jovens que fazem parte da "economia gig", substituindo o trabalho permanente por projetos temporários. Eternamente otimista, ele cita uma estatística:

– Entre os Millennials, 58% deles não querem um emprego. Eles se preocupam mais com relacionamentos. A mudança está acontecendo agora mesmo!

Enquanto isso, no exterior, ele obteve sucesso na China, onde a qualidade da água é ruim e os produtos de filtragem de água da Tupperware estão em demanda, e nos países do terceiro mundo, onde as mulheres tiveram poucas oportunidades econômicas. Um verdadeiro evangelizador da Tupperware, Goings, quando me conta apaixonadamente como a venda de produtos da Tupperware tira as mulheres da pobreza e ajuda a "alimentar sua família". Sei que fez esse mesmo discurso para públicos em todo o mundo um milhão de vezes. No entanto, fala de forma envolvente e empolgadíssima. Parece que está dizendo tudo aquilo pela primeira vez.

Por mais idealista que Goings seja, ele muda de tom para o de CEO pragmático quando o assunto se volta para as mulheres no local de trabalho. Passa pela minha cabeça que, embora Earl Tupper provavelmente não reconhecesse hoje a empresa que criou, ele e seu sucessor compartilham uma característica crucial. Como Earl Tupper antes dele – e como Falk, da Kimberly-Clark, e Moritz, da PwC –, Rick Goings não contrata mulheres para ser politicamente correto. Ele tem um ponto de vista mais prático.

Este é, afinal, um executivo que ocupa o cargo mais elevado de sua empresa há mais de duas décadas. Ele faz o que é melhor para seus negócios. Tudo volta à analogia sobre a aula de educação física, sobre escolher o melhor que existe, não o melhor que há na metade da população. O que importa para ele é que trazer mulheres faz com que a empresa ganhe mais.

– Não se trata de promover a causa dizendo que não é justo. Eu tento fazer com que as pessoas enxerguem além do altruísmo – diz. – O argumento não pode ser o altruísmo. Deve ser o de que faz sentido empoderar as mulheres.

3

TODO MUNDO É MEIO SEXISTA

UM DOS PROGRAMAS favoritos do meu filho é *Avenida Q*, um musical de marionetes bem debochado e inspirado em *Vila Sésamo*, com um número impressionante entre os bonecos de brigas, *Everyone's a Little Bit Racist*.

Você é meio racista
Bem, você também é
Admitir não é fácil...
Mas acho que é verdade...
Todo mundo é tão racista quanto você!

A música é um pouco engraçada, em parte porque é verdade. Mahzarin R. Banaji, psicólogo de Harvard, foi um pioneiro no estudo do viés inconsciente, os preconceitos que todos enterramos tão profundamente dentro de nós que nem sequer percebemos que existem. Em seu livro de 2013, *Blind-spot: Hidden Biases of Good People*, o Dr. Banaji e o coautor, Anthony G. Greenwald, argumentam que "preconceitos ocultos são capazes de guiar nosso comportamento sem que tenhamos consciência de seu papel".

Múltiplos estudos envolvendo milhões de pessoas mostraram que quase 75% de nós, por exemplo, têm preconceito contra pessoas negras – incluindo mais da metade dos próprios negros. Quando se trata de mulheres, o fenômeno é ainda mais pronunciado. Cerca de 75% dos homens – e 80% das mulheres! – inconscientemente relacionam homens ao trabalho e mulheres à família.

Para parafrasear os fantoches, todo mundo é meio sexista.

Isso vale para os mais esclarecidos entre nós. Não muito tempo atrás, conheci Brian Welle, um cientista de dados do Google. Ligeiro e de fala mansa, com jeans, camisa polo azul e uma mochila pendurada em um dos ombros, ele poderia facilmente passar por um estudante universitário. Depois de tomar um café (gratuito) na enorme cafeteria do escritório do Google em Nova York, cercado por dezenas de jovens engenheiros de bermuda e chinelo, ele me explicou como passou sua vida profissional tentando acabar com os preconceitos.

O Dr. Welle, armado com um doutorado em psicologia industrial organizacional, faz parte de uma equipe de magos de dados do Google. Mas eles não trabalham nos algoritmos de pesquisa da empresa. Em vez disso, aplicam a perícia computacional do Google à própria empresa, para descobrir o que move seus próprios funcionários. O trabalho dele é analisar se o Google é justo com os funcionários, partindo do ponto inicial: quem é contratado e por quê?

O Google é famoso por se basear em dados para todas as coisas. Nada escapa ao seu escrutínio. Ele analisa tudo, desde como são abastecidos os M&M's em suas cafeterias, até a cor das paredes, a composição de seus móveis (olá, sofás fofinhos), o conforto de seus banheiros (sim, eles têm aquecedor de assento e ducha/secador embutidos). Ao projetar sua página, a empresa testou quarenta e um tons de azul para analisar qual promovia as melhores taxas de cliques na barra de ferramentas do Google.

Seu processo de contratação é tão exigente quanto. No começo, a empresa exigia que os candidatos fornecessem notas do SAT – e até mesmo para sessentões com décadas de experiência. Os membros de seu departamento de *People Analytics* tinham os seguintes adesivos nos laptops: "Tenho gráficos e tabelas para provar o que digo. Vaza". Os possíveis Googlers passaram por 25 entrevistas de emprego separadas (mas atualmente a empresa já limita as entrevistas a quatro). De acordo com Laszlo Bock, que gerenciou o departamento de Recursos Humanos do Google, a empresa recebe cerca de 3 milhões de inscrições a cada ano, por apenas alguns milhares de vagas, o que significa que suas chances de ser contratado são de aproximadamente 0,25%.

Os sortudos que passavam pela primeira rodada de avaliações enfrentavam entrevistas em grupo e exercícios épicos de resolução de problemas, nos quais lidavam com equações em uma lousa diante de todos na sala. Durante anos, o Google também foi infame – imortalizado no filme de comédia *Os estagiários* – por confundir os candidatos com perguntas malucas e inusitadas, como "Quantos afinadores de piano existem em todo o mundo?", ou "Quantas bolas de golfe caberiam dentro de um 747?".

Não que as perguntas tivessem necessariamente uma resposta correta. Afinal, para saber quantos afinadores de piano existem no mundo, você teria que saber quantos pianos existem, quantos uma pessoa pode afinar por dia e quantas vezes os pianos precisam de afinação. Mas o importante não era realmente a resposta. Era como o candidato ao emprego pensava. A teoria era de que o Google precisava de pessoas criativas e rápidas, que harmonizassem com os programadores e engenheiros brilhantes que circulavam de bicicleta pelo campus do Googleplex.

O sistema de contratação do Google foi meticulosamente projetado não apenas para identificar os candidatos certos, mas para eliminar os errados. Muitos dos que se inscreviam eram brilhantes, é claro. Mas o Google precisava excluir aqueles que não se encaixavam, que não representavam a cultura do Google – que não incorporavam o que a empresa chama de *Googleyness*.

– O processo de entrevista foi projetado para não haver falsos positivos – como explicou um ex-engenheiro sênior. – Nós nos esforçamos muito para não contratar as pessoas erradas, e estávamos dispostos a não contratar algumas das pessoas certas. A lógica era a de que alguém que não se adequa à empresa pode causar tanto dano que não vale a pena correr o risco.

Mas esse meticuloso protocolo de contratação teve um curioso efeito colateral: excluiu as mulheres. Não importava se elas tinham ótimos currículos ou notas brilhantes. Não importava se tinham graus avançados em engenharia. As mulheres não estavam nem entrando na amostra de candidatos. Em uma empresa que já era 70% masculina – e onde 83% dos funcionários técnicos eram homens –, essa era uma questão importante. Por que havia tão poucas mulheres no Google?

A questão intrigou o Dr. Welle. Não fazia sentido. O Google se orgulha de sua cultura inclusiva, algo que, inclusive, levou o próprio Welle à empresa.

– Aqui no Google, valorizamos a singularidade e a individualidade, e se alguém quiser participar de uma reunião em uma fantasia de urso, o que realmente aconteceu, tudo bem. Há muita tolerância. Muitas pessoas daqui já se sentiram excluídas em algum momento da vida.

O Google não só estende o tapete de boas-vindas para os desajustados sociais, como abraça o estereótipo do nerd-geek-tecnológico. O ex-engenheiro do Google me contou uma piada popular dentro da empresa:

– Como você identifica um engenheiro extrovertido? Ele olha os seus sapatos, em vez dos próprios sapatos!

É difícil duvidar da sinceridade do Google em relação à tolerância e à diversidade. A empresa conta com mais de vinte grupos de afinidade para seus funcionários, incluindo pelo menos dois para mulheres, outro para gays e lésbicas (*Gayglers*) e até um para aqueles que a empresa diz terem "certa idade" (*Greyglers*). No entanto, apesar de toda essa inclusão, não apenas o Google não estava contratando mulheres o bastante, mas também não promovia as mulheres que contratava. O Dr. Welle ficou perplexo. De todos os quebra-cabeças que o Google poderia apresentar, o enigma desta situação em relação às mulheres dentro da empresa acabou sendo o mais surpreendente de todos.

O dilema do Google também ocorre, de uma forma ou de outra, em empresas – e países – em todo o mundo. A evidência é clara de que, se os homens querem se destacar no trabalho, a melhor coisa que podem fazer é incluir as mulheres. No entanto, em muitos aspectos, o progresso das mulheres recuou. A área de serviços financeiros, por exemplo, está retrocedendo a uma taxa tão pronunciada – contratando e promovendo menos e menos mulheres a cada nível – que, caso siga inalterada, a proporção de mulheres nos níveis mais altos cairá, até 2015, dos 15% atuais para 12%.

É incompreensível. Empresas como o Google dizem que querem que mais mulheres sejam bem-sucedidas. Os países estão aprovando legislações para ajudar as mulheres a serem bem-sucedidas. As mulheres estão se esforçando para acabar com a desigualdade entre gêneros. No entanto, nada gera o resultado esperado. O que está acontecendo aqui? Que tipo de força nefasta está prejudicando tantas tentativas, de tantas direções diferentes?

No Google, o Dr. Welle estava prestes a descobrir. Examinando o jornal um dia, notou um relatório sobre um novo estudo dos cientistas da Universidade de Yale – um grupo de pensadores peculiares e focados, muito semelhantes aos funcionários do Google. Os pesquisadores pediram a 127 cientistas que avaliassem currículos para uma posição de assistente de laboratório. Todos os currículos eram idênticos – exceto pelo sexo do candidato. Os cientistas, como os executivos do Google, estavam certos de que tomavam decisões baseadas em evidências. No entanto, julgaram os candidatos do sexo masculino mais competentes e ofereceram-lhes salários em média 4 mil dólares maiores que os das mulheres. Os cientistas eram preconceituosos em relação a mulheres de formas que nem conheciam.

Bum. Era isso o que estava acontecendo no Google também.

– O estudo foi um momento instigante – como disse o Dr. Welle. Ele percebeu que o problema não estava nas mulheres, mas nos homens. Eles tinham preconceitos que nem imaginavam. – Isso nos fez dar um passo para trás e dizer: "Espere, ainda estamos vivendo naquele mundo hoje?".

º º º

O DR. WELLE TOCOU em uma das mudanças culturais mais sísmicas de nossa era. Os cientistas sociais estão revolucionando nossa compreensão de como homens e mulheres se relacionam uns com os outros. Eles redefiniram a forma como vemos nossos relacionamentos no trabalho.

A maioria dos homens que atingiu a maioridade nos anos 1980 e 1990 foi educada com a ideia de que eles deveriam ser cegos para o gênero. Eles foram informados de que era errado tratar de maneira diferente mulheres e homens no trabalho. Na prática, isso significava tratar as mulheres como se fossem homens, uma vez que a cultura de fato do local de trabalho era – e ainda é – masculina, criada décadas atrás, em uma era pós-Segunda Guerra Mundial, que usava a hierarquia militar como modelo. Em 1973, a psicóloga organizacional Virginia Schein chegou a cunhar a frase "pense em gerente – pense em homem". Ela fez a observação de que os gerentes de sucesso tendiam a ter traços masculinos estereotipados.

Esta não foi uma descoberta terrivelmente revolucionária. Era, simplesmente, a vida. E, assim, as mulheres que chegavam à força de trabalho se adaptavam, essencialmente, agindo como homens. Quando entrei para o *Wall Street Journal* como repórter, nos anos 1980, usava ternos quadrados e gravatas fininhas e, como minhas colegas mulheres, xingava como um motorista de caminhão, sendo até mais "macho" que os caras. Era isso que significava se encaixar. Nós não estávamos tentando mudar o mundo dos negócios. Ficávamos excitadas em fazer parte daquilo, por sermos aceitas no clube dos meninos.

É claro que não importava o tamanho de nossas ombreiras – e, vamos encarar, a década de 1980 foi uma época particularmente trágica para a moda –, as mulheres não são homens, e fingir que somos não nos levou tão longe assim. Pesquisadores da época descobriram que as mulheres que tentavam agir como homens não obtinham os mesmos benefícios que os homens e, na verdade, eram punidas por agirem contra as normas sociais. Em um artigo de 1985, as sociólogas Mary Glenn Wiley e Arlene Eskilson concluíram que a única coisa que as mulheres alcançavam ao falar como homens era fazer as pessoas odiá-las.

– Agir como os homens agem (ou falar como os homens), embora possa levar a imputações de sucesso e poder, aparentemente resultará em avaliações negativas – concluíram as pesquisadoras.

No entanto, o ideal cego ao gênero continuou a ter um poderoso domínio. Mesmo reconhecer as diferenças sexuais foi algo desaprovado em certos ambientes. Estudar as diferenças sexuais é visto como "antiamericano, um jeito louco de pensar", como Gloria Steinem disse, certa vez, ao jornalista John Stossel.

Mas a triste verdade é que "a cegueira de gênero" era, na verdade, uma cegueira pura e simples. Nós não poderíamos aprender a não enxergar gênero mais do que poderíamos aprender a sermos mais altos. Perpetuar a falácia só piorou as coisas.

É aí que entra a Dra. Banaji, pesquisadora de Harvard, cujo trabalho sobre o viés inconsciente, no fim da década de 1990, explicou por que erramos tanto. O problema, ela argumentou, era que havíamos nos enganado ao pensar que éramos justos. Nós acreditamos fervorosamente que estávamos tomando decisões imparciais, baseadas no mérito. E, conscientemente, tínhamos certeza de que não éramos racistas ou sexistas. Como poderíamos ser?

Mas o problema, ela descobriu, era que nosso inconsciente nem sempre joga pelas mesmas regras. Inconscientemente, temos percepções muito diferentes. Ela mergulhou fundo em nossa psique coletiva para investigar vieses que nem mesmo sabemos que temos.

Esses vieses, como a Dra. Banaji frequentemente aponta, não são necessariamente ruins. Eles são um mecanismo de sobrevivência que remonta há milhões de anos. Todos somos bombardeados por informações, estimadas em 11 milhões de bits por segundo. Mas podemos processar apenas quarenta bits por segundo. Então nosso cérebro pega atalhos.

Para nossos primeiros ancestrais, isso foi literalmente a diferença entre a vida e a morte. Se um homem saísse de sua caverna e visse um animal, ele não teria tempo para processar conscientemente que: a criatura tinha pelo, então não era humana; pernas fortes, por isso devia correr rápido; dentes afiados, então devia ser carnívora; e... hum, peraí, deve ser um tigre. Até que ele avaliasse conscientemente tudo isso, já teria virado almoço. O viés inconsciente permitiu ao homem das cavernas entender que estava em perigo e se mandar dali o quanto antes.

A maioria de nós não encontra mais tigres ao sair de casa. Mas o viés inconsciente ainda entra em ação sempre que vemos alguém que não é como nós. E reforça os estereótipos mais básicos.

Os próprios algoritmos de pesquisa do Google oferecem uma janela para nossos preconceitos coletivos. Não faz muito tempo, pediram-me para falar sobre viés inconsciente em um encontro de cirurgiões ortopédicos. Procurando por recursos visuais para animar minha apresentação, pesquisei "doctor"* no Google Imagens. O resultado foi: quase todos os homens, quase todos brancos.

Pensei que talvez estivesse diante de uma anomalia. Então digitei a palavra "nurse"**. O resultado foi: quase todas mulheres, quase todas brancas.

---

* Em inglês, a palavra *doctor* (doutor/a) serve tanto para o gênero masculino quanto para o feminino. [N.T.]
** Em inglês, a palavra *nurse* (enfermeiro/a) serve tanto para o gênero masculino quanto para o feminino. [N.T.]

Agora minha curiosidade estava realmente atiçada. Muitas das médicas com quem eu falava cuidavam de seus próprios departamentos. E como jornalista de longa data, muitas vezes me encontro com líderes empresariais. Então digitei "CEO". O resultado foi apenas homens E a Barbie CEO.

Aham, é isso mesmo. De acordo com o Google, a única CEO que merece uma imagem na primeira página da busca – e aparentemente a principal CEO do mundo – é a Barbie CEO.*

Um estudo do Google Ads, por sua vez, descobriu que as mulheres que procuram oportunidades de emprego recebem menos anúncios de empregos bem remunerados do que os homens. Em um experimento de 2015, os pesquisadores da Carnegie Mellon University geraram mil perfis de usuários, divididos em masculinos e femininos. Então, visitaram cem páginas de recrutamento com cada um desses perfis. O anúncio de emprego mais lucrativo, para uma posição de coaching de carreira oferecendo 200 mil dólares por ano, era exibido para os homens seis vezes mais do que para as mulheres.

É possível que essas tendências perturbadoras – as imagens do Google, os anúncios tendenciosos – resultem de preconceitos ocultos entre os programadores predominantemente masculinos. Afinal, os resultados são cuspidos por algoritmos, todos criados por codificadores, a maioria dos quais são homens. "O código não é neutro. Não pode ser: é uma criação", como observou a escritora Anna Wiener em um artigo na *New Republic* de 2016, "Hacking Technology Boys's Club".

No entanto, mesmo que seja assim, não podemos nos eximir totalmente de culpa. O preenchimento automático do Google mostra pesquisas populares quando você insere uma palavra na caixa de pesquisa. É uma medida bastante justa de nossos pensamentos. E oferece uma janela assustadora para nossa psique sem censura. A UN Women, uma iniciativa das Nações Unidas focada na igualdade de gênero,

---

* Nas buscas no Google Brasil, os resultados são diferentes. Há, sim, a presença de mulheres quando se busca por CEO. [N.E.]

certa vez publicou um anúncio que simplesmente mostrava os preenchimentos automáticos do Google na vida real:

As mulheres não deveriam...
Ter direitos
Votar
Trabalhar
Boxear

As mulheres precisam...
Ser postas em seus devidos lugares
Saber seu lugar
Ser controladas
Ser disciplinadas

Esses preconceitos inconscientes estão infiltrados em todas as esferas da vida, e em todas as profissões. Pesquisadores descobriram que economistas do sexo feminino têm duas vezes mais chances do que os homens de ter a estabilidade em um cargo negada – em grande parte porque, quando mulheres e homens colaboram em publicações, os avaliadores dão aos homens tanto crédito quanto se tivessem escrito os artigos sozinhos, enquanto as mulheres não recebem crédito algum.

Da mesma forma, embora as mulheres representem mais da metade de todos os estudantes de doutorado na área de Biologia, elas são severamente sub-representadas nas faculdades de ciências, porque a elite de biólogos (embora não seja formada por mulheres) treina mais homens. Os principais biólogos treinam até 40% menos mulheres em comparação com os cientistas comuns.

Esses vieses começam na infância. As mães rotineiramente superestimam a capacidade de engatinhar de seus filhos e subestimam as de suas filhas. Pais de meninos de dois anos perguntam "Meu filho é um gênio?" ao Google duas vezes e meia mais do que os pais de meninas.

Quando as crianças atingem a idade escolar, os professores – e até mesmo as professoras – acreditam inconscientemente que os meninos são melhores em matemática do que as meninas. Em um estudo, quando um grupo de professores corrigiu testes de matemática sem nomes, as meninas superaram os meninos. Porém, quando outro grupo de professores avaliou os mesmos testes com nomes, os resultados foram invertidos: eles deram notas mais altas aos meninos do que às meninas. Todos os professores, a propósito, eram do sexo feminino.

Quando essas crianças crescem e entram no Ensino Médio, os vieses são agravados. Não apenas os estudantes, mas seus pais muitas vezes são tendenciosos contra as adolescentes como líderes, conforme atestou uma pesquisa com quase vinte mil adolescentes. E quando entram na faculdade, é quase impossível se libertar dessas restrições. As mulheres são 33% mais propensas a obter um diploma universitário do que os homens. No entanto, é mais provável que os professores recorram aos homens do que às mulheres, e as estudantes do sexo feminino são mais propensas do que os estudantes do sexo masculino a serem interrompidas, mesmo que falem menos que seus colegas de classe.

Um estudo com 1.700 estudantes de biologia na Universidade de Washington solicitou aos estudantes do sexo masculino que nomeassem seus pares cuja compreensão do conteúdo fosse "acima da média". Eles escolheram esmagadoramente outros homens. Os pesquisadores concluíram que, aos olhos dos homens, suas colegas de classe precisariam obter um *A* para serem vistas como iguais a um estudante do sexo masculino que tivesse um *B*. É um cenário que continua assim que se formam. As recém-formadas recebem menos do que seus colegas homens pelos mesmos cargos de nível básico, em parte porque os homens jovens têm oito vezes mais probabilidade de negociar o primeiro salário do que as mulheres jovens.

A tendência se intensifica à medida que essas crianças crescidas progridem na carreira. Em todos os níveis, as mulheres são 15% menos propensas do que os homens a serem promovidas, de acordo com uma pesquisa conjunta com 118 empresas e mais de 30 mil homens e mulheres da McKinsey & Company e da Leanin.org. Em parte, isso ocorre porque os homens são promovidos com base em seu potencial, mas as mulheres só são promovidas diante de desempenho comprovado.

O ciclo não termina aí. As mulheres rotineiramente são apanhadas no paradoxo "prove mais uma vez", no qual devem continuamente comprovar sua competência. Cientistas sociais calcularam que uma mulher deve ser duas vezes e meia mais competente do que um homem para ser vista como igual a ele.

Além disso, temos o fato de que as mulheres nas empresas são consideradas incompetentes até que provem ser competentes, enquanto os homens já são considerados competentes, descobriram os pesquisadores. Outros estudos concluíram que, quando têm sucesso, suas realizações são mais frequentemente atribuídas à sorte ou a outras causas externas, enquanto o sucesso dos homens é atribuído à habilidade. Quando as mulheres cometem erros, por outro lado, estes são mais notados e mais lembrados do que erros semelhantes cometidos pelos homens.

E se uma mulher conseguir evitar todas essas questões, cuidado: tanto os homens quanto as mulheres preferem chefes masculinos. Em um estudo, os entrevistados que concordaram com a afirmação "não tenho preferência por um chefe do sexo masculino ou um chefe do sexo feminino" estavam dispostos a aceitar um salário de 3.400 dólares a menos para trabalhar para um homem do que para uma mulher. Eles literalmente aceitaram voluntariamente um corte de pagamento para evitar trabalhar para uma mulher.

Você pode estar pensando, como muitos de nós, que tudo isso descreve alguma outra pessoa. Os outros podem ser tendenciosos, mas eu não sou. Eu mesma acreditava nisso. Quer tirar a prova? Se tiver coragem, pode se testar. O Teste de Associação Implícita (em ProjectImplicit.org) mede seus próprios vieses inconscientes em relação a uma variedade de grupos, incluindo profissionais do gênero feminino, negros e idosos.

O teste que avalia como você se sente em relação às mulheres no mercado de trabalho funciona da seguinte forma: algumas palavras piscam na tela do computador. A rapidez com que você pode categorizá-las em masculinas ou femininas, ou carreira ou família. Em seguida, ele mistura as coisas, medindo a rapidez com que você pode classificar as palavras em uma categoria denominada "masculino ou familiar" ou outra chamada "feminino ou carreira".

– Quase todo mundo demora mais para combinar palavras com as categorias mistas – diz Brian Nosek, psicólogo da Virgínia que trabalhou com a Dra. Banaji para criar o programa.

Eu mesma fiz o teste. E mesmo eu me descobri como "moderadamente" parcial em relação a profissionais do sexo feminino.

Esses pequenos vieses têm um impacto desproporcional. Os cientistas da Rice University demonstraram como o menor viés entra em metástase, crescendo impossivelmente rápido ao longo do tempo. Eles criaram uma simulação de computador de uma empresa com uma força de trabalho de nível básico dividida entre homens e mulheres. A cada trabalhador foi atribuída uma pontuação de desempenho aleatório, programada com um viés minúsculo, de 1%, contra as mulheres. O resultado? Quando você atinge o nível mais alto da empresa, ele é 65% masculino.

E você não pode se livrar do seu próprio viés inconsciente, não importa o quanto você tente. Os cientistas investigaram todos os tipos de intervenções, sem sucesso. O professor Nosek dedicou sua carreira ao assunto.

– Eu sou tão educado quanto alguém pode ser em viés implícito, e ainda assim ele me afeta – disse ele.

Os vieses influenciam todas as nossas ações, quer percebamos ou não. Em um estudo controverso publicado em 2014, cientistas concluíram que mais pessoas morrem em furacões com nomes de mulheres do que de homens – porque levamos os furacões "femininos" menos a sério. Assumimos que o furacão Alexandre será mais poderoso que o furacão Alexandra, e que o furacão Vítor será mais mortal do que o furacão Vitória. Menos pessoas tomam medidas, como evacuar a área, quando o furacão tem um nome feminino. Os pesquisadores estimaram que, se o furacão Charley se chamasse Eloise, o número de mortes teria quase triplicado.

Mesmo em sua forma mais benigna, esse viés oculto pode causar grandes danos. Até recentemente, eu nunca tinha ouvido falar da expressão "sexismo benevolente". Mas uma vez que você sabe o que é, você a verá em todos os lugares. O sexismo benevolente é um comentário ou atitude bem-intencionada que acaba por diminuir ou enfraquecer as mulheres.

Apenas um exemplo: depois que participei como âncora convidada do programa de negócios *Squawk Box*, da CNBC, recebi uma mensagem de texto de um empresário que conheço. Dizia, na sua totalidade: "Você estava absolutamente linda na TV hoje de manhã".

Isso é complicado. Quando falo para audiências femininas, muitas vezes pergunto como eu deveria ter respondido. Dizer a ele que isso não era realmente um elogio? Ou devia apenas agradecer e deixar o comentário passar?

A maioria das audiências se divide igualmente entre essas duas reações. Na realidade, tomei o caminho mais passivo. Simplesmente agradeci e segui em frente. Mas depois que contei essa história a um grupo de mulheres de um banco, o diretor executivo da empresa – o único homem na sala – ensinou a todos como pensar sobre isso.

– Essa é fácil – disse ele. – A resposta correta é: "Eu suponho que você queira dizer que soei inteligente. Obrigada".

o o o

SE QUALQUER EMPRESA poderia ter evitado a armadilha do viés contra as mulheres, era o Google. A empresa foi criada em 1998, quando dois alunos desistentes de Stanford praticavam programação numa garagem qualquer em Menlo Park, na Califórnia.

A World Wide Web ainda era algo relativamente novo e misterioso. A primeira página da internet do mundo fora criada apenas nove anos antes. Para a maioria das pessoas, a internet ainda era um pouco irritante, algo com o qual nos conectávamos usando uma conexão discada para um portal como o da AOL, e que usávamos principalmente para e-mails e entretenimento. Mas os dois jovens tiveram uma ideia mais ambiciosa. Com o código correto, tinham certeza de que poderiam "organizar as informações do mundo e torná-las universalmente acessíveis e úteis".

Os jovens haviam se tornado amigos e parceiros de treinamento depois de se conhecerem em Stanford, em 1995. De certa forma, eram uma dupla improvável. Sergey Brin, com intensos olhos negros, autoconfiança sobrenatural e uma queda por esportes movidos a adrenalina, como esqui e paraquedismo, imigrara da Rússia quando criança. Ele mal falava inglês quando chegara, aos seis anos. Porém, em Stanford, ele se transformou em um intelectual feroz, com um senso de autocontrole tão forte que poderia ser enervante.

– Ele era um jovem impetuoso. Mas a inteligência transbordava de tudo que fazia – lembrou-se um de seus conselheiros em Stanford.

Já Larry Page crescera em Michigan, uma criança estudiosa que tocava saxofone, estudava composição musical e passava o verão no acampamento musical Interlochen.

Mas talvez as semelhanças entre os dois sejam mais notáveis. O mais impressionante é que ambos cresceram com mães que trabalhavam – e ambas as mães se destacaram em campos dominados por homens. A mãe de Larry ensinava programação na Michigan State University, onde seu pai era professor de Ciência da Computação. A mãe de Sergey era uma cientista de pesquisa da NASA, com um diploma em matemática aplicada.

Mulheres e ciência se misturavam facilmente em ambos os lares. As mulheres de carreira eram a regra, não a exceção. Ambos os meninos estavam acostumados a suas mães trabalhando longas horas. "O trabalho das mulheres" significava ciência e matemática, não tarefas domésticas. Larry se recorda de sua casa como perpetuamente confusa, cheia de computadores, livros, aparelhos e revistas. Ele passava horas mergulhando em cópias antigas da *Popular Science* e se divertia desmontando tudo o que encontrava em casa.

Na faculdade, os jovens foram atraídos por mulheres tão espertas e ambiciosas quanto suas mães. A garagem em que se encontravam, no outono de 1998, pertencia a uma amiga, Susan Wojcicki, que estudava história e literatura em Harvard. Então, quando, em setembro daquele ano, transformaram seu novo projeto em uma empresa chamada Google, eles a contrataram. Susan, seu antigo senhorio, tornou-se a décima sexta funcionária do Google. Ela faria a aquisição mais importante do Google, o YouTube, e se tornaria um dos exemplos mais visíveis de mulheres de sucesso em tecnologia. As matérias sobre sua vida nunca deixam de mencionar que ela também é mãe de cinco filhos pequenos.

O ex-chefe de Operações do Google, Laszlo Bock, escreveu em seu livro, *Um novo jeito de trabalhar*: "Os esforços da empresa para atrair mais mulheres para a ciência da computação começaram antes de termos trinta funcionários". O esforço aparentemente não durou muito. A empresa cresceu velozmente e a maioria, dentre os milhares de pessoas contratadas, foi de homens. Embora seja louvável que, desde o início, tenha havido a intenção de atrair as mulheres, talvez seja mais revelador que a política da empresa de receber os cães tenha começado ainda mais cedo, com seus dez primeiros funcionários.

Talvez não parecesse necessário focar nas mulheres, pois os fundadores do Google acreditavam ser imparciais. E com seus antecedentes e suas próprias mães como exemplos, quem pensaria o contrário? De qualquer forma, o Google estava crescendo tão rapidamente que não tinha tempo para recuperar o fôlego e parar para descobrir por que não estava contratando mulheres – ou mesmo para perceber a falta de mulheres, em primeiro lugar.

– O Google passou muitos anos sem se concentrar nesse problema – como me disse o ex-engenheiro. – Então a empresa acordou e teve que tomar medidas enérgicas para corrigi-lo.

O primeiro sinal de alerta ocorreu em 2006, quando Bock começou como Chefe de Operações e passou a analisar, de perto, quem a empresa estava contratando. Ou, mais precisamente, quem *não* estava contratando. Na época, o Google tinha uma pequena equipe focada na diversidade. Bock, que entrou depois de trabalhar na McKinsey & Company e na General Electric, rapidamente encarregou todos em seu departamento desta missão – desafiando-os a trazer não apenas mulheres, mas também outros candidatos diversos.

O grupo notou imediatamente que o problema começava já nos cargos de entrada, para os quais um escasso número de mulheres e minorias era contratado. Então, a equipe se concentrou em preencher o funil de contratação.

Era uma suposição razoável que a questão do Google fosse um funil vazio, e que esse passo simples, de recrutar mais mulheres para empregos de nível básico, consertaria tudo. Essa é a sabedoria convencional em muitos campos dominados por homens. A teoria do funil sustenta que, se não houver mulheres suficientes em cargos de nível inferior, ou se as mulheres saírem da empresa ao se tornarem mães, não haverá mulheres o suficiente no nível de gerenciamento. Segundo a teoria, quando as mulheres entram na força de trabalho em igual número, elas acabam chegando ao topo e corrigindo o desequilíbrio.

Em face disso, não apenas o Google, mas todo o Vale do Silício, de fato, tem um grande problema no funil. Apenas 18% dos estudantes de ciência da computação são do sexo feminino, uma taxa que não mudou, apesar de muitos esforços – e é apenas a metade do que se via três décadas atrás, quando a engenharia de software era algo remoto, antes que se tornasse o ingresso para uma vida de luxo e riquezas, sob domínio dos homens.

As representações da cultura popular do mundo da tecnologia não ajudaram a recrutar mulheres. De *A vingança dos nerds* a *The Big Bang Theory*, ou *Silicon Valley*, da HBO, o estereótipo do cara aficionado por *Jornada nas Estrelas* e socialmente estranho, o geek que não tem a menor ideia de como se relacionar com as meninas, não deixa muito espaço para os modelos femininos.

Então, o Google, junto com o resto da indústria de tecnologia, se dedicou a atrair mais mulheres jovens. As empresas de tecnologia estão apoiando todos os tipos de iniciativas voltadas para as mulheres. Há o Women Who Code e o Black Girls Code, ambos lançados em 2011. O Girls Who Code foi fundado no ano seguinte. Há FabFems (para mulheres em carreiras nas áreas de Ciência, Tecnologia, Engenharia e Matemática), EngineerGirl (para ensinar meninas sobre engenharia), e *Brainy Girls* (uma revista on-line sobre jovens mulheres em campos de Ciência, Tecnologia, Engenharia e Matemática), e até mesmo o livro *Maths Doesn't Suck*, sucesso de vendas no espírito "É isso aí, menina!", escrito pela ex-estrela de *Anos Incríveis*, Danica McKellar, que virou matemática. Todas as grandes empresas de tecnologia enviam seus principais executivos para a Grace Hopper Celebration of Women in Computing ["Grace Hopper Celebração Anual às Mulheres em Computação"], um encontro nomeado em homenagem a uma cientista da computação, pioneira da Segunda Guerra Mundial, famosa por – talvez apocrifamente – ter removido uma mariposa morta que estava danificando o maquinário, cunhando assim o termo "debugging" (*bug*, em inglês, significa "inseto").

Infelizmente, a teoria do funil tem um problema: está errada. E não apenas na área de tecnologia. A teoria falhou em todos os setores. Se fosse verdade, teríamos uma quantidade de CEO mulheres igual à de homens. Isso porque, se considerarmos que o CEO médio é um homem de 55 anos, significa que ele se formou na faculdade no início dos anos 1980 – exatamente quando as mulheres se tornaram metade de todos os graduados de faculdade.

O mesmo vale para o Direito. No início dos anos 1990, as mulheres na verdade compunham a maioria dos estudantes, com pouco mais de 50%. No entanto, avançamos rapidamente para 2013, para o que deveria ter sido o melhor das carreiras desses estudantes, e as mulheres representavam apenas 17% dos sócios de capital em escritórios de advocacia. Em qualquer indústria que você olhe, os números seguem uma trajetória similar: as mulheres podem entrar em grande número, mas em algum lugar, ao longo do caminho, o funil as expele.

Um obstáculo maior, uma vez explorado, é a suposição básica que subjaz à teoria do funil: que somos justos, em primeiro lugar. A teoria não leva em conta os vieses ocultos que todos temos dentro de nós. Os executivos do Google realmente acreditavam que contratavam e promoviam funcionários com base em resultados mensuráveis e objetivos. Eles estavam certos de que o viés não tinha papel algum ali.

Essa certeza em si acaba sendo o problema. Os psicólogos descobriram que, quanto mais fervorosamente você acredita ser justo – ou generoso, ou carinhoso –, menos provável é que aja dessa maneira. Você acredita que é, então não vê motivo para preocupação. Não há nada a ser corrigido. Pesquisadores descobriram que as indústrias que se consideram mais meritocráticas, como a ciência, também são as mais tendenciosas.

Em um experimento, psicólogos da Northwestern University pediram que as pessoas escrevessem sobre si mesmas. Um grupo foi solicitado a usar palavras como "generoso" e "carinhoso". Ao outro foram atribuídas palavras mais neutras, como "livro" e "casa". Após o exercício, os participantes foram convidados a fazer uma doação beneficente. Aqueles que se descreviam como "generosos" eram menos propensos a doar. De fato, eles doaram uma taxa duas vezes e meia menor que a das pessoas que se descreveram em termos neutros. Os pesquisadores concluíram que aqueles que se descreviam como generosos não sentiam a necessidade de provar isso agindo generosamente. Eles se convenceram de que eram generosos e isso era suficiente. Eles estavam satisfeitos.

O mesmo vale para aqueles que insistem com firmeza que são meritocráticos. Em três experimentos publicados pela Cornell University em 2010, os pesquisadores pediram a 445 gerentes que avaliassem os perfis de funcionários e fizessem recomendações para bônus, promoção ou demissão. Os pesquisadores descobriram consistentemente que, quando os gerentes eram informados de que a empresa era uma meritocracia, recompensavam mais os candidatos do sexo masculino do que as candidatas femininas igualmente qualificadas. Como os gerentes acreditavam que estavam operando em uma meritocracia, sentiam-se confiantes de que suas decisões deviam, portanto, ser justas. Eles não sentiram a necessidade de questionar as próprias escolhas ou de analisar se o viés desempenhou um papel em suas decisões – uma condição que os pesquisadores chamam de "paradoxo da meritocracia".

Você pode ver como essa crença cega na meritocracia se manifesta na vida real. Basta fazer uma visita ao GitHub, uma página popular de São Francisco usada por programadores para armazenar e compartilhar projetos. O GitHub é uma organização não hierárquica que, até 2014, não possuía gerentes de nível médio, e seu diretor executivo descrevia seu título como nominal. Uma vez encomendou um tapete personalizado para sua sede, inspirado no selo presidencial, onde se lia "Meritocracia Unida do GitHub".

A página da empresa é de código aberto, o que significa que os desenvolvedores de software podem colaborar ou contribuir com novos códigos ou sugerir melhorias em qualquer projeto. O proprietário do projeto pode, então, aprovar ou rejeitar o código. O modelo de negócios da empresa baseia-se no pressuposto de que o melhor código vencerá, independentemente de sexo, raça ou etnia. É um laboratório ideal da vida real: o melhor código ganha, o pior código perde.

É por isso que, quando um grupo de cientistas da computação estudou programadores cujos códigos foram aceitos ou rejeitados, eles ficaram tão chocados com o que encontraram. Acontece que, se julgarmos a excelência a partir dos códigos aceitos, as mulheres ganham. Não é um concurso. Elas são melhores programadoras, com base no fato de que é mais provável que seu código seja aceito do que aquele escrito por homens. Foi uma conclusão extraordinária: *as mulheres são melhores do que os homens em programação.*

Mas há um problema. As mulheres só ganham quando ninguém sabe que elas são mulheres. Quando o gênero do programador é identificado, o código das mulheres é repentinamente rejeitado em uma taxa maior do que a dos homens.

Em parte, isso pode refletir tendências explícitas, em vez de ocultas ou subconscientes. O próprio GitHub está entre uma série de empresas de tecnologia acusadas de fomentar uma cultura sexista, em que as travessuras dos garotos de fraternidade florescem. Seu cofundador renunciou, em 2014, quando vieram a público as reclamações de uma ex-funcionária sobre o sexismo no escritório, incluindo um incidente no qual disse que colegas do sexo masculino a olharam de forma constrangedora enquanto dançava com uma outra colega no escritório.

Porém, em um sentido mais amplo, isso vai muito além de um caso puro e simples de sexismo, ou de meninos sendo meninos, de mau comportamento entre os homens. Em vez disso, é a expressão final do viés implícito. O sofrimento das programadoras – de que seu código é considerado superior no anonimato, mas inferior quando são identificadas – reflete o mesmo paradigma visto no resto do mundo. Lembra-se da experiência em que os professores deram melhores notas de matemática às meninas, mas apenas quando os testes eram anônimos? É o mesmo que acontece aqui. Na programação, como na matemática escolar – e na vida –, as mulheres são marcadas simplesmente por serem mulheres.

o o o

NO GOOGLE, TAMBÉM ficou cada vez mais claro para Bock que o problema de diversidade da empresa não era tão simples quanto um funil vazio. Algo sistêmico estava impedindo as mulheres de prosperar dentro da empresa. Apesar da crença fervorosa dos Googlers que estavam em uma meritocracia, eles claramente tinham pontos cegos sobre seus próprios vieses contra as mulheres e as minorias. Então, em 2012, Bock pediu ao Dr. Welle e a alguns de seus colegas que encontrassem uma maneira de combater o viés inconsciente.

Ao fazê-lo, Bock e Welle se juntaram a uma nova e crescente onda de homens que começaram a se alinhar com as mulheres para tentar resolver a desigualdade de gênero. O que costumava ser uma causa impulsionada principalmente por mulheres está sendo cada vez mais adotada e apoiada pelos homens.

É uma estranha ironia que alguns executivos de tecnologia estejam na vanguarda de tentar resolver esse problema. Afinal, a indústria tem um histórico notoriamente terrível com as mulheres. Um estudo de 2008 da *Harvard Business Review* relatou que alarmantes 63% das cientistas, engenheiras e tecnólogas sofreram assédio sexual no trabalho, e 52% abandonaram seus empregos por causa de um ambiente de trabalho hostil. Uma pesquisa com mais de duzentas mulheres seniores em empresas de tecnologia descobriu que quase 90% experimentaram um comportamento sexista.

O próprio Google foi apontado como um dos piores criminosos. Em 2017, um engenheiro do Google escreveu um "manifesto" antidiversidade que se tornou viral e sugeriu que a lacuna de gênero da empresa era devido à biologia, não ao sexismo; que as mulheres tinham mais "neuroticismo" que os homens; e que o Google "baixou os critérios de seleção" para os candidatos advindos de medidas de diversidade. A empresa o demitiu por "promover estereótipos prejudiciais de gênero". O Google também enfrenta acusações do Departamento do Trabalho dos Estados Unidos de que paga salários inferiores às funcionárias. Um procurador do Departamento de Trabalho caracterizou a disparidade como "muito extrema, mesmo neste setor". O Google negou as acusações.

Mas também é uma reviravolta intrigante nos eventos que alguns líderes masculinos da indústria de tecnologia estejam usando poder e recursos consideráveis para tentar virar a maré. Eles estão focando seu poder de fogo analítico em si mesmos, para descobrir por que eles têm um problema relativo às mulheres, e o que podem fazer para corrigi-lo. Eles podem reverter uma cultura o sexismo não só tem sido tolerado, mas, em muitos casos, celebrado? Se violarem o código da paridade de gênero, ajudarão a resolver um problema que atormenta não apenas aqueles no mundo da tecnologia, mas todos nós.

Primeiro, porém, o Dr. Welle precisou forçar os Googlers a confrontar os pensamentos mais profundos, feios e embaraçosos uns dos outros. Ele teve que levá-los a enfrentar algumas verdades desconfortáveis, até mesmo desprezíveis, dentro de si mesmos.

Para fazer isso, elaborou um desafio, e enfrentou duas grandes questões. Primeiro, se todos somos influenciados por vieses dos quais não temos consciência, seria ele capaz de construir um passo a passo, um roteiro fácil de seguir, que nos ensine a desprezá-los? E, segundo, como fazer com que os homens se importem, que sintam que essa luta é deles também? Duas perguntas difíceis, com respostas que reverberariam muito além das paredes do Google.

4

AS DOZE PALAVRAS
MAIS TERRÍVEIS
DO IDIOMA INGLÊS

IMAGINE QUE VOCÊ tem que contratar um chefe de polícia e recebe currículos de dois candidatos. Um deles não tem muita educação, mas é durão e experiente e já trabalhou em bairros difíceis – o que poderíamos considerar "experiência das ruas". O outro é bem instruído e tem ótimas habilidades administrativas, mas não tem muita experiência em campo. Este candidato é o que chamamos de "especialista teórico". Qual chefe de polícia você escolheria?

É uma questão intrigante. Há argumentos para defender a contratação de cada um deles. No entanto, se no meio da noite eu ouvisse um ladrão vasculhando minha sala de estar, sei bem qual deles eu gostaria que fosse o encarregado. Para mim, o que importa é que o chefe de polícia seja um bom atirador, que seja capaz de perseguir um suspeito, não se foi o melhor aluno da turma. Eu escolheria a experiência das ruas.

Os pesquisadores de Yale também ficaram fascinados com a questão. Eles queriam entender o que as pessoas consideravam na hora de escolher quem contratar e por quê. Então, em um estudo de 2005, eles testaram a questão: pediram aos participantes que escolhessem o chefe de polícia mais qualificado, com base em currículos que enfatizavam a experiência das ruas ou o conhecimento teórico. Alguns currículos tinham o nome "Michael" no topo. Outros tinham o nome "Michelle". Depois que os participantes fizeram suas escolhas, foram solicitados a explicar seus motivos.

Adivinhe qual ganhou: os experientes ou os teóricos? Talvez o resultado não te surpreenda: nenhum dos dois. Os participantes não preferiram os experientes nem os teóricos. Eles preferiram o candidato do sexo masculino. Nada mais importava. Qualquer que fosse a qualidade que o homem tivesse, os participantes a racionalizavam de forma a ser a mais importante para o trabalho.

Quando o Dr. Welle leu o estudo, entendeu que não importa o quanto nos consideremos racionais, somos cativos de nossos próprios vieses ocultos, os quais estão presentes em cada movimento que fazemos. Ele percebeu que seria inútil tentar eliminar os vieses profundamente arraigados dos Googlers. Em vez disso, tinha que se concentrar em mudar as ações deles. Ele precisava encontrar uma maneira de subverter sutilmente os preconceitos profundos dos funcionários e estimulá-los a agir de forma justa, apesar de si mesmos. "Queríamos garantir que a cada decisão que tomássemos, desde a contratação até a promoção e o pagamento por performance, não houvesse um viés involuntário contra as mulheres, os deficientes, os afro-americanos", ele me explicou, no café do Google. "O que procuramos é um local de trabalho impecavelmente justo."

Seu desafio era ainda maior por causa do histórico corporativo marcado pelos esforços para eliminar o preconceito. Décadas antes de a expressão "viés inconsciente" ser inventada, empresas americanas idealizaram o "treinamento em diversidade", normalmente um curso que durava de uma hora a dois dias, com o objetivo de acabar com preconceitos contra mulheres e outros grupos sub-representados. Durante a maior parte de sua história, o treinamento em diversidade era praticamente um cassetete – um instrumento contundente que fazia com que os homens brancos se submetessem em meio a sermões e culpa.

Os primeiros programas de treinamento surgiram na década de 1950, depois que os homens retornaram da Segunda Guerra Mundial e ficaram chocados e perplexos ao encontrar mulheres em seus escritórios.

"Você já fez sua piadinha", disse um funcionário a seu supervisor, após o surgimento de uma nova funcionária, em um filme de treinamento de 1959 chamado *The Trouble With Women*. A cena continua:

– O que há de errado com ela – pergunta o chefe.

– Ela é uma mulher, não é? Não temos um homem com suas qualificações – protesta o patrão.

– Mas as mulheres fogem e se casam – argumenta o empregado.

– Ok, Brad, mas quantas noivas você tem? – responde o chefe, o homem esclarecido neste cenário. – Casamento, absenteísmo, problemas de personalidade, essas coisas não fazem, de fato, parte da vida? – acrescenta, despreocupadamente igualando "casamento" a distúrbios psiquiátricos.

– Eu me lembro dos bons e velhos tempos – resmunga o funcionário enfurecido –, quando meu departamento só tinha homens e nós não tínhamos esses problemas!

Após a aprovação da Lei dos Direitos Civis de 1964, o treinamento assumiu maior urgência, concentrando-se em ensinar aos homens sobre a nova lei que proibia a discriminação de gênero e racial. Dentro de uma década, ela havia se transformado em uma reação automática a ações judiciais, depois de uma série de processos de discriminação sexual de grande repercussão, incluindo uma das mulheres da revista *Newsweek*, que ficavam restritas a um gueto rosa, toleradas como pesquisadoras, mas raramente admitidas ser repórteres.

"Na *Newsweek* as mulheres não escrevem. Se quiser ser escritora, vá para outro lugar", disseram os chefes, segundo Lynn Povich, uma das 46 mulheres que moveram a ação contra a revista.

Em seu vivaz livro sobre a época, *The Good Girls Revolt*, Povich recorda como o *New York Daily News* noticiava o processo. "Mulheres processam *Newsweek* por 'Direitos Iguais'", dizia a manchete de um artigo que começava: "Quarenta e seis mulheres da equipe da revista *Newsweek*, a maioria jovens e bonitas, anunciaram hoje que estavam processando a revista". Após dois processos e a intervenção de Katharine Graham, cuja *Washington Post Company* era dona da *Newsweek*, a revista concordou que, até o final de 1975, um terço dos escritores e repórteres deveria ser composto por mulheres.

Quando entrei no mercado de trabalho, quase uma década depois, o processo contra a *Newsweek*, e outros semelhantes, movidos por mulheres da *Time*, da Associated Press e do *New York Times*, já tinham praticamente caído no esquecimento. O treinamento de diversidade também já havia ficado em segundo plano. O presidente Ronald Reagan nomeara o conservador Clarence Thomas como chefe da Comissão de Oportunidades Iguais de Emprego. Thomas não era absurdamente simpático à causa; sua ex-diretora de relações públicas disse aos investigadores do Comitê Judiciário que, um dia, enquanto caminhavam para uma reunião, ele casualmente perguntou a ela: "Qual é o tamanho dos seus seios?".

Eu não me lembro de ouvir a expressão "treinamento de diversidade" até os anos 1990. A essa altura, ela havia sido reconstituída como um exercício de conscientização para o bem-estar. Os homens brancos foram informados de que deveriam incluir mulheres e minorias porque era a coisa certa a fazer. Tudo girava em torno da "inclusão".

Porém, há algo sobre o treinamento de diversidade que deve ser dito: ele não funciona.

Frank Dobbin, professor de Sociologia Organizacional de Harvard, pesquisou programas de diversidade em 829 empresas, de 1971 a 2001, e concluiu que, "em geral, o treinamento não mudou muito as coisas". E que, no caso das mulheres (brancas e negras) e dos homens negros, o treinamento *piorou* as coisas. Em outras palavras, as empresas que introduziram o treinamento de diversidade, na verdade, teriam mais mulheres e negros entre os funcionários hoje em dia *se não tivessem passado por nenhum treinamento de diversidade.*

Desde então, o professor Dobbin se dedicou a investigar por que os programas falharam. Dobbin vasculhou milhares de relatórios, procurando temas em comum, e concluiu que qualquer treinamento que cheire à conformidade legal está fadado ao fracasso. Treinamentos obrigatórios, que se resumem a mencionar as leis ou que contemplam somente os gerentes, em vez de serem oferecidos a todos os funcionários, também terão o mesmo fim. Infelizmente, ele descobriu que cerca de 75% das empresas com programas de treinamento de diversidade cometem, pelo menos, um desses equívocos.

E indo direto ao ponto, o pior é que o treinamento enfurece aqueles a quem deveria educar: os homens brancos. "O principal aprendizado que muitos levam deste tipo de treinamento é que devem pisar em ovos na relação com mulheres e minorias, escolhendo cuidadosamente as palavras para que ninguém se sinta ofendido. Alguns entendem, com isso, que os homens brancos são vilões. Outros acreditam que vão perder seu emprego para minorias e mulheres. Outros concluem que as mulheres e as minorias são exageradamente sensíveis", notaram os executivos Rohini Anand e Mary-Frances Winters, em uma análise de 2008 do treinamento de diversidade na Academy of Management Learning & Education.

Treinos mal executados podem até mesmo prejudicar relacionamentos perfeitamente cordiais. As mulheres e as minorias geralmente saem das sessões de treinamento pensando que seus colegas de trabalho devem ser ainda mais preconceituosos do que haviam imaginado até então.

E, às vezes, estão certas. Em 1996, a Texaco fez um acordo de 176 milhões de dólares para dar fim a um processo de discriminação. Deste montante, 35 milhões de dólares foram destinados ao financiamento de esforços de diversidade. O caso aconteceu após a divulgação de uma fita de executivos da Texaco que se referiam a empregados negros como "jujubas negras". Ironicamente, os executivos haviam ouvido esse termo no curso de treinamento de diversidade da empresa.

De fato, simplesmente *mencionar* os esforços pró-diversidade pode prejudicar as iniciativas das empresas em prol da igualdade entre gêneros. Um trio de pesquisadores montou um experimento no qual os participantes, todos homens brancos, foram solicitados a se candidatar a uma empresa fictícia de tecnologia. Cada homem recebeu uma descrição escrita da empresa. As descrições eram idênticas, com uma única exceção: algumas faziam uma breve referência aos "valores pró-diversidade" da empresa, outras não. Os participantes dos dois grupos passaram por uma entrevista de emprego, e sua resposta ao estresse foi monitorada.

A diferença entre o desempenho dos homens de um grupo ou de outro na entrevista de emprego foi impressionante. Os homens que leram a referência aos esforços "pró-diversidade" tiveram pior desempenho na entrevista, esperaram tratamento injusto e até tiveram uma resposta biológica aumentada, com as frequências cardíacas elevadas sugerindo níveis mais altos de estresse do que os homens do segundo grupo.

Os pesquisadores concluíram que a simples referência à diversidade fez com que os homens sentissem que estavam sendo discriminados. Eles estavam convictos de que "pró-diversidade" era um código para "anticaras brancos". E isso, por sua vez, "interferia no desempenho na entrevista e fazia com que seus corpos respondessem como se estivessem sob ameaça". O estudo, em outras palavras, demonstrava exatamente o que meu companheiro de assento naquele voo para Des Moines relatava: o treinamento de diversidade era uma acusação implícita. Eles eram os bandidos, a culpa era toda deles.

Em um desenrolar ainda mais preocupante, o fato de dizer às pessoas sobre os vieses dos outros pode, na verdade, piorar seus próprios vieses. Pesquisadores descobriram que quando as pessoas acreditam que todo mundo é tendencioso, elas se sentem livres para serem preconceituosas. Em um estudo, um grupo de gerentes foi informado de que os estereótipos são raros, enquanto outro grupo foi informado de que os estereótipos são comuns. Em seguida, os dois grupos foram solicitados a avaliar candidatos e candidatas a um emprego. Os gerentes que foram informados de que os estereótipos são comuns eram mais tendenciosos contra as mulheres; eles não queriam trabalhar com elas e as consideravam desagradáveis.

Os pesquisadores concluíram que, a partir do momento em que os participantes acreditavam que todos os demais também se influenciavam por estereótipos, era muito mais fácil deixar que seus próprios preconceitos aflorassem. "Se dissermos que as pessoas são tendenciosas, elas se deixam influenciar. Como indivíduos, tendemos a fazer o que as outras pessoas estão fazendo", disse umas das pesquisadoras, a professora Melissa Thomas-Hunt, da Universidade de Virgínia.

A evidência é condenatória. No entanto, as empresas continuam investindo pesadamente em treinamentos em diversidade – um gasto estimado em 8 bilhões de dólares por ano. Tudo isso levou ao que o jornal *The Economist* apelidou de "Fadiga da Diversidade". Em um artigo recente, a revista sugeriu que doze das palavras mais aterrorizantes da língua inglesa são: "I'm from human resources and I'm here to organize a diversity workshop" ["Eu sou do setor de Recursos Humanos e estou aqui para organizar uma oficina sobre diversidade"].

○ ○ ○

UMA HISTÓRIA INFELIZ dificultou o desafio de combater o viés inconsciente no Google para o Dr. Welle e sua equipe. Eles estavam determinados a criar uma oficina de treinamento em vieses implícitos, mas sabiam que precisavam evitar os fracassos do passado.

Sua equipe tinha uma dificuldade e tanto a superar: explicar os vieses sem reforçá-los. Ajudar as pessoas a enfrentarem os lados mais feios de si mesmas sem aliená-las. Acima de tudo, tinham que tentar mudar a forma como as pessoas *agiam*, ainda que não pudessem mudar a forma como realmente *pensavam*. Eles tinham que fazer as pessoas reconhecerem seus preconceitos mais profundos e sombrios, e se sentirem impelidas a fazer algo a respeito.

Enquanto pensava em maneiras de lidar com os obstáculos, o Dr. Welle percebeu algo que provou ser uma chave não apenas para o Google, mas para qualquer um que esteja tentando eliminar vieses ocultos. A pesquisa de Thomas-Hunt mostrou que se acreditarmos que todos são tendenciosos, nós também seremos. Mas a pesquisa também demonstrou o contrário: se acreditarmos que todos ao nosso redor estão se esforçando para lutar contra estereótipos e preconceitos, faremos o mesmo. Chame isso de pressão de pares, ou de mentalidade de matilha. Seja o que for, funciona. Nossos próprios preconceitos desaparecem.

O Dr. Welle e sua equipe desenvolveram uma oficina em que tais condições são reproduzidas. Em uma dinâmica típica, ele explica a ciência, para que os funcionários entendam que sim, somos todos tendenciosos e que, sim, todos tentamos lutar contra isso e, não, não se preocupe, não é sua culpa. Ele se concentra em quatro maneiras de "interromper" o preconceito, e todas culminam em uma palavra: consciência.

Ele incentiva os funcionários a usarem critérios consistentes para medir o sucesso, e a confiar nos dados, não nas reações instintivas, ao avaliar os outros. Ele os estimula a perceberem como reagem a sinais sutis. Em um estudo que ele cita durante a oficina, estudantes que se candidataram a um emprego em um shopping center do Texas foram rejeitados em taxas mais altas quando usavam bonés que diziam "Gay, e não me envergonho disso" do que quando usavam bonés que diziam "Texano, e não me envergonho disso". Por fim, ele encoraja os funcionários a apontarem o preconceito sempre que acontecer, mesmo que o culpado seja seu próprio chefe.

O seminário do Google é um modelo que outras empresas adotaram também. Apenas nos últimos anos, esse tipo de treinamento explodiu em empresas de todo o país. No Google, cerca de 75% de seus 75 mil funcionários participaram da oficina e, em 2014, a empresa gastou 114 milhões de dólares em seus diversos programas de diversidade.

Pelo menos 20% das empresas nos EUA agora oferecem um treinamento em vieses inconscientes, da Roche Diagnostics ao Royal Bank of Canada, dos consultores da McKinsey & Company ("Mergulhamos de cabeça nisso", diz seu CEO, Dominic Barton) à empresa de defesa BAE Systems. Quase todas as grandes empresas de tecnologia já o oferecem, incluindo Facebook, Salesforce, VMware e GoDaddy, com mais adesões a cada dia. Segundo algumas estimativas, 50% de todas as corporações americanas oferecerão treinamento em vieses inconscientes em um futuro não muito distante.

Sem dúvida, a popularidade desses programas aumentou em parte porque eles intencionalmente não atribuem culpa a ninguém. Eles acabam com o porrete e com os dedos apontados. A beleza do treinamento é que, diferentemente do treinamento em diversidade antiquado, este é livre de culpa. Todo mundo tem preconceitos, certo? E todos estamos tentando superá-los, não é? Então estamos todos juntos nisso. Ninguém está sendo destacado. Não há mais a culpa do homem branco. O viés é muito mais fácil de engolir quando a culpa não é sua.

○ ○ ○

ANTES DE COMEÇAREM a oficina de vieses inconscientes, os funcionários recebem um aviso: terão que confrontar verdades desconfortáveis. Eles enfrentarão seus demônios mais profundos. O aviso me intrigou. Ele me fez pensar sobre meus próprios pensamentos mais sombrios. Eu sabia, por meio do teste da Associação Implícita, que tinha vieses até mesmo em relação a mulheres trabalhadoras. Foi aterrorizante pensar que outros vieses podiam estar à espreita dentro de mim. Mas eu não deveria conhecê-los para que tivesse uma chance de combater aquilo em que tais demônios se transformavam?

Não muito antes do Natal, percorri a curta distância dos escritórios do Google até a sede do Facebook, em Menlo Park, na Califórnia. O Facebook me convidara para participar de uma oficina em vieses inconscientes com seus funcionários. Estava nervosa, com medo do que aconteceria em breve.

Quando cheguei, em uma manhã nublada de dezembro, o local já borbulhava de atividade hipercafeinada. Na área de recepção, os descolados de jeans se misturavam aos visitantes de terno e gravata, que se registravam em iPads. Cartazes com frases inspiradoras cobriam as paredes: "O orgulho nos conecta", "Mantenha-se humilde", "A sorte favorece o intrépido".

Lá fora, o campus estava lotado. Funcionários, jovens de capuz, percorriam o caminho oval que conecta uma série de edifícios. O próprio campus é um conto de fadas tecnológico, uma versão geek da Rua Principal da Disneylândia, repleta de sorveterias, lavanderias e cafés.

Ao passar por uma porta, mergulhei na escuridão. Quando meus olhos se acostumaram à falta de iluminação, percebi que estava em uma sala de jogos totalmente equipada, tão escura e barulhenta quanto as galerias do shopping da minha infância. O lugar fervilhava de jovens jogando pinball. Perto da entrada havia uma máquina cheia de equipamentos de tecnologia – carregadores de telefones, fones de ouvido, teclados. Tudo de graça.

Saí dali e percorri uma série de edifícios em busca da minha sala de aula. Em todos os lugares, havia mais cartazes inspiradores. As empresas de tecnologia costumam ser parodiadas por sua sinceridade, e é fácil entender por quê. Em *Silicon Valley*, uma comédia da HBO, uma piada comum entre os personagens – quase todos nerds que usam casaco com capuz – é a declaração repetida de que estão "fazendo do mundo um lugar melhor". "Eu não quero viver em um mundo onde alguém seja melhor do que a gente em fazer do mundo um lugar melhor", lamenta um personagem. Mais de uma pessoa que conheci no Vale do Silício me disse que o programa está mais para um reality show do que para uma sátira. Olhando ao redor, você quase espera ver as câmeras de TV captando tudo.

Depois de pegar um iogurte e algumas frutas (de graça), encontro a sala de conferências em que será ministrada a oficina – que está prestes a começar. O treinamento em vieses inconscientes do Facebook é voluntário e aberto a todos – a abordagem correta, segundo especialistas. A empresa diz que todos os gerentes e mais de 70% dos funcionários aceitaram, embora na minha rodada houvesse apenas oito pessoas, incluindo eu, a moderadora e minha relações públicas. Apenas um é do sexo masculino. A maioria não era branca. Nenhum fazia parte da equipe de engenheiros que compõem a maior parte dos funcionários da empresa. A ausência era notável, dada uma análise feita por um engenheiro de longa data do Facebook, que descobriu que o código de engenheiras do Facebook é rejeitado 35% mais frequentemente do que aquele escrito por homens – um cálculo que o Facebook contesta.

O treinamento começou com um apelo apaixonado e repleto de fatos, em vídeo, da executiva do Facebook e defensora das mulheres, Sheryl Sandberg. Então, por duas horas, aprendemos sobre a pesquisa, sobre nossos vieses profundamente arraigados não apenas contra as mulheres, mas contra negros e outros grupos sub-representados.

Em um exercício, assistimos a vídeos curtos de "candidatos a emprego" simplesmente se apresentando. Então fizemos julgamentos precipitados sobre suas habilidades e competência – nosso próprio teste da hipótese de Malcolm Gladwell no livro *Blink* – A decisão num piscar de olhos, em que onde sugere que formemos opiniões sobre terceiros em menos de dois segundos. Para meu espanto, descobri que sou tão tendenciosa quanto qualquer um. Chego à conclusão de que o cara de camiseta e chapéu da Cal Tech é engenheiro, enquanto a loira do uniforme conservador é uma executiva de negócios.

Em seguida, fizemos um exercício de interpretação de papéis para descobrir como reagiríamos se, digamos, estivéssemos em um grupo de trabalho em que Agnes fazia todo o trabalho, mas Eduardo levava todo o crédito. Eu me senti um pouco mais confiante neste exercício – sei que qualquer membro do grupo deve ter o poder de falar sobre a contribuição de Agnes. Por outro lado, como, nessa época, eu já pesquisava o assunto para o livro havia um ano, talvez eu estivesse mais sintonizada que o funcionário médio do Facebook.

Também aprendemos sobre potenciais "potencializadores de viés". Como no Google, o Facebook conclama os funcionários a denunciarem o viés se o encontrarem. Em um nível mais tático, recebemos uma introdução sobre falas específicas que discriminam sutilmente as mulheres, e que a maioria delas (inclusive eu) já ouviu ao longo da carreira: "agressiva, assertiva, insistente, abrasiva" e "quer se autopromover, política, não sabe trabalhar em equipe". A moderadora nos adverte a procurar essa linguagem codificada usada contra as mulheres, assim como frases sutis como "o estilo dela não funciona" ou "ela não se encaixa bem na equipe".

A oficina é envolvente e imersiva. Nos dias seguintes, notei algumas mudanças importantes em meu próprio comportamento. Quando fui me registrar em um hotel próximo, automaticamente me dirigi ao cara asiático na recepção, mas consegui me deter. Percebi, para minha vergonha, que tinha feito a suposição infundada de que ele seria mais esperto e mais rápido do que as mulheres ao lado dele.

Mas será que duas horas de treinamento ficarão comigo por muito tempo? Será que vão mudar a forma como conduzo minha carreira e como me comporto? Eu gostaria de pensar assim, claro. Mas recebi uma resposta talvez mais realista, quando a oficina do Facebook chegava ao fim, antes de sermos mandados de volta para a multidão fervilhante do lado de fora. Enquanto se preparava para nos liberar, a moderadora mencionou que se trata apenas de um curso de atualização, uma vez que os funcionários recebiam um treinamento em vieses inconscientes quando se juntavam à empresa.

Foi quando minha colega de assento se inclinou para mim.

"Eu não me lembro de passar por treinamento em vieses inconscientes", ela murmurou.

A moderadora não a ouviu.

"Somos uma empresa que dá voz a quem as pessoas realmente são", disse a moderadora ao nos dispensar. "Apropriem-se dessa causa."

o o o

E ESSA É A QUESTÃO em relação ao treinamento em vieses inconscientes. Como fazê-lo durar? Os funcionários sequer se lembrarão de terem participado dele? Ele é mesmo capaz de transformar uma cultura corporativa? Afinal, não importa o quão bom seja, o treinamento é apenas uma ferramenta que, por si só, não pode reinventar uma organização. Os executivos do Facebook deixaram claro que a diversidade é uma prioridade e, desde a minha visita, a empresa acrescentou vários outros programas para reforçar continuamente a mensagem, inclusive um sobre como ser "aliado" de colegas de grupos marginalizados. A própria Sandberg é a mais proeminente defensora das mulheres no país.

Mesmo assim, Kayla Smith, uma engenheira do Facebook, disse que saiu da empresa após um ano porque se sentiu isolada. "Eu não era convidada para reuniões, nem alocada em projetos. Desanimei e me senti irrelevante", disse ela a Jessica Guynn, do *USA Today*. "A empresa se esforça muito para que todos reflitam sobre diversidade, mas individualmente há muitas microculturas. A diversidade não alcançou a equipe em que eu estava."

o o o

NO GOOGLE, o Dr. Welle também percebeu que o treinamento, somente, não era o suficiente. Então, em 2013, o Google foi mais longe, desenvolvendo uma "tabela de erros induzidos pelos vieses": uma lista de verificação que os gerentes poderiam usar na hora de avaliar os funcionários para promoção. A lista os lembra de vieses comuns. Entre outros, ele observa os "efeitos de chifre e halo", nos quais o julgamento de um gestor sobre o desempenho real é obscurecido porque ele já decidiu, precipitadamente, que o funcionário é péssimo ou formidável.

Outras firmas também adotaram esquemas semelhantes, incluindo o Royal Bank of Canada, que distribui seu guia aos gerentes. "Eu normalmente contrato o mesmo tipo de pessoa ou de personalidade?", pergunta. "Quem encorajo a liderar ou a falar em reuniões?", prossegue. Paralelamente a essas perguntas, a folha de dicas contém orientações para identificar o viés implícito, incluindo "manifestar-se caso suspeite que a contribuição de um colega está sendo ignorada ou aplicada de maneira injusta".

O Google começou a ajustar suas práticas de contratação de outras maneiras também, reduzindo para apenas quatro o número de entrevistas para uma posição – antes eram cerca de 25. E Laszlo Bock tentou acabar com os enigmas também, pois descobriu que não têm valor preditivo sobre o desempenho de um candidato no trabalho. O único valor que tinham era fazer com que o entrevistador se sentisse inteligente. Como ferramenta de diagnóstico, eram "um total desperdício de tempo", segundo me disse.

Mas o Google ainda valoriza essa inefável "Googleyness", que um alto executivo definiu como "a característica das pessoas que se sentem confortáveis com o caos, que são automotivadas e que fazem a coisa certa mesmo quando ninguém está olhando". Em outras palavras, os candidatos têm que apresentar ajuste cultural com a empresa.

Essa é uma qualidade importante não apenas para o Google, mas também para outros locais de trabalho. As pessoas que se encaixam são mais felizes, mais produtivas e tendem a permanecer em seus empregos por mais tempo. Uma pesquisa global descobriu que mais de 80% dos empregadores consideram o ajuste cultural uma prioridade máxima.

Exceto, como aprendi com o treinamento em vieses inconscientes, aqueles que não se encaixam culturalmente, que são desproporcionalmente femininos. "Um bom ajuste, na maioria das corporações americanas, ainda tende a ser estereotipicamente masculino. Consequentemente, o ajuste pode excluir candidatos de alto desempenho – femininos ou masculinos – que são estereotipicamente femininos", observou Lauren A. Rivera, professora de Administração da Kellogg School of Management da Northwestern University, ao *New York Times*. Outros pesquisadores descobriram que uma das razões pelas quais há tão poucas mulheres que se especializam em ciência da computação é que elas temem não se enquadrar.

"É complicado", reconheceu Welle, quando nos encontramos para tomar um café no Google, cercados por jovens engenheiros que usavam chinelos. "Você quer pessoas com quem tenha uma conexão. Você quer gostar delas, ter conversas engrandecedoras. Mas uma conexão é quase sempre baseada na similaridade, e é isso que sabota a diversidade."

À medida que o Google introduzia as novas políticas, o Dr. Welle e seus colegas continuavam a analisar os resultados. O que encontravam nem sempre era encorajador. Começando em 2014, sob pressão por contratarem poucas mulheres e outros grupos sub-representados, as principais empresas de tecnologia começaram a revelar publicamente suas estatísticas de diversidade. Os resultados podem ser descritos em uma palavra: sombrios. Quase todas as empresas eram esmagadoramente masculinas e brancas ou asiáticas.

Mais desconcertantes, os esforços maciços desde então para diversificar a contratação e conscientizar os funcionários sobre os vieses inconscientes produziram pouco impacto. Em 2016, as mulheres representavam menos de um terço do total de funcionários do Google e muito menos do que isso em cargos-chave de tecnologia. Apple, Microsoft, Cisco e Intel apresentaram resultados similares. Em 2017, até o Facebook informou que apenas 19% de seus cargos técnicos eram ocupados por mulheres, que também estavam em 28% dos cargos seniores, apesar dos esforços maciços de recrutamento e treinamento. Entre empresas de tecnologia com o pior resultado estava o Twitter, onde apenas 15% dos funcionários técnicos eram do sexo feminino.

Parte da questão é que, mesmo que as empresas contratem de forma tão agressiva quanto possível, seus esforços só chegam até certo ponto. A matemática trabalha contra eles. Em 2014, 21% das contratações de tecnologia do Google eram do sexo feminino, mas isso se traduziu em um aumento de apenas 1% no total de trabalhadoras do setor de tecnologia, que subiu para 18%.

Mais importante, porém, é que o treinamento em vieses inconscientes, às vezes, provoca a mesma reação que o treinamento antiquado em diversidade, que espancava homens brancos com um bastão. Nancy Lee, uma ex-diretora de diversidade do Google, avalia que, enquanto um terço dos funcionários abraça a causa da diversidade, uma quantidade igual de funcionários se torna "resistente" – como o autor do "manifesto" do Google, que mais tarde descreveu o treinamento em vieses da empresa como "muito constrangedor". Um engenheiro da Nvidia disse ao *New York Times*: "É uma caça às bruxas… Quando você está discutindo questões de gênero, a resposta é quase religiosa. Beira o fanatismo".

Até as mulheres que já trabalhavam no Google pareciam curiosamente resistentes aos esforços da empresa. O Google permite que seus engenheiros se candidatem a uma promoção. Mas as mulheres simplesmente não o faziam. Quase sempre, as poucas promovidas "provavelmente estavam prontas havia um ano", disse Bock ao *Wall Street Journal*.

A falta de autopromoção das mulheres era frustrante, mas não surpreendente. Estudos descobriram que as meninas não levantam as mãos com tanta frequência quanto os meninos na aula de matemática, embora as meninas tenham mais frequentemente as respostas certas. E em um padrão que se repete, as mulheres adultas não oferecem suas ideias com a mesma frequência que os homens em reuniões de negócios, mas, em estudos, as ideias das mulheres são consideradas mais valiosas do que as dos homens.

Desconcertados pela hesitação das mulheres em se candidatar à promoção, um engenheiro sênior do Google preparou sua própria solução. Ele começou a enviar "cutucadas" regulares – um e-mail para todos os funcionários técnicos explicando a pesquisa e pedindo às mulheres que se indiquem. "Nós dizemos a elas que, pelo amor de Deus, se candidatem a uma promoção, porque estão literalmente se sabotando!", como disse Bock.

As "cutucadas" se provaram notavelmente efetivas. Quando são disparadas, a cada seis meses, o número de mulheres se candidatando para promoções aumenta. Certa vez, quando o engenheiro esqueceu de enviar a nota antes de um ciclo promocional, os números despencaram novamente.

Os executivos do Google continuam trabalhando para igualar o jogo. A empresa introduziu uma "blitz dos vieses", oficina em que os funcionários identificam comportamentos ruins e praticam a solução. Por exemplo, dar crédito a alguém (normalmente uma mulher) cuja ideia foi erroneamente atribuída a outra pessoa (normalmente um homem). A empresa até modificou sua icônica página de pesquisa. Em 2014, um blog contou os "Doodles" do Google – os desenhos animados que aparecem todos os dias na página inicial, geralmente para comemorar um evento histórico, um aniversário de um cientista famoso ou um feriado: de 2010 a 2014, calculou-se que 83% dos Doodles eram de homens. O Google tomou nota: agora está tentando manter a proporção uniforme.

E quando abriu um novo escritório, em 2013, os funcionários notaram que a maioria de suas 65 salas de conferência – todas batizadas em homenagem aos cientistas – honravam os homens. Os principais executivos rapidamente corrigiram a situação e agora metade das salas são nomeadas em homenagem a mulheres. Não que a transição tenha sido fácil. A sala Peter K. Homer – batizada em homenagem ao vencedor de um concurso da NASA para projetar uma luva aperfeiçoada de astronauta – foi transformada na sala Praskovya Uvarova, batizada em homenagem a uma arqueóloga russa amadora do século XIX que a substituiu o finado marido na diretoria da Sociedade Arqueológica de Moscou.

Apesar de todos os esforços do Google, a diferença mais notável não teve nada a ver com o treinamento em vieses, ou nomes de salas de conferência, ou os Google Doodles de mulheres. Em vez disso, surgiu como resultado de uma mudança no sistema de incentivo da empresa. E isso aponta o dilema que confunde todas as tentativas corporativas de engenharia social. Não importa o quanto as empresas falem sobre igualdade e inclusão, mas, sim, os incentivos que cria para os funcionários. Esses incentivos falam mais alto do que qualquer discurso do CEO, ou oficinas de treinamento em vieses, ou cartazes na parede.

Para o Google, assim como para outros, o principal incentivo veio na forma de licença para a família. Em 2011, o Google suavizou sua política de licenças, estendendo a licença parental remunerada de três para cinco meses. O resultado foi imediato. Taxas de atrito para mulheres que tiveram bebês despencaram 50%.

Isso desencadeou uma corrida armamentista, com um número crescente de empresas de tecnologia oferecendo folhas parentais remuneradas neutras em termos de gênero, tanto para homens quanto para mulheres, incluindo Twitter (20 semanas), Etsy (26 semanas), Facebook (16 semanas) e Change.org (18 semanas). A Netflix e a Virgin Management aumentaram a licença parental remunerada para um ano inteiro. A prática agora está se espalhando para além da indústria de tecnologia e alcançando outras indústrias.

Os resultados dessas mudanças ainda estão se desdobrando. Mas eles apontam para uma dura verdade. Tanto para os homens como para as mulheres, não importa o quanto as empresas sejam sinceras ao abraçar a diversidade, se suas próprias políticas funcionarem contra ela – em particular, se elas tornam impossível equilibrar o trabalho com a família. A América está muito atrás da maioria dos países industrializados nesse aspecto. É o único país industrializado do mundo que não oferece licença parental remunerada. Pelo menos 96 outros países contam não só com a licença-maternidade garantida, mas também com a licença-paternidade, incluindo a Gâmbia, a Armênia, a

Bielorrússia, o Azerbaijão, o Togo e as ilhas Maurício. Sem mudanças políticas abrangentes que permitam aos pais em todos os setores e em todos os níveis ter acesso a cuidados de saúde e infantis acessíveis, o resto não importa.

Além disso, em empresas de tecnologia, as políticas de licença parental recém-generosas ainda são muitas vezes prejudicadas por outros incentivos opostos, que são, pelo menos, tão poderosos quanto. O novo quartel-general de 175 acres da Apple conta com um centro de boa forma e bem-estar de cerca de 9.300 metros quadrados – mas sem creches. No Google, a licença-maternidade estendida é justaposta a uma cultura de trabalho que ainda é ininterrupta, encorajada por um ambiente que oferece tantos benefícios – comida grátis, limpeza a seco, salas de jogos –, que o incentivo para que os funcionários não voltem para casa é escancarado. E quando eles voltam para casa, espera-se que os trabalhadores não se desliguem do escritório.

Eric Schmidt, presidente executivo do Google, orgulhosamente reconheceu isso em uma entrevista ao *MIT Technology Review*. "Uma vida bem-sucedida não é completamente equilibrada", declarou ele. Sua visão de um grande líder, ele prosseguiu, é daquele que "fica quieto por algumas horas, enquanto cuida da família ou o que quer que esteja fazendo, e então emerge às 11 horas da noite, trabalhando duro para garantir que suas responsabilidades sejam atendidas".

Eu me perguntei como essas mensagens confusas são recebidas, e se os esforços do Dr. Welle e de outros homens no Google estão fazendo alguma diferença. Então decidi ir à fonte: indaguei algumas funcionárias do Google.

Um amigo me apresentou a algumas mulheres no escritório do Google em Chelsea, na cidade de Nova York. Nós nos reunimos no mesmo café onde conheci o Dr. Welle, em que você pode pegar, sem pagar nada, um café orgânico com leite de soja perto do expositor de saladas. Rock clássico tocando ao fundo. Para chegar até aqui, passeamos pela área de Lego, onde blocos de cores primárias estavam empilhados até o teto. Criações de Lego eram exibidas nas prateleiras ao longo das paredes, assim como vários retratos gigantes de Lego de heróis da tecnologia – todos homens. Passamos pela sala de jogos, repleta de videogames, onde alguns rapazes estavam em uma partida feroz de pingue-pongue, em uma das mesas no centro do andar.

A decoração era estranhamente familiar. Eu senti um tipo de *déjà-vu* curioso, algo que fez cócegas na parte de trás do meu cérebro. Levei um momento para descobrir por que tive essa sensação estranha. Então me ocorreu: essa costumava ser a decoração da minha casa, quando meu filho era mais novo. A vibe do carro-chefe da Google, em Nova York, era o quarto de um menino de dez anos.

– Vocês já entraram lá? – perguntei às mulheres, quando passamos pelos jogadores, que agora grunhiam e gritando.

Elas riram.

– Você verá caras que jogam pingue-pongue todos os dias. As mulheres têm mais dificuldade em fazer esse tipo de coisa – disse uma de minhas novas amigas.

– Mas por que é mais difícil para as mulheres?

– Acho que é porque as mulheres são muito conscienciosas e preocupadas em realmente fazer um bom trabalho – disse ela.

– Espere um minuto. Nem todo mundo aqui está preocupado em fazer um bom trabalho? Não é por isso que todos vocês tiveram que passar pelo processo seletivo? Não é por isso que você está entre os 2,5% de candidatos talentosos que entraram aqui?

Minha amiga tentou não parecer tão exasperada quanto claramente estava.

– As mulheres querem ser vistas como pessoas "presentes", não que estão "curtindo" – ela disse, fazendo aspas exageradas no ar para enfatizar. – É uma questão de percepção.

Tentei imaginar como os caras jogando pingue-pongue ou construindo as criações de Lego se sentiriam se o escritório do Google fosse decorado com base no estereótipo do quarto de uma garotinha

– digamos, com paredes e espelhos rosa, casas da Barbie e glitter. Como eles reagiriam? Eles ignorariam e cuidariam de suas tarefas, como de costume, como as mulheres daqui?

O simples fato de que as mulheres que conheci estavam confortáveis nesse ambiente pode ser o motivo pelo qual elas estão entre as poucas mulheres que conseguem se sair bem no Google. A pesquisa mostrou que ambientes exclusivamente masculinos elevam os níveis de estresse na maioria das mulheres e podem até mesmo acabar com o interesse delas pela ciência da computação. Quando os pesquisadores perguntaram aos alunos de graduação que ainda não haviam declarado suas especialidades sobre seu interesse pela ciência da computação, as respostas das mulheres dependiam realmente da decoração da sala em que eram questionadas. Quando a sala era decorada de maneira neutra – com pôsteres da natureza e canecas de café –, as mulheres estavam entusiasmadas. Quando era decorada com pôsteres de *Jornada nas Estrelas* e videogames, o interesse delas diminuía. Notavelmente, a decoração – neutra ou nerd – não fazia diferença no interesse dos homens pela ciência da computação.

O site corporativo do próprio Google faz referência ao estudo, descrevendo-o em uma seção sobre "mitigar vieses no espaço de trabalho". Ele alerta sobre as "microiniquidades" que podem aumentar o estresse das mulheres. "É importante considerar como os locais de trabalho podem alienar certos grupos", diz o site. No entanto, acrescenta, tranquilizador: "Isso não significa que o Google jogou fora os Legos, pôsteres de *Guerra nas Estrelas* ou armas Nerf".

Quando nos acomodamos em uma mesa com nosso café, mudei de assunto, perguntando sobre o impressionante treinamento em vieses inconscientes da empresa.

– O quê? – perguntou uma das mulheres, uma engenheira. Ela estava genuinamente confusa.

– Ah, sim, nós temos – disse outra. E acrescentou: – Eu sei que temos, mas não aceitei. Há os cartazes e artigos, e falam disso nas reuniões da empresa. Por que preciso comparecer? Eles se esforçam muito. Eu definitivamente sinto que é supercompensação.

Sua amiga engenheira deu de ombros. Ela ainda não conseguia se lembrar de nenhuma menção a oficinas em vieses inconscientes.

– Eles nos fazem participar de muitas dessas coisas – ela finalmente disse. – Sobre comprometimento, ética... e tenho mil outras coisas para fazer. Você só quer que aquilo termine logo. No meu caso, sempre estive em culturas muito masculinas – acrescentou ela. – Fico muito mais confortável em minhas reuniões de engenharia do que em meus encontros com mamães locais.

E, no final, essa pode ser a chave para explicar as mulheres que têm sucesso no Google. Elas me lembravam dos meus primeiros dias no *Wall Street Journal*, na década de 1980, quando nós, repórteres com ombreiras dignas de futebol americano, éramos tão duronas quanto qualquer um dos caras – ou até mais. Em tecnologia, há até mesmo um nome para essa síndrome: "The cool girl trap". [A armadilha da garota legal.] A frase foi cunhada pela ilustradora Kennedy Cooke-Garza, com uma definição que vem diretamente do best-seller de Gillian Flynn, *Garota Exemplar*.

Ser a garota legal significa que eu sou uma mulher gostosa, brilhante, divertida, que adora futebol, pôquer, piadas indecentes e arrotos, que joga videogame, bebe cerveja barata, adora *ménage à trois* e sexo anal e enfia cachorros-quentes e hambúrgueres na boca como se fosse anfitriã da maior orgia gastronômica do mundo ao mesmo tempo em que, de alguma forma mantém um manequim 36, porque garotas legais são, acima de tudo, gostosas. Gostosas e compreensivas. Garotas legais nunca ficam com raiva. Apenas sorriem de uma forma desapontada e amorosa e deixam seus homens fazerem o que quiserem.

O problema em ser a garota legal, como Cooke-Garza descreveu, é que isso significa que ela tem que fazer tudo o que pode para que os caras se sintam confortáveis – inclusive tolerar o abuso. "Ela ri junto com suas piadas de merda, talvez se juntando a eles, e certamente nunca desafia um cara a pensar, talvez, mais criticamente sobre o que está saindo da boca dele", ela escreveu.

Em sua própria experiência em um estúdio de jogos, Cooke-Garza suportou uma enxurrada de comentários imaturos constantes em "piadas" cada vez mais tóxicas de seus colegas do sexo masculino, como quando especularam o quão gorda ela ficaria, quantas crianças ela teria e quanto ela ganharia como prostituta. No caso dela, depois que finalmente discutiu a questão com seu chefe – que lhe assegurou que nunca toleraria o sexismo no escritório –, seus colegas passaram a tratá-la com frieza. Ela, depois, foi demitida.

"A 'armadilha da garota legal'", descobriu Cooke-Garza, "é uma das razões pelas quais o sexismo, o racismo e outros 'ismos' são tão difundidos em uma indústria tão homogênea."

Ainda assim, há alguns sinais de que velhas atitudes estão começando a mudar, e que o trabalho de homens como Brian Welle e seus colegas valem a pena. No palco de um painel da conferência SXSW, em Austin, três vozes proeminentes conversaram animadamente sobre a importância da diversidade – e os dois homens, o presidente do Google, Eric Schmidt, e o biógrafo de Steve Jobs, Walter Isaacson, interromperam repetidamente a única mulher que participava do painel, a então Chefe de Tecnologia dos Estados Unidos, Megan Smith. Durante o tempo de perguntas e respostas, uma gerente de diversidade do Google, que por acaso estava na plateia, levantou a mão.

– Considerando que a pesquisa de vieses inconscientes nos diz que as mulheres são muito mais interrompidas do que os homens, eu me pergunto se vocês perceberam que interromperam Megan algumas vezes – disse ela.

O público aplaudiu.

O Dr. Welle está orgulhoso desse progresso, mas plenamente consciente de que há mais a ser feito. Entre suas preocupações, destaca-se o tempo que seu esforço de treinamento em vieses inconscientes vai acompanhar os funcionários.

– Será que vai durar? Esse é o meu grande medo – disse ele, enquanto pegávamos nossas xícaras de café e voltávamos, passando pela estação de Lego e pelas salas de conferências nomeadas como estações de metrô. – O que me preocupa agora é: como podemos interiorizá-lo na cultura?

5

ELA TEM CERTEZA DE QUE VOCÊ NÃO A RESPEITA

O IDOSO ESTAVA no hospital havia um mês, recuperando-se de um procedimento para tratar de um câncer de esôfago, quando Andrea Merrill, residente cirúrgica, veio se despedir. Ela o atendia desde a cirurgia, visitava-o em suas rondas duas vezes por dia, checando seus pulmões, supervisionando os cuidados diários que recebia.

Enquanto ela se despedia, ele a olhou, de sua cama de hospital. Ela havia passado incontáveis horas com ele, aplicando todo seu treinamento médico em sua recuperação. Agora, ele tinha uma pergunta para ela.

– Você está treinando para ser enfermeira? – perguntou ele.

A Dra. Merrill respirou fundo. Ela aprendera a esconder bem sua frustração. Quase todos os dias, pelo menos um paciente confundia a médica com uma enfermeira. E, embora tivesse um grande respeito pelo trabalho da equipe de enfermagem, ela sabia o motivo pelo qual seus pacientes cometiam tal engano: não ocorria a eles que aquela jovem pudesse ser uma cirurgiã.

Quando ouvi pela primeira vez sobre sua experiência, lembrei-me de um velho enigma, que não consegui entender na primeira vez que ouvi, décadas atrás: um homem e seu filho sofrem um acidente de carro. O homem morre e seu filho está gravemente ferido. O filho é levado ao hospital, para uma cirurgia de emergência. A pessoa responsável pela cirurgia dá uma olhada no garoto e diz: "Eu não posso operá-lo! Ele é meu filho!".

– O que está acontecendo? – pergunta o enigma.

Mesmo hoje, entre 40 e 75% das pessoas não conseguem descobrir a resposta: a cirurgiã é a mãe do menino.

A velha piada não é engraçada para a Dra. Merrill, por soar verdadeira demais. "Eu tive pacientes que literalmente riram na minha cara quando me apresentei como 'médica'", escreveu ela no *HuffPost*. "Não sei dizer quantas vezes entrei no quarto de um paciente que estava no telefone e o ouvi dizer 'querida, eu tenho que ir, a enfermeira está aqui'".

Falei pela primeira vez com a Dra. Merrill, agora residente em cirurgia em Boston, depois de ler essa postagem. Ela me disse que se sentiu impelida a escrever sobre o assunto porque, ainda que na faculdade de Medicina tivesse aprendido que nunca deveria se queixar ou dar desculpas, a falta de respeito pelas médicas não pode mais ser ignorada. Precisa ser trazida à luz. Ela teve muitas experiências, como na vez em que ela e uma cirurgiã sênior foram verificar um paciente, mas o paciente só queria falar com o "verdadeiro" médico da sala – o estudante de Medicina que os observava.

A suposição de que as mulheres são subordinadas é, com frequência, uma negligência inocente e não intencional. Mas, para a Dra. Merrill e outras mulheres, isso torna muito mais desgastante um trabalho já que é bem exigente. "Você tem que trabalhar mais para convencê-los a vê-la como médica", diz ela. É um fardo extra que os médicos do sexo masculino raramente experimentam. Quando a Dr. Merrill compartilhou a questão com alguns outros jovens cirurgiões, eles ficaram surpresos: "Meus amigos do sexo masculino não tinham ideia de que isso acontecia".

"Isso te incomoda", acrescenta ela. "Eu fiz todo esse treinamento", e ainda assim ela se vê trabalhando constantemente para provar que é digna do mesmo respeito que seus colegas homens recebem automaticamente.

São certas sutilezas que acontecem todos os dias, o dia todo. Pesquisadores descobriram, por exemplo, que as médicas são mais frequentemente introduzidas por seus primeiros nomes, enquanto os médicos são apresentados com o honorífico "Doutor".

"Eu sempre me sinto um pouco depreciada quando sou apresentada como 'Andrea'", relata Dra. Merrill.

o o o

NA MEDICINA, ASSIM como nos negócios, para a maioria dos homens em uma sala, o respeito é um fato. As mulheres, no entanto, muitas vezes sentem o oposto: são tratadas como se não soubessem sobre o que estão falando até que provem o contrário. Em minhas conversas com mulheres profissionais, em todo o país, a questão do respeito é uma das maiores e mais frequentes frustrações citadas.

Em seu livro *A Arte da Autoconfiança*, de 2014, as jornalistas Katty Kay e Claire Shipman conversaram com líderes femininas, incluindo Linda Hudson, então CEO da BAE Systems, que disse o seguinte, "mesmo na posição em que estou agora, a primeira impressão de todos é que não sou qualificada para o trabalho... Quando um homem entra em uma sala, é considerado competente até que se prove o contrário". Para as mulheres, geralmente é o oposto.

Não são apenas os homens que fazem essas suposições: as mulheres são igualmente propensas a demonstrar menos respeito a outras mulheres. Um inquérito com mais de 3.500 médicos noruegueses, por exemplo, descobriu que as enfermeiras são menos respeitosas em relação às médicas do que os médicos, e lhes oferecem menos ajuda. As enfermeiras frequentemente ignoram as ordens ou até dizem às médicas que façam elas mesmas determinadas tarefas. As enfermeiras estão ansiosas para "botá-las em seu devido lugar", descobriram os pesquisadores. Os autores concluíram: "As médicas geralmente acham que são menos respeitadas, seu trabalho é visto com mais desconfiança e recebem menos ajuda que seus colegas homens".

Outra pesquisa encontrou o mesmo fenômeno em outras profissões. Xiaowei Shi, pesquisadora da Purdue University, notou que ela e seus colegas pareciam se dirigir aos professores com mais deferência do que às professoras. Para testar, ela recrutou 212 jovens profissionais, de contadores a engenheiros de software, e descreveu várias situações corriqueiras no ambiente de trabalho – por exemplo: você tem uma ideia para aprimorar testes de produtos. Então, perguntou a cada um deles como convenceriam seus superiores a implementá-la. Para metade dos participantes, o chefe era um "Bob", enquanto para a outra metade, era uma "Barb". Em todos os casos, os funcionários eram mais educados e respeitosos com o mítico Bob, e muito mais propensos à informalidade com Barb.

Quando os participantes se dirigiam imaginariamente a Bob, por exemplo, eram obsequiosos, humildes e rápidos em reconhecer a posição superior dele na hierarquia. "Se você não puder aplicar isso, vou entender", disse um deles. "Estava me perguntando...", começou outro. Mas quando era Barb quem estava no comando, os participantes não só mostraram menos deferência, como eram mais propensos a dar-lhe instruções. "Tive umas ideias que talvez te interessem...", foi como um participante iniciou o memorando em que listava as ideias.

A falta de respeito é uma tendência subjacente que permeia o trabalho e a vida, de maneiras relativamente sutis. Desde que comecei as pesquisas para este livro, percebi isso em meu próprio comportamento. Em uma reunião de negócios, não muito tempo atrás, fui apresentada a dois executivos, um homem e uma mulher. Eu não sabia qual era a hierarquia entre eles, mas instintivamente apertei a mão do homem primeiro – percebendo apenas no último momento que tinha feito a suposição completamente infundada de que ele deveria estar no comando. Eu era reflexivamente mais deferente com ele, sem saber de nada além do fato de que era um homem.

Minha reação inconsciente é aparentemente comum. Um estudo de 2015 da Pew descobriu que, como eu, a maioria dos americanos acredita que as mulheres são tão capazes quanto os homens quando se trata de serem líderes políticas e empresariais. Na verdade, a pesquisa da Pew descobriu que as mulheres eram vistas como superiores aos homens em relação a qualidades de liderança, como honestidade, justiça e compaixão.

No entanto, a mesma pesquisa descobriu que ainda presumimos que os homens são mais qualificados e subconscientemente concedemos a eles maior respeito. Cerca de 40% dos entrevistados acreditavam que "as mulheres que querem alcançar os níveis mais altos na política ou nos negócios... têm que trabalhar muito mais do que suas contrapartes masculinas para provar o próprio valor".

A lacuna de respeito até influencia a maneira como vemos um cargo. Imagine uma posição de prestígio – digamos, um diretor de escola. Agora, imagine uma mulher no posto. Para a maioria, a mera noção de que a diretoria é ocupada por uma mulher diminui nosso respeito pelo cargo. De fato, vários estudos mostram que um executivo tem mais poder do que uma executiva com o mesmo título – e essa dinâmica ocorre independentemente da profissão.

As mulheres são vistas como "autoridades ilegítimas", que não merecem respeito e, sendo assim, têm o julgamento questionado, descobriu Andrea Vial, pesquisadora de Yale. Um estudo baseado em uma grande pesquisa com trabalhadores canadenses descobriu que os homens se beneficiam substancialmente mais dos cargos de chefia que as mulheres, tanto em termos de autonomia quanto de influência. Menos respeito pelas mulheres no mesmo cargo que os homens também se traduz diretamente em salários mais baixos.

Os estudos são persuasivos. Mas, na verdade, não precisamos de pesquisas acadêmicas para provar o que vemos todos os dias na vida real. O fato de as mulheres receberem menos respeito que os homens é tão rotineiro que não há realmente nenhum debate sobre o assunto. Há uma razão para que termos como *manterrupting, bropropriating* e *mansplaining* tenham sido introduzidos no idioma, com o último sendo formalmente inserido no dicionário Oxford em 2014. A definição oficial é: "Quando um homem explica algo 'a alguém', tipicamente uma mulher, de uma maneira considerada condescendente ou paternalista".

o o o

A DRA. MERRILL, a residente em cirurgia de Boston, nunca pensou que respeito seria um problema para ela. Ela começou a se interessar por cirurgia ainda criança, no oeste de Massachusetts. Uma atleta entusiasta, cresceu praticando esportes: futebol, ginástica, lacrosse, basquete – não há um esporte que ela não tenha praticado. O atletismo a acompanhou durante o Ensino Médio e a faculdade, na Tufts University. Ela não se preocupava com os meninos. Afinal, superava a maioria deles. Quando faltavam jogadores no time de futebol de seu irmão, ela entrava e se juntava a eles. Sua capacidade atlética literalmente a inseriu em um campo de jogo equilibrado.

Como muitos atletas dedicados, ela também sofreu seu quinhão de lesões. Depois de um deles, tropeçou em um livro sobre lesões esportivas que seu pai, que tinha uma pós-graduação em Educação Física, havia deixado em casa. Aquilo a viciou. Ela ficou intensamente fascinada pela anatomia das lesões e pelo processo de cura. Passava horas on-line procurando procedimentos ortopédicos. Ela decidiu se tornar médica – uma cirurgiã ortopédica – para poder tratar de lesões.

A cirurgia ortopédica é uma das áreas mais centradas nos homens do mundo (apenas 5% dos profissionais de cirurgia ortopédica são mulheres). Ainda é um clube de meninos, povoado em grande parte por ex-atletas. A sabedoria convencional afirma que um cirurgião precisa ser extremamente forte para manipular ossos, serrá-los e aplicar os pinos. A cirurgia ortopédica é, muitas vezes, ridicularizada, comparada à carpintaria – um trabalho que exige força bruta, em vez de intelecto. É a mais machista de todas as práticas médicas.

Mas a Dra. Merrill não achava que a sabedoria convencional se aplicava a ela, que tinha crescido uma atleta e dominara competições por toda a vida.

Então, um dia, no início de sua formação médica, uma mulher mais velha, uma cirurgiã, teve uma conversa reservada com ela. "Você não pode fazer ortopedia", anunciou taxativamente, e deu uma palestra sobre "cirurgias de meninos" – as especialidades de prestígio e muito bem pagas, incluindo cirurgias ortopédicas e cardíacas, dominadas por homens – e "cirurgias de meninas", aquelas primariamente relacionadas aos seios. "Essas cirurgias maiores são para os meninos", explicou a mulher mais velha.

A Dra. Merrill ficou chocada. Quem ainda falava em profissões de "menino" e "menina" nos tempos atuais? Sim, uma mulher de um metro e meio de altura encontrara alguma resistência em relação à opção de campo. "Você não é forte o bastante para fazer uma cirurgia ortopédica", ouviu os céticos dizerem. Mas ela deu de ombros para os pessimistas, retrucando que "não é tanto a força, é a física". Como ela e outras cirurgiãs explicam, a chave para fazer ortopedia não é a força muscular, mas o uso de alavancagem na manipulação de ossos.

A Dra. Merrill não tinha problema algum com o trabalho físico dos ortopedistas. Então, por que outra mulher, uma mentora, a orientava a se afastar? Por que ela não deveria seguir na cirurgia ortopédica? E daí que a profissão era majoritariamente masculina?

A cirurgiã pediu que ela se sentasse e a olhou nos olhos. "Você nunca vai conseguir trabalho", explicou ela. "Ninguém vai te encaminhar [pacientes]. Ninguém manda pacientes para uma cirurgiã." A Dra. Merrill ainda fica aborrecida quando se lembra daquela conversa. "Fiquei muito impressionada com aquilo", ela me disse. "Jamais poderia imaginar que aquela mulher, que eu admirava e respeitava, me diria algo assim."

E acabou que a cirurgiã mais velha, em muitos aspectos, estava certa.

o o o

TALVEZ A MELHOR maneira de entender a lacuna de respeito é ouvir relatos daqueles que experimentaram os dois lados dela. Um dos mais sinceros foi o de Ben Barres, biólogo da Stanford University. Como ex-presidente de neurobiologia da prestigiosa universidade, é um dos principais cientistas de sua área. Formado pelo MIT, Dartmouth e Harvard, é um dos maiores especialistas em um tipo de célula nervosa, a glia.

Ele também é transgênero. O Dr. Barres nasceu como Barbara e fez a transição de gênero aos 42 anos, no meio de sua carreira profissional.

Um dos aspectos mais marcantes de sua transição acabou sendo o nível de respeito que ele recebeu dos outros. Durante o Ensino Médio, Barbara Barres se destacara em matemática, mas seu orientador a conduziu a uma faculdade local, em vez de sua própria escolha, o Massachusetts Institute of Technology. Ela foi para o MIT de qualquer maneira.

Porém, na faculdade, quando, entre centenas de estudantes, foi a única a resolver um problema difícil, um professor a acusou de trapacear: "Ele me disse que meu namorado devia ter resolvido aquilo para mim". Mais tarde, como aluna de doutorado em Harvard, ela perdeu em uma bolsa de estudos de prestígio, apesar de ter publicado seis trabalhos – cinco a mais do que o estudante do sexo masculino que recebeu o cargo em vez dela.

Após a transição de gênero tudo mudou. Pouco depois, ele apresentou um artigo a um grupo de renomados cientistas do Whitehead Institute for Biomedical Research, em Cambridge, Massachusetts. Quando sua apresentação chegou ao fim, um cientista na plateia, sem saber de sua transição, confidenciou a um colega: "O trabalho de Ben Barres é muito melhor que o da irmã dele, Barbara".

O Dr. Barres escreveu posteriormente sobre sua experiência na revista *Nature*. "De longe, a principal diferença que notei é que as pessoas que não sabem que sou transexual me tratam com muito mais respeito", escreveu ele. Sua autoridade não é questionada com tanta frequência e ele não é mais negligenciado nas conversas. "Eu posso até completar uma frase inteira sem ser interrompido por um homem."

"É por isso que as mulheres não entram em cargos acadêmicos a um ritmo satisfatório", disse Barres. "Não é pelo cuidado com os filhos. Não é pelas responsabilidades familiares. Já pensei nisso um milhão de vezes: sou levado mais a sério."

Seu caso dificilmente é único. O editor da *Quartz* e autor Thomas Page McBee, um homem transexual que fez a mudança aos trinta anos, observou que agora, quando fala, "as pessoas não apenas ouvem: elas se mostram interessadas...". E completa: "Meu sentimento, desde a transição, é que as pessoas *querem* acreditar no melhor de mim". Quando sentiu que merecia um aumento, seguiu o conselho que ouvira antes de sua transição: deixar as emoções de lado, manter os fatos e realizações, não se sentir culpado por pedir. Respirou fundo e preparou-se para aquela conversa inevitavelmente difícil. "Depois de tudo", ele lembrou, "entrei na reunião, pronto para jogar duro, e meu chefe me *ofereceu* um aumento."

Mulheres transgênero, entretanto, notaram o contrário. O biólogo Jonathan Roughgarden não precisou se preocupar com a questão do respeito pelos primeiros trinta anos de sua carreira. Ele demandava o bastante. Afinal, um renomado teórico ecológico, que criara modelos matemáticos para explicar como os ecossistemas funcionam, não precisava se preocupar. Ele escreveu livros didáticos sobre genética populacional e ecologia evolutiva; estava entre os melhores em sua área de atuação.

Mas aos cinquenta anos, Jonathan fez a transição para Joan. E Joan notou imediatamente que o mundo a tratava de maneira diferente. Ela descobriu que agora, se questionasse um conceito matemático, os novos colegas achariam que ela não havia entendido a matemática. Ela ficou surpresa com a mudança. "Os homens são considerados competentes até que se prove o contrário", disse ela a Kristen Schilt, autora de *Just One of the Guys? Transgender Men and the Persistence of Gender Inequality*, "enquanto uma mulher é considerada incompetente até provar o contrário".

De uma forma muito mais pública, a conversa mudou quando Bruce Jenner se tornou Caitlyn Jenner. Bruce era campeão olímpico, patriarca do clã Kardashian, homem de negócios. Caitlyn, de repente, era a adorável dama com "decotão", cabelos volumosos e, como notou uma manchete, que vestia 36 – era mais magra que sua ex-esposa, Kris!

"É muito animador ver que todos estão dispostos a não só a aceitar Caitlyn Jenner como uma mulher, mas também a não perder tempo em tratá-la como uma mulher", disse o comediante Jon Stewart. Ou, como a revista *Mother Jones* colocou em uma manchete: "A mídia americana é um show de horrores sexista. Seja bem-vinda, Caitlyn Jenner". Talvez não devesse ser surpresa que, em 2013, a executiva mais bem paga, com um ganho de 38 milhões, tenha sido Martine Rothblatt, fundadora da empresa que se tornou Sirius XM, e de uma empresa de biotecnologia, a United Therapeutics. Ela fez a transição em 1994, quando já era conhecida como um executivo de sucesso. Como disse à revista *Fortune*, "eu só fui uma mulher por metade da minha vida, e não há dúvida de que me beneficiei enormemente por ter sido um cara".

"Uma das percepções únicas que tenho é uma grande apreciação por todos os privilégios que recebi como homem", disse Rothblatt. "Como o filho mais velho, esperava-se que eu fizesse grandes coisas... mas muitas vezes é o filho mais velho que recebe esse incentivo, não a filha mais velha." Sua visão é que o fechamento da diferença entre os gêneros e a diferença salarial começa em casa: "Precisamos começar educando nossos filhos e a sociedade como um todo. A produtividade de uma pessoa e o que ela realiza não devem ser julgadas de forma diferente por ser do sexo feminino ou masculino".

Cerca de 1,4 milhão de pessoas se identificam como transgênero apenas nos EUA. À medida que os números crescem, alguns membros da comunidade – um grupo excepcionalmente qualificado para entender a lacuna de respeito – estão tomando medidas para fechá-la. Os profissionais transgênero sugeriram várias formas de avançar, incluindo a crescente diversidade de todos os tipos – gênero, raça, etnia – na liderança e, em particular, nos departamentos de recrutamento.

Como um exemplo dos perigos da homogeneidade, o Dr. Barres observou que, em 2014, quando os Institutos Nacionais de Saúde (NIH) inauguraram seu prestigioso Prêmio Pioneiro, 60 dos 64 juízes e cada um dos 9 vencedores eram homens. O NIH já reformulou o processo.

Esse conselho também leva a outras áreas da vida. O Dr. Barres pede "menos silêncio diante da discriminação". Qualquer pessoa – homem ou mulher – pode denunciá-la ao se deparar com ela. No caso do Dr. Barres, ele ainda é grato a um colega de escola de Medicina que, décadas atrás, reclamou com um professor que brincou ao incluir um slide de uma *pin-up* nua durante uma aula de anatomia.

o o o

OUTROS HOMENS ESTÃO começando a defender a causa também. Sam Polk, um ex-operador de fundos de cobertura, levou o conselho do Dr. Barres – "menos silêncio" – a sério. Durante a maior parte de sua vida, ele "ouviu os homens reduzindo as mulheres a pedaços de carne". Ele lembrou: "Quando eu era mais novo, também o fiz. Mas isso não foi nada comparado com o que presenciei em Wall Street". Em 2016, ele decidiu quebrar o código tácito de silêncio de Wall Street, escrevendo no *New York Times* sobre a debilitante falta de respeito às mulheres que tentam fazer carreira no mundo das finanças.

Assim como em tecnologia, Wall Street tem sido um terreno teimosamente dominado pelos homens. As mulheres administram menos de 3% dos fundos mútuos e são menos de 2% dos gestores de fundos de cobertura. Como observou um relatório do Fórum Econômico Mundial, "há 11 gerentes de fundos de cobertura do sexo masculino chamados John, James, William ou Robert para cada gerente de fundo de cobertura do sexo feminino, de qualquer nome".

Nenhum grande banco de investimento teve um alto executivo do sexo feminino. Apesar dos esforços para recrutar mulheres para empregos de nível de entrada, os altos escalões são quase exclusivamente dominados por homens. Na Goldman Sachs, que frequentemente divulga sua iniciativa "10.000 Mulheres" para ajudar a financiar empresas cujas fundadoras são mulheres, quase 80% da liderança sênior é do sexo masculino.

No entanto, a evidência de que as mulheres alcançam melhores resultados financeiros é esmagadora. Os fundos liderados por mulheres superam os geridos pelos homens por uma larga margem. O mesmo é verdadeiro para bancos com CEOs ou cargos de diretoria ocupados por mulheres. Um estudo descobriu que os bancos liderados por homens tinham de seis a sete vezes mais probabilidade de quebrar durante a crise financeira do que aqueles liderados por mulheres.

Além disso, os investidores do sexo masculino tendem a sofrer de excesso de confiança, levando-os a negociar com mais frequência e alcançar resultados mais baixos do que as mulheres. Um proeminente fundo de cobertura até exigiu que um de seus negociadores tomasse estrogênio para reduzir o comportamento de risco, conforme alegava uma ação judicial. A empresa negou.

Polk experimentou, pela primeira vez, a surpreendente cultura de retrocesso de Wall Street quando era um jovem estagiário no Credit Suisse First Boston. Enquanto Polk conversava com um diretor administrativo em Midtown Manhattan, o homem apressou os passos para olhar uma mulher. "Eu tinha que dar uma olhada naqueles peitos", anunciou o executivo sênior.

Mais tarde, Polk tornou-se um corretor de títulos no Bank of America, onde parte de seu trabalho envolvia entreter clientes. Uma noite, em um jantar, um cliente comentou, sobre uma garçonete: "Eu adoraria encostá-la na mesa e dar a *ela* um pouco de carne". Polk se lembra de ter ficado enojado, mas não ter dito nada.

Polk ouvia histórias de horror de algumas de suas amigas em Wall Street, como a fiduciária que recebeu um bônus menor por ter se recusado a dormir com o chefe. Mas ele suspeitava que o problema de Wall Street não eram simplesmente os atos revoltantes de alguns maus elementos. Era o desdém casual, as conversas sobre as mulheres quando elas não estavam no recinto. Na opinião de Polk, o problema se resumia a um fator-chave: a falta de respeito pelas mulheres.

"O *bro talk* produz um campo de força de desrespeito e exclusão que torna incrivelmente difícil para as mulheres progredirem na carreira em Wall Street", escreveu ele na matéria do *Times*, intitulada "How Wall Street Bro Talk Keeps Women Down" [Como o *bro talk* mantém as mulheres em segundo plano em Wall Street].

Essa falta de respeito – a sutileza degradante, a despreocupada aceitação de que as mulheres não merecem o mesmo respeito que o homem que desempenha a mesma função – se infiltra na cultura mais ampla de uma maneira insidiosa. Você vê isso no comentário informal, no pouco caso com as conquistas de uma mulher, como quando Jamie Dimon, CEO do JPMorgan Chase, dispensou a senadora Elizabeth Warren, uma ex-professora de Direito em Harvard e crítica de bancos, dizendo: "Eu não sei se ela entende totalmente o sistema bancário global". Ou quando o ex-diretor da CIA Michael Hayden descartou um relatório do Comitê de Inteligência do Senado de 6.300 páginas sobre o uso de tortura pela CIA, dizendo que a presidente do comitê, a senadora Dianne Feinstein, estava "emotiva" demais para ser justa. Da mesma forma, quando a juíza da Suprema Corte, Sonia Sotomayor, divergiu de uma decisão de 2014 de apoiar o banimento de ações afirmativas no Michigan, os críticos descartaram seu argumento como "levado pela emoção".

Quase toda mulher que conheço pode se relacionar com aquele escárnio casual, aquele comentário que lembra que ela não está sendo levada a sério. Na minha própria indústria de mídia, há um Tumblr, #saidtoladyjournos, em que repórteres compartilham tais preciosidades: "Nós só retornamos seu telefonema porque você era bonita", "Eu só falo com você por causa dessa sua bunda maravilhosa", e, para uma repórter política de Washington: "Então, com qual congressista você está dormindo?".

Empreendedoras têm sua própria versão, conforme relatado em "Shit Men Say to Women Founders" [As merdas que os homens dizem a mulheres empreendedoras"], incluindo "Qual é o seu trabalho mesmo?" e "Boa sorte com o seu projeto", quando se referem a uma corporação em crescimento. Profissionais negras trocam histórias sobre ter suas credenciais descartadas, ou mesmo serem confundidas com a equipe de limpeza, usando a hashtag #BlackWomenAtWork.

Essa falta de respeito se estende às demais indústrias e atravessa os oceanos. Tão intratável tem sido o problema no Reino Unido entre as empresas financeiras, de fato, que uma proposta atrelava o pagamento dos banqueiros ao número de mulheres contratadas para funções seniores. A proposta foi especificamente voltada para acabar com a cultura financeira discriminatória.

Nos EUA, grandes empresas financeiras pagaram centenas de milhões de dólares em processos de discriminação de alto perfil, mas há poucas evidências de que houve algum impacto em uma cultura em que a falta de respeito pelas mulheres é excessiva. Só a Merrill Lynch pagou quase meio bilhão de dólares em vários acordos nos últimos quinze anos. Muito menos o setor financeiro como um todo se tornou mais acolhedor para as mulheres. A proporção de mulheres brancas em cargos de gerência em serviços bancários comerciais, na verdade, diminuiu entre 2003 e 2014. A proporção de mulheres na gestão de bancos de investimento é ainda menor e está estagnada há quase vinte anos.

A situação é ainda pior na indústria de capital de risco, que financia *startups* de tecnologia: 94% dos sócios-investidores em empresas de capital de risco são homens, e 98% dos investimentos que fazem são em empresas administradas por outros homens, embora os negócios iniciados por mulheres tenham um desempenho tão bom quanto ou melhor. A *"bro culture"* [cultura dos amigos] da indústria premia personalidades que pensam de forma parecida, de Travis Kalanick, do Uber (que pediu demissão em meio a alegações de assédio e discriminação), a Ben Kaufman, fundador da plataforma de tecnologia Quirky, que, em sua própria página no LinkedIn, foi descrito da seguinte maneira: "Apesar de ser um cretino, ele é hilário".

Converse com qualquer mulher que tenha tentado invadir o clubinho dos meninos do capital de risco, e ela provavelmente te contará histórias de terror. A empreendedora Susan Wu relatou: foram muitas as inúmeras vezes em que tive que mover a mão de um homem da minha coxa (ou costas ou ombro ou cabelo ou braço)". Ela ainda observou: "uma habilidade muito importante, que eu apostaria que as mulheres mais bem-sucedidas de nossa indústria têm", é aprender a rejeitar avanços sem ferir o ego frágil de um homem.

– O verdadeiro problema dos *bros* de tecnologia não é apenas eles serem idiotas grosseiros. É que são idiotas grosseiros que não sabem como administrar empresas – disse o autor Dan Lyons.

A cultura tóxica no local de trabalho e o baixo desempenho financeiro andam de mãos dadas. Quanto a Sam Polk, ele finalmente deixou seu emprego em Wall Street. Porém, mesmo que vários anos tenham se passado, ele ainda se vergonha de ter ficado quieto.

"Os homens raramente fazem ou dizem qualquer coisa. Por que não? Porque é muito bom fazer parte do grupo", escreveu ele, que reconheceu que nunca havia se manifestado, pois "teria sido embaraçoso e emasculante." Ele finalizou: "E isso teria sido ruim para minha carreira".

Agora autor, cofundador e CEO da Everytable, e pai de duas criancinhas, ele apelou para que os homens falassem. Em vez de treinamento em diversidade e conferências de mulheres, "precisamos de algo mais simples: indivíduos se expressando", escreveu ele. Ele conclama os "homens de *status* elevado em nossa cultura – gerentes, técnicos, políticos, celebridades" a insistir "no respeito às mulheres, tanto ao falar com elas quanto ao falar sobre elas".

° ° °

TALVEZ POLK ESTEJA mais certo do que imagina. Os homens são essenciais para fechar a lacuna de respeito. Não apenas porque é um imperativo comercial, mas porque as mulheres não podem fazer isso por conta própria. Quando as mulheres tentam fazer isso sozinhas, o tiro sai pela culatra.

As mulheres que afirmam sua própria autoridade quase inevitavelmente são punidas por isso. Vários estudos descobriram que as mulheres são penalizadas por comportamentos considerados estereotipicamente "masculinos" – incluindo a assertividade (mulheres assertivas são chamadas de "mandonas") ou autopromoção. Uma análise de 71 estudos de comportamento assertivo revelou que as mulheres, mas não os homens, são menosprezadas por movimentos básicos, como negociar um aumento ou simplesmente pedir a um vizinho que abaixe o volume da música. (Vale observar que os homens perdem o respeito dos demais quando se envolvem em um comportamento "feminino" estereotipado.)

Um pesquisador da Rutgers University descobriu, entretanto, que simplesmente mencionar os sucessos – "destacar com orgulho as realizações de uma pessoa, falar diretamente sobre os pontos fortes e os talentos de alguém" – prejudica as mulheres, mesmo que ajude os homens. Pode "sair pela culatra" para as mulheres, descobriu a psicóloga social Laurie Rudman, porque vai contra as expectativas de gênero.

As mulheres que se autopromovem são consideradas mais competentes do que aquelas que não se autopromovem, mas esse respeito tem um preço exorbitante: as pessoas não gostam delas. Isso é uma desvantagem que não se aplica aos homens que se autopromovem.

Além disso, conforme essas mulheres acumulam sucessos e progridem na carreira, aumenta o ressentimento em relação a elas, isolando-as das outras. Um estudo do BCG com 345 mil pessoas descobriu que gestoras seniores se sentem menos valorizadas do que suas contrapartes masculinas, e suas opiniões são menos ouvidas. Os homens mais velhos, por outro lado, recebem mais apoio dos colegas. "Quando as empresas não desenvolvem o engajamento da maneira certa, as mulheres de nível sênior são desproporcionalmente prejudicadas", informou o BCG.

Se você é homem, provavelmente não percebeu nada disso. Não é parte do seu cotidiano. Mas qualquer mulher que tenha sido chefe conhece a delicada dança necessária para navegar nessas armadilhas.

"Você está em uma reunião de negócios e se censura, porque não quer que os homens sentados à sua volta pensem que você os está ofuscando", disse a ex-diretora da Sony Pictures Entertainment, Amy Pascal. "Você defende seu ponto e encontra maneiras de fazer com que os homens se sintam bem, mesmo quando estão errados."

Homens que se tornam conscientes dessa dinâmica estão na melhor posição para mudá-la. O produtor de televisão Glen Mazzara viu homens mais jovens ignorarem uma mulher mais velha, dirigindo-se diretamente a ele, em privado, para reclamar que "ela não sabe o que está fazendo". Sua resposta: "Ela está fazendo um ótimo trabalho. Ouçam o que ela tem a dizer. Se eu discordar de alguma coisa, abordarei o assunto com ela, mas agora é a ela que você deve se reportar". Mazzara me disse: "não deixei que pulassem a cadeia de comando".

Pobres das mulheres que ficam bravas no trabalho. Três estudos separados descobriram que quando profissionais do sexo masculino se irritam em um contexto de trabalho, eles recebem maior respeito dos outros. Mas quando as mulheres ficam com raiva, recebem menos respeito.

Os estudos descobriram que não importa se a mulher é uma estagiária ou uma CEO; quando brava, seu *status* entre os colegas de trabalho declina. A razão, descobriram os pesquisadores, é que a raiva dos homens é atribuída a circunstâncias externas; a suposição é de que ele tem um motivo para ficar com raiva. Para as mulheres, porém, a raiva é atribuída a um defeito de personalidade, já que "ela é uma pessoa irritada" ou "ela está fora de controle".

Isso se tornou uma questão fundamental durante a campanha presidencial de 2016. O então candidato Donald Trump foi o dono da raiva e foi amplamente recompensado por isso. "Sim, estou com raiva", disse ele, em seus comícios. "Estou zangado porque o nosso país está uma bagunça", repetiu, em um debate. Uma pesquisa da CNN durante as primárias republicanas descobriu que os eleitores que se descreveram como "bravos" com o governo federal favoreciam-no por uma larga margem em relação aos oponentes.

A raiva de Trump era seu cartão de visitas – e funcionou. Os defensores viram na raiva dele um motivo para respeitá-lo. Afinal, muitos deles estavam com raiva também. Seu *slogan*, "Make America Great Again" [Tornar a América grande outra vez], fez com que "seus apoiadores se sentissem bem ao se sentirem respeitados", como disse o sociólogo Paul Hollander, da Universidade de Massachusetts. "O desejo de respeito é o denominador comum entre os apoiadores dele." Para Trump, raiva e respeito estavam íntima e positivamente ligados.

Enquanto isso, a candidata democrata Hillary Clinton teve que planejar cuidadosamente todos os pronunciamentos para evitar ser vista como uma "mulher irritada". Para ela, a raiva diminuía o respeito que havia conquistado, minava sua autoridade e a fazia parecer uma líder menos legítima. Um blog relatou desta forma um episódio em que Hillary foi confrontada por um ativista, durante sua campanha: "Ela gritou com um manifestante do Greenpeace, balançando aquele dedo torto como uma babá que dava uma bronca... e ela está ficando mais e mais esganiçada". Um artigo do *Politico* criticou uma de suas performances de debate, observando que "ela externava sua raiva externamente e parecia oferecer suas respostas com uma voz rouca e magoada".

Assim como os estudos acadêmicos mostraram, sua raiva a debilitou. Entre aqueles que mais energicamente a humilharam por soar irritada estava, ironicamente, o próprio Trump, que a chamou de "mulher desagradável" e a ridicularizou por falar alto demais. "Eu ainda não me recuperei completamente dos gritos dela", ele chegou a dizer. Em outro momento, declarou: "Você só precisa vê-la falar. Dá para ver que não se trata de uma presidente".

A conexão entre a raiva e a diminuição do respeito pelas mulheres pode impactar não apenas as eleições, mas todos os tipos de decisões em grupo, incluindo os veredictos de júri. Em um estudo de 2015, os alunos de graduação foram convidados a participar de deliberações simuladas de um júri, moderadas via computador. Os participantes acreditavam que estavam interagindo com outras cinco pessoas para decidir o veredicto em um caso de assassinato da vida real. O que eles não sabiam era que os outros "jurados" eram criações fictícias de computador. Quatro desses jurados foram programados para concordar com o participante, enquanto um foi programado para ser um defensor furioso, identificado como homem ou mulher.

Os resultados não poderiam ter sido mais claros: homens furiosos geravam mais respeito, simplesmente por serem homens, enquanto mulheres furiosas perdiam o respeito dos demais. Quando o dissidente irado era um homem, os participantes do estudo de ambos os sexos ficavam menos confiantes em seu próprio julgamento e mais propensos a serem influenciados por sua opinião.

Quando o dissidente irado era uma mulher, no entanto, o resultado era o oposto: os participantes entravam em cena, insistindo em suas próprias opiniões e rebatendo as dela. Ela estava com raiva e emotiva, então claramente não merecia o respeito deles. Os pesquisadores concluíram que "expressar raiva pode levar os homens a ganhar influência e as mulheres a perder influência".

○ ○ ○

AS MULHERES PODEM não receber tanto respeito quanto os homens, mas há algo que levam a mais: culpa, se as coisas forem mal. É mais provável que uma líder feminina seja demitida caso os resultados não sejam satisfatórios ou se sua empresa não tiver a performance esperada, e é menor a probabilidade de que consiga outro emprego em cargo semelhante após sua saída.

Um estudo do Federal Reserve Bank de Nova York descobriu que o fraco desempenho de uma empresa é atribuído mais a mulheres líderes do que a homens, enquanto seu sucesso é atribuído mais aos homens. O estudo constatou que, para cada declínio de 1% no valor de uma empresa, a remuneração dos altos executivos do sexo feminino é reduzida em 63%, quase o dobro do declínio percentual em relação aos principais executivos do sexo masculino. No entanto, se o valor de uma empresa aumenta em 1%, os executivos do sexo masculino recebem mais crédito – o triplo do aumento percentual do salário, em comparação ao das mulheres líderes.

A mídia também atua nesses estereótipos. De acordo com um estudo encomendado pela Fundação Rockefeller, 80% dos noticiários culpam as CEOs quando as empresas estão em crise, mas menos de um terço culpam os CEOs do sexo masculino.

Além disso, quando a revista *Fortune* rastreou executivas do sexo feminino que haviam perdido suas posições e saído da lista anual de *Mulheres Mais Poderosas*, descobriu que apenas 13% delas haviam encontrado cargos em outras empresas, apesar das excelentes carreiras e dos históricos, e da determinação de voltar ao jogo. Como a publicação observou, "há algo de errado se tantas mulheres, no topo de suas carreiras, com décadas de experiência de alto nível em gestão, não conseguem um emprego posterior".

Parte da questão é que é mais provável que as mulheres consigam o cargo mais elevado se o empreendimento estiver com problemas. Um estudo da Universidade do Estado de Utah com 50 CEOs do sexo feminino descobriu que 42% delas foram nomeadas para o cargo quando a empresa estava em crise, em comparação com 22% dos homens. As mulheres são levadas direto para o temido "penhasco de vidro", um termo cunhado por Michelle K. Ryan e Alexander Haslam, pesquisadores da Universidade de Exeter, que descobriram que as mulheres são super-representadas na liderança quando as empresas estão em "estado precário", logo, mais propensas a implodir.

Os homens também parecem mais propensos a tentar derrubar líderes femininos. Em 2015, o *New York Times* descobriu que quase um quarto das 23 mulheres presidentes de grandes empresas havia sido alvo de investidores ativistas do sexo masculino. Um agressor, Nelson Peltz, atacou as diretoras de três empresas, Pepsi, DuPont e Mondelez, o que levou Patricia Sellers, da revista *Fortune*, a perguntar: "Nelson Peltz tem algum problema com as mulheres?". A pesquisa sugere que a resposta, não só no caso dele, mas de outros, é um retumbante *sim*. A probabilidade de que mulheres líderes sejam forçadas a deixar o cargo é desproporcionalmente maior, segundo uma pesquisa de 2013.

Um estudo revelador da Universidade de Utah e da Universidade de Washington sugere uma razão pela qual esse é o caso. Dois grupos de estudantes de escolas de negócios receberam prospectos idênticos para uma oferta pública inicial. A única diferença era que o prospecto de um grupo listava uma CEO, e o do outro, um CEO. Ainda assim, os alunos estavam certos de que havia uma grande diferença entre a liderança e as perspectivas das empresas. A CEO era "percebida como menos capaz" do que o CEO, e as ofertas lideradas por ela eram consideradas "investimentos menos atraentes" do que aquelas oferecidas por ele.

De fato, mesmo quando homens e mulheres leem um roteiro idêntico, os homens recebem mais respeito. Em um estudo, grupos de estudantes foram solicitados a classificar os itens de que um astronauta precisaria em um pouso forçado, como um kit de primeiros socorros ou um mapa. Cada grupo incluía um homem ou uma mulher que, desconhecidos dos participantes, haviam sido treinados para interpretar o líder.

Depois disso, os estudantes foram solicitados a avaliá-los. Os homens que desempenhavam esse papel eram vistos como grandes sujeitos, com habilidade, inteligência e astúcia. As mulheres que desempenharam o mesmo papel, em contraste, foram descritas como "passionais, mandonas e dominadoras".

Isso combina com uma análise da revista *Fortune* de avaliações de desempenho de 180 pessoas, das quais 105 eram homens. O estudo mostrou que a probabilidade de que as mulheres fossem menosprezadas como "estridentes", "agressivas", "julgadoras" e "irracionais" era muito maior. De fato, a revista registrou esse tipo de crítica de personalidade dirigido a apenas dois dos homens – mas a 71 das mulheres. A palavra "ríspida" foi usada para descrever não menos do que treze mulheres diferentes.

Os homens nem precisam estar certos para receber mais respeito do que as mulheres. Um estudo involuntariamente hilário descobriu que os especialistas da TV – aquelas pessoas que batem na mesa e defendem aos gritos seus pontos de vista – são piores em fazer previsões econômicas e políticas do que o acaso. Literalmente, você poderia escrever três predições em pedaços de papel e deixar seu gato escolher um: o bichano teria uma chance maior de acertar do que o "especialista" da TV.

Embora esse estudo não tenha diferenciado os especialistas em masculinos e femininos, estatisticamente falando, os prognosticadores e outros "especialistas" apresentados na televisão e citados em novas inserções são arrebatadoramente masculinos. Uma análise calculou que 74% dos convidados nos noticiários da manhã de domingo eram homens.

○ ○ ○

O mundo digital, onde todos têm uma voz, independentemente do gênero ou da raça, deveria eliminar essas diferenças. Homens, mulheres, minorias – todos tinham acesso à mesma plataforma e, teoricamente, pelo menos, oportunidades iguais para expressar seus pontos de vista. Logo no início, meus colegas jornalistas e eu aplaudimos esse rumo dos acontecimentos, criando um futuro em que mais vozes seriam ouvidas, levando a uma maior diversidade de vozes e igualdade de condições para todos.

Claro, isso não aconteceu. Em vez disso, todos nós fomos capazes de criar e viver dentro de nossas próprias bolhas de filtro, ouvindo apenas as pessoas que concordam conosco, e esse desenrolar dos fatos foi ampliado pelas mídias sociais.

Enquanto isso, o anonimato do mundo digital permitiu que o ódio prosperasse, com multidões virtuais se reunindo para atacar grupos religiosos, étnicos e raciais – e mulheres. O resultado: a lacuna de respeito só aumentou nos últimos anos. Se você analisasse a curva de respeito às mulheres na América, ela mostraria um aumento constante durante a maior parte dos anos 1990 e início dos anos 2000, quando se tornaria uma montanha-russa, com um declínio acentuado na última década. A diminuição tem sido especialmente notável nos últimos anos, com as mulheres cada vez mais visadas pelo assédio virtual – o *cyberbullying*.

Isso se tornou surpreendentemente claro quando, em 2016, o jornal britânico *The Guardian*, analisou os 70 milhões de comentários deixados em seu site. Constatou-se que, enquanto a maioria dos comentaristas regulares eram homens brancos, cada um dos colaboradores do *Guardian* que foram vítimas de abuso ou eram mulheres ou pertenciam a minorias. De fato, dos dez escritores que foram alvo de mais assédio, oito eram mulheres. Os outros dois eram homens negros. Os dez escritores sujeitos ao *menor* número de ataques, entretanto, eram todos homens.

A análise do jornal *The Guardian* provocou um "E daí?" entre minhas colegas na mídia. Quem entre nós nunca passou por isso? Minha filha uma vez escreveu um artigo da faculdade sobre desrespeito e linguagem depreciativa dirigidos a mulheres no ambiente da internet. Mais tarde, ela me deixou lê-lo, e descobri, para meu espanto, que cada um dos exemplos citados eram referências a mim. Meu coração afundou. É isso que meus filhos estão lendo na internet? Fiz o meu melhor como mãe para ensiná-los a respeitar os outros e se manterem abertos a diferentes pontos de vista. O que eles devem pensar ao ver esses comentários abusivos, escritos por estranhos, dirigidos à sua própria mãe?

Em uma matéria do *Vox* intitulada "*The Guardian* Study's Hidden Lesson: Trolls Reinforce White Male Dominance in Journalism" [A lição escondida no estudo *The Guardian*: Trolls reforçam a dominação masculina branca no jornalismo], a escritora Amanda Taub advertiu que os níveis absurdos de abuso direcionados às mulheres on-line podem acabar com as escritoras, que passariam a evitar escrever sobre questões importantes. A própria Taub tem sido uma vítima frequente de assédio virtual, já que escreve sobre tópicos polêmicos como feminismo, ou o conflito entre Israel e Palestina. Ela escreveu sobre os *trolls* que a atacaram on-line: eles têm fantasias elaboradas de como eu deveria ser estuprada ou mutilada ou morta para "aprender uma lição" sobre por que tudo o que escrevi está tão errado. Houve sugestões de que eu deveria ser sodomizada com uma arma, ser estuprada por mil homens, estuprada e assassinada por terroristas, ser entregue ao ISIS para me tornar outra jornalista assassinada diante das câmeras – e esses são apenas os que me lembro de cabeça, não uma lista completa.

Taub observou que esse tipo de abuso significa que as escritoras foram "deixadas com a opção de suportar o abuso ou mudar seu próprio comportamento para evitá-lo".

O assédio virtual ataca desproporcionalmente não apenas as escritoras, mas mulheres de qualquer idade ou ocupação. Em 2014, uma pesquisa da Pew descobriu que homens que têm inimigos da internet são xingados. Mas as mulheres têm "probabilidade única de sofrer perseguição e assédio sexual", além de ameaças físicas. O assédio virtual das mulheres é o análogo digital da vida real. O assédio sexual é notoriamente difícil de rastrear. As mulheres muitas vezes hesitam em denunciá-lo por medo de retaliação ou de manchar sua reputação. Pesquisadores mostraram que os procedimentos de queixas nas empresas, como as linhas diretas, frequentemente falham em grande parte porque as vítimas têm medo de punições. Cerca de 71% das mulheres que sofreram assédio sexual não o denunciam, de acordo com uma pesquisa de 2015.

Seus medos são geralmente bem fundamentados. O produtor de filmes Harvey Weinstein não foi banido da empresa até que o *New York Times* e o *New Yorker* expuseram trinta anos de supostos assédio e agressão sexual. Em última análise, a lista de mulheres que disseram que ele as havia assediado incluía estrelas como Gwyneth Paltrow e Angelina Jolie. Suas vítimas foram pagas ou intimidadas, e mantiveram o silêncio devido ao poder de Weinstein de alavancar ou destruir carreiras.

Da mesma forma, foram necessários anos para que as alegações de assédio sexual dentro da Fox News resultassem na expulsão de sua liderança superior. Até então, a empresa atacou as mulheres que reclamavam, até contratando um investigador particular para vasculhar o passado delas.

Quando a ex-âncora da Fox, Gretchen Carlson, acusou o então chefe Roger Ailes de assediá-la sexualmente, a Fox a dispensou publicamente. Ailes só foi desligado da empresa depois que o caso de outras 25 mulheres veio à tona. Apenas alguns meses depois, quando o âncora Bill O'Reilly foi acusado de assédio sexual por várias mulheres, a empresa novamente culpou as vítimas, rejeitando suas alegações por não terem ligado para a linha direta de reclamações da empresa. O'Reilly também foi demitido, mas somente depois que o *New York Times* revelou que ele e a empresa já haviam pagado 13 milhões de dólares em acordos com cinco mulheres em processos por assédio. Alegações de assédio sexual acabaram por custar à empresa 45 milhões de dólares.

Assim como na situação de Gretchen Carlson, quanto mais poderosa a mulher é, maior a probabilidade de ela enfrentar abusos e assédio sexual. Um estudo da University of British Columbia concluiu que as mulheres que "se desviaram dos papéis tradicionais de gênero – ocupando um emprego de 'homem' ou que tinham uma personalidade 'masculina'" eram especialmente vulneráveis a ataques.

o o o

MESMO AS MULHERES que não vivenciam assédio explícito estão familiarizadas com os comentários sutis e a falta de respeito que fazem parte da vida diária. Esses incidentes são desgastantes, difíceis de combater e a constante ladainha deles pode ser debilitante.

De volta a Boston, a Dra. Merrill sentia isso na pele. Ela havia decidido fazer cirurgia geral, em vez de ortopedia. Não porque a ortopedia era "para meninos", mas porque se concentrava principalmente em questões mecânicas – juntar os ossos –, e ela preferia questões médicas que envolvessem todo o corpo. No entanto, as cirurgiãs gerais também são uma minoria, e ela logo se deparou com barreiras familiares.

Ela se irritou com os comentários casualmente paternalistas dos outros. Houve um médico que sugeriu que ela se especializasse em cirurgias mamárias, pois o campo permite que uma mulher "crie uma família e filhos". A Dra. Merrill respondeu com frustração: "Sim, a cirurgia de mama é uma ótima especialidade. Permite que um cirurgião, homem ou mulher, realmente remova um câncer".

Ao progredir na carreira, percebeu que eram duas as descrições das médicas: muito assertivas e exigentes – a temida "mal-humorada" – ou muito "mansas". *Por que essas são minhas únicas duas opções no mundo profissional?*, ela se perguntou. *Por que uma mulher forte e assertiva não pode defender uma ideia, como um homem?* Ela progrediu e se tornou uma residente cirúrgica sênior, mas ainda se via constantemente tentando modular seu tom enquanto caminhava naquele caminho perigosamente estreito. "Sinto que quando digo a alguém para fazer alguma coisa, pareço grossa, ao contrário de quando um homem faz isso", ela me disse. "Tento compensar sendo, superlegal."

O acúmulo constante de insultos levou-a a finalmente escrever uma postagem de blog, descrevendo esses casos e outros. "Ainda estamos longe de onde merecemos estar no campo da cirurgia ou da medicina", escreveu ela, citando as estatísticas sombrias: as mulheres respondiam por apenas 21% dos professores de Medicina em tempo integral e 15% das cadeiras de departamento – uma porcentagem que, no caso da cirurgia ortopédica, caía para zero.

Depois que a Dra. Merrill terminou de escrever a postagem, ela hesitou. Ela pretendia enviá-lo para um blog médico bem lido, *KevinMD*. Mas agora que transferira seus pensamentos para a página, temia cometer um erro, ou enfrentar uma reação dos médicos – e das médicas.

"Minhas colegas concordariam com a minha experiência?", ela se perguntou. "Será que vão gostar que eu exponha o preconceito que enfrentamos ou preferem continuar fazendo seu trabalho sem falar no assunto? E meus colegas do sexo masculino, vão me chamar de reclamona ou me acusar de bancar a vítima?"

Ela respirou fundo e apertou o botão "enviar". Então, se sentou e esperou, com um bocado de apreensão.

Mais ou menos na mesma época, a última edição da revista *Science* chegou às bancas de jornal. Sua coluna de aconselhamento de carreira, que respondia regularmente às perguntas do leitor, trazia uma manchete atraente: "Socorro! Meu orientador não para de olhar para os meus seios!". A pergunta veio de uma jovem pesquisadora. Como, a pesquisadora perguntou, ela deveria lidar com um orientador que constantemente olhava para seus seios?

A colunista de conselhos, Alice Huang, membro do corpo docente da Caltech, tinha a resposta:

> O TIPO DE COMPORTAMENTO QUE VOCÊ MENCIONA É COMUM NO LOCAL DE TRABALHO... EU SUGIRO QUE VOCÊ AGUENTE, COM BOM HUMOR, SE PUDER... A ATENÇÃO DELE PARA OS SEUS SEIOS PODE NÃO SER BEM-VINDA, MAS VOCÊ PRECISA DA ATENÇÃO DELE EM SUA CIÊNCIA E DA MELHOR ORIENTAÇÃO DELE.

A Dra. Merrill, lendo a coluna, ficou perplexa. Lá estava outra mulher levantando as mesmas questões que ela acabara de descrever em sua postagem. No entanto, essa mulher estava sendo orientada – por ninguém menos do que uma cientista *do sexo feminino* – a ficar quieta e tolerar o abuso. Você não está sendo respeitada? Não tem problema, segundo a colunista dizia. Deixe as coisas como estão e fique feliz por você estar na sala.

A Dra. Merrill temia que a lacuna de respeito não só não estivesse diminuindo, como parecia estar aumentando. "Toda vez que eu lia o noticiário, havia algo sobre essa disparidade entre homens e mulheres, ou um novo estudo mostrando que as mulheres são vistas como não tão espertas quanto seus pares do sexo masculino, mesmo que sejam mais inteligentes", ela me disse. "Eu pensei, '*uau, está em todo lugar*'."

o o o

DO OUTRO LADO da cidade, na Harvard Medical School, outro médico estava de olho na lacuna de respeito estampada nas manchetes. Augustus A. White III é professor de Ortopedia, um gigante em seu campo. Com mais de oitenta anos agora, teve uma carreira lendária como cirurgião, escrevendo livros sobre a biomecânica da coluna vertebral que são adotados nas escolas de Medicina em todo o país.

Mas procurei o Dr. White por causa de sua experiência em um campo totalmente diferente: discriminação. Eu havia lido seu livro sobre o tópico, *Seeing Patients: Unconscious Bias in Health Care*, um estudo de como treze grupos separados – incluindo negros, asiáticos, obesos e idosos, bem como mulheres – são sutilmente discriminados pelos médicos.

O Dr. White é gracioso e equilibrado, uma daquelas pessoas que, em uma conversa, fazem com que você se sinta como se fosse sua única preocupação no mundo. Parece que basta ouvi-lo para que sua pressão arterial diminua, ou para acalmar um ataque de pânico. Sua equanimidade torna-se muito mais surpreendente quando você entende a história dele. A questão do preconceito, disse-me o Dr. White, repercute em um nível profundamente pessoal para ele. Seus avós nasceram escravizados. Ele mesmo nasceu e foi criado no Tennessee, no coração do Jim Crow South. Ambos os pais do Dr. White eram recém-formados, uma raridade naqueles dias para afro-americanos. Mas seu pai, médico, morreu jovem, então, para sustentá-lo, sua mãe aceitou um emprego como secretária de escola, acabando por se tornar professora.

O jovem Gus conseguiu uma bolsa de estudos para uma escola preparatória ao norte, depois para a Brown University, onde jogou futebol americano e lacrosse – e foi um dos cinco estudantes negros. Em seguida, ele se tornou o primeiro graduado afro-americano da escola de Medicina da Universidade de Stanford.

De volta para casa, em Memphis, após a formatura, em 1957, assumiu um emprego de verão em um hospital. Todos os cirurgiões eram brancos. Os pacientes eram, principalmente, negros. Um dia, a mãe de uma amiga de infância, sofrendo de câncer uterino, foi internada para uma cirurgia. Depois de resmungar para ela, na sala de cirurgia, "Suba nessa mesa, Janet. E seja rápida. Nós não temos o dia todo", o cirurgião cometeu um erro na incisão, e não parou, mesmo diante da hemorragia da paciente. Ela acabou sangrando até a morte diante do jovem Gus, aterrorizado.

"Lá estava aquele cirurgião branco tratando seu paciente negro do jeito que conhecia, sem respeito algum", lembrou o Dr. White. Assim nasceu "uma convicção de que não devemos ser tratados dessa maneira, que simplesmente não é tolerável".

Essa imagem, gravada em sua mente, o acompanhou durante os anos de treinamento médico e os de ascendência ao topo de sua profissão. Com o tempo, o tipo de racismo evidente que testemunhara foi acontecendo cada vez menos. Mas a falta de respeito aos negros, bem como aos idosos, aos obesos e às mulheres – qualquer um fora do padrão –, deixou uma profunda impressão nele.

O Dr. White começou a falar publicamente sobre o preconceito e, nos últimos anos, tornou-se um líder na tentativa de combatê-lo. Em Medicina, é literalmente uma questão de vida ou morte. Ele descobriu, por exemplo, que pacientes afro-americanos com diabetes são mais propensos a sofrer amputações do que outros grupos. Negros e hispânicos são menos propensos a receber medicação suficiente para a dor após a quebra de um osso. Alguns cirurgiões se recusam a operar pacientes obesos.

E as mulheres enfrentam inúmeras desigualdades. Quando têm ataques cardíacos, os funcionários de emergência demoram mais para levá-las ao hospital. Se o ataque cardíaco de uma mulher resulta de uma obstrução, ela tem quase duas vezes mais chances de morrer do que um homem. As mulheres têm metade da probabilidade dos homens de serem recomendadas para a substituição do joelho. Elas são menos propensas do que os homens a receber transplantes de rim.

O Dr. White define o fenômeno do tratamento desigual como "analfabetismo cultural". É uma condição que pode afetar qualquer um de nós. "Pessoas muito instruídas podem ser devastadoramente analfabetas em termos culturais", disse ele, citando apenas um exemplo do ex-presidente de Harvard, Larry Summers, que perdeu o emprego depois de sugerir que as mulheres talvez tivessem menos aptidão do que os homens na ciência.

No entanto, mesmo quando nos falamos, o Dr. White estava menos concentrado no problema do que em propor soluções. Consciência da questão, ele me disse, é a chave para superá-lo. "Encorajo todos os cuidadores, não apenas jovens médicos, a tratar todos os pacientes com o mesmo respeito com que tratariam sua família ou seus amigos. Dê atenção aos pacientes, humanize seus pacientes", diz ele. E enfatiza a comunicação aberta, também, uma condição que, mais uma vez, "requer respeito e bom relacionamento. Quando o médico fica desconfortável ou tem aversão ao paciente, isso pode afetar negativamente seu raciocínio clínico e as conclusões".

É um bom conselho não apenas para os médicos, mas para todos nós. Assim como o conselho dele sobre o que *não* fazer. Nada de sermões. Dizer a homens ou mulheres que eles estão errados não é a solução.

"Ninguém gosta de levar bronca ou ser criticado", ele me disse. Suas palavras são semelhantes às de outras pessoas com quem conversei, que tiveram algum sucesso em fechar a lacuna de gênero. Quando perguntei ao CEO da McKinsey & Company, Dominic Barton, como motivar os homens a se preocuparem com a questão, ele pensou por um momento e disse: "Uma das coisas que não funcionam é repreender as pessoas". E Frances Frei, da Uber, alertou contra "sermões" ou tentar pegar homens em "flagras".

Em vez disso, com autoridade tranquila, o Dr. White vem alertando a comunidade médica e, por extensão, o mundo em geral, para que reconheça os próprios pontos cegos. Como fala sobre o assunto em palestras, "uma coisa que funciona é [reconhecer] o profissionalismo do público", explicou-me ele. "Quando as pessoas entendem que têm esses vieses ocultos, podem enfrentá-los."

○ ○ ○

HÁ SINAIS DE que o trabalho de homens como o Dr. White – assim como Ben Barres, Polk, o refugiado de Wall Street, e outros – está começando a surtir efeito no fechamento da lacuna de respeito. A Dra. Merrill viu um indício desse progresso depois que sua postagem no blog sobre o tratamento desigual das médicas foi publicado.

Esperando críticas, ela foi surpreendida por um outro tipo de resposta: e-mails, tweets e comentários expressando apoio, tanto de homens quanto de mulheres.

Ao mesmo tempo, viu homens e mulheres virem a público indignados com a coluna de aconselhamento da *Science* que orientava uma pesquisadora a "tolerar" o abuso. A reação foi tão severa – no Twitter, foram criadas as hashtags #worstsciencecareeradvice e #Don'tAskAlice – que a publicação acabou se retratando. A reação, à própria postagem e aos eventos do mundo ao seu redor, não foi perdida pela Dra. Merrill. Ela sabia agora que não estava sozinha, e que não apenas outras mulheres, mas homens, estavam se movendo para fechar a lacuna de respeito. Ela, que ficara tão nervosa ao falar sobre o assunto, agora percebia que era necessário. "O primeiro passo em tudo isso é a transparência", ela me disse. "Expor o preconceito é o primeiro passo para combatê-lo."

Ao pressionar o botão "enviar" em sua postagem, ela imediatamente temeu ter cometido um erro terrível. Era aterrorizante expressar seus pensamentos e experiências em voz alta.

Mas "no fim do dia, os temores já haviam desaparecido, substituídos por euforia e gratidão pelo amplo apoio", lembrou ela depois. "O mundo está atento para o sexismo no local de trabalho. As pessoas estão falando sobre o assunto." Homens, não apenas mulheres, estavam reconhecendo os problemas e estendendo a mão para dividir esses desafios.

Enquanto acompanhava o desenrolar dos acontecimentos, um pensamento veio à mente dela: *Talvez ainda haja esperança.*

6

APESAR DE MERECER, ELA NÃO VAI PEDIR UM AUMENTO

MINHA MAIOR SURPRESA ao me tornar gerente foi saber quantos homens pediam aumento, uma promoção ou uma sala maior. Foi um choque porque eu mesma não pedia essas coisas. Nem as mulheres que eu supervisionava.

A primeira demonstração desse mundo novo e estranho veio no dia em que saí do meu cubículo. Eu tinha passado minha carreira no escritório aberto de uma grande redação. Sempre amei a energia, a excitação e o senso de propósito compartilhado de uma redação. Ideias, inspiração e piadas obscenas fluíam livremente através desses divisores de baias. Tínhamos solidariedade quando éramos superados pelos concorrentes, comemorávamos as vitórias uns dos outros, nos reuníamos em momentos de crise. Aprendi meu ofício por osmose, ouvindo os melhores repórteres do negócio trabalhando no telefone para arrancar informações de suas fontes.

Mas no meu novo papel como editora, eu estaria lidando com informações confidenciais, como salários e avaliações de desempenho.

Eu precisaria de alguma privacidade. Eu ainda estava transferindo o conteúdo de caixas para o meu novo escritório quando um dos meus colegas passou por lá. Sem uma palavra, ele começou a medir a sala.

– O que você está fazendo? – perguntei.

– Seu escritório é meio metro menor do que o de todos os outros na sua posição. Você deveria reclamar.

Eu ri. Quem se importava com o tamanho do meu escritório? Era grande o suficiente para uma escrivaninha e tinha uma porta. Até tinha uma janela. Eu não precisava de mais do que isso. Eu o enxotei e voltei a trabalhar.

Mas eu não tinha percebido que meu colega, na verdade, estudava algo maior. O tamanho do meu escritório – ou, mais precisamente, minha falta de interesse – era sintomático de um problema maior. As outras pessoas na minha posição eram homens. E os homens são muito mais propensos a advogar em seu próprio nome não apenas por coisas que considero triviais, como tamanho de escritório, mas por incentivos indiscutivelmente significativos, como salário e outros benefícios. Assim como nunca me ocorreu advogar por um escritório maior, não me ocorreu que eu deveria negociar meu salário. Não era de surpreender que mais tarde eu soubesse que os homens com o mesmo cargo que eu, aqueles com os escritórios maiores, ganhavam mais do que eu.

Os pesquisadores concluíram o que descobri sozinha: os homens são quatro vezes mais propensos do que as mulheres a pedir um aumento – e quando pedimos, costuma ser 30% a menos do que os homens, diz Linda Babcock, professora de Economia da Carnegie Mellon University e coautora de *Women Don't Ask*. Isso leva, segundo sua estimativa, a uma perda de até 1,5 milhão de dólares em renda proveniente da carreira das mulheres.

A diferença está diminuindo um pouco entre as mulheres mais jovens, que são mais propensas a pedir aumentos e a serem as principais provedoras da família, mas as mulheres ainda estão longe da paridade quando se trata de negociar salários. Um estudo australiano com 4.600 funcionários descobriu que, embora homens e mulheres tivessem a mesma probabilidade de pedir aumentos, elas eram 25% menos propensas a recebê-los.

Livros de conselhos nos dizem que precisamos exigir o que merecemos. O problema é que nós não pedimos. Essa é uma das principais razões para a diferença salarial entre homens e mulheres. Mais de meio século depois que o presidente John F. Kennedy assinou o Equal Pay Act de 1963, a lacuna entre o que homens e mulheres ganham desafia todos os esforços para fechá-la. E isso não pode ser explicado como uma falha estatística, uma consequência de mulheres que preferem trabalhar em indústrias que pagam menos ou que optam por tirar licença-maternidade.

As mulheres americanas ganham menos que os homens em quase todas as profissões. Uma análise de 446 profissões descobriu que as mulheres recebem menos que os homens em 439 delas.

Claudia Goldin, economista trabalhista de Harvard, analisou os números e descobriu que médicas e cirurgiãs, por exemplo, ganham 71% do que seus colegas homens ganham, enquanto mulheres especialistas em finanças recebem apenas 66% do que homens comparáveis. No Vale do Silício, as mulheres ganham 40% a 73% menos do que seus colegas do sexo masculino.

Pesquisadores calcularam que as mulheres formadas há um ano ganham 6,6% menos que os homens, e que mulheres com MBA ganham em média 4.600 dólares a menos que os colegas de classe em seus primeiros empregos. Um estudo abrangente, *Behind the Pay Gap*, constatou que, mesmo após contabilizar diferentes opções ocupacionais e horas trabalhadas, havia uma diferença salarial "inexplicável" de 7% para as mulheres formadas há um ano, que cresceu para 12% em uma década. De acordo com uma estimativa, a mulher média precisa trabalhar doze anos a mais do que um homem apenas para conseguir equiparar seus ganhos.

A lacuna também não é totalmente explicada pelas mulheres que dão um passo atrás depois de terem filhos. Vários estudos mostraram que as mulheres que não se casam ou têm filhos enfrentam uma lacuna de carreira que simplesmente não conseguem superar. Uma pesquisa da Catalyst que seguiu ambiciosos graduados de escolas de negócios nos EUA, no Canadá, na Europa e na Ásia, por exemplo, descobriu que as mulheres que não tiravam licença ainda não recebiam as mesmas oportunidades que os homens.

E pobres daquelas que escolhem tirar licença: são desproporcionalmente punidas. Mulheres com MBA que deixam a força de trabalho por dezoito meses e retornam, por exemplo, ganham em média 41% a menos que seus colegas homens.

A solução deveria ser simples. Se a causa principal da lacuna é o fato de que as mulheres não negociam, então devemos superar nossos temores e simplesmente pedir o que valemos, já. Um gênero inteiro de livros voltados para as mulheres nos levou a fazer exatamente isso, desde *Knowing Your Value*, da apresentadora da MSNBC, Mika Brzezinski, ou *Mulheres boazinhas não estão com nada*, de Lois P. Frankel, até *Play Like a Man, Win Like a Woman*, de Gail Evans.

Então, por que não fazemos isso? Parte do motivo é que não *sabemos* realmente nosso valor. Por conta de uma diferença biológica e cultural, nós nos subestimamos. Além disso, mesmo que percebamos nosso valor e cheguemos a pedir para ganhar o que merecemos, muitas vezes sofremos consequências de outro tipo. As pessoas nos acham mandonas, intransigentes ou difíceis. Elas não querem trabalhar conosco.

É perigoso sugerir que mulheres e homens são diferentes nesse sentido. É um pequeno passo para sugerir que um é "melhor" e o outro é "pior". Mas, para eliminar a lacuna entre os gêneros, precisamos reconhecer o fato, por mais desconfortável que seja, de que homens e mulheres estão conectados de maneira diferente. E, de certa forma, as mulheres são programadas desde o nascimento para valorizar menos suas contribuições pessoais.

Lembre-se da descoberta da linguista do Capítulo 2, Deborah Tannen, de que os meninos aprendem a brincar uns com os outros, competindo entre si e tentando "superar" uns aos outros. Eles jogam para ganhar. As meninas, por outro lado, são muito mais atraídas por jogos em que a cooperação é fundamental. Observando as crianças brincarem, ela notou que as meninas que buscam ostensivamente a liderança são punidas ou rejeitadas pelo grupo. Essas garotas não são "legais". Elas pagam um alto custo social. Aprendem desde cedo que, se quiserem ser amadas, precisam se dar bem com as demais, e não sugerir que são melhores ou "valem mais" do que qualquer outro membro do grupo.

Isso parece se traduzir diretamente em meninas – e mulheres – que valorizam suas contribuições pessoais menos do que os meninos valorizam as delas. Um experimento com crianças usando bombons Hershey's como "moeda" fornece um exemplo surpreendente. Pesquisadores deram aos alunos da primeira série uma tarefa simples, e então perguntaram quantos bombons da Hershey's deveriam receber por completá-lo. Os meninos atribuíam-se muito mais valor do que as meninas. Quando os pesquisadores repetiram o experimento com alunos do quarto, sétimo e décimo, desta vez usando dinheiro, viram os mesmos resultados. Em todos os anos, as meninas se atribuíam pagamentos até 78% menores do que os meninos.

A síndrome continua na idade adulta. As empresárias que têm o poder de estabelecer seus próprios salários pagam-se menos do que os homens empreendedores. Cite qualquer tarefa e as mulheres valorizarão seu próprio trabalho menos do que os homens valorizam. Os psicólogos sociais Brenda Major, Dean McFarlin e Diana Gagnon pediram a homens e mulheres que avaliassem inscrições de recém-formados no Ensino Médio para faculdades, e depois definissem sua própria remuneração por concluírem essa tarefa. Homens e mulheres tiveram desempenho semelhante. No entanto, os homens cobraram 63% a mais.

Todos nós – homens e mulheres – somos propensos a estereótipos. Em termos sociológicos, as mulheres são consideradas um "grupo excluído", com menos poder do que os homens, que são o "grupo dos incluídos". Para resumir, significa que as mulheres ocupam um lugar mais baixo na sociedade, junto com outros "grupos excluídos", como minorias, que, estatisticamente, também ganham menos do que homens brancos. Em termos práticos, isso significa que as mulheres, assim como os homens, internalizaram que valem menos do que os homens.

Linda Babcock e colegas pesquisadores ilustraram eloquentemente esse paradoxo em um experimento famoso que usou o jogo Boggle. Os pesquisadores pediram aos participantes que jogassem quatro rodadas do jogo de palavras, pelas quais foram informados de que seriam pagos entre três a dez dólares. Depois disso, os participantes receberam o mínimo de três dólares. "São três dólares, certo?", perguntou o pesquisador. Oito vezes mais homens do que mulheres responderam que não e pediram mais. Para outra rodada do experimento, os pesquisadores simplesmente entregaram aos participantes os três dólares, sem perguntar se estava tudo bem. Mesmo assim, 13% dos homens ainda pediam mais.

Você, provavelmente, pode adivinhar quantas mulheres pediram mais: zero! Era isso que eu via em meu próprio escritório. Os homens não tinham problemas em pedir promoções ou aumentos. Eles não se afetaram quando não eram atendidos, e, como os jogadores do Boggle, continuavam pedindo mais. As mulheres, no entanto, praticamente nunca faziam essas exigências. Simplesmente esperavam reconhecimento pelo excelente trabalho. Carol Frohlinger e Deborah Kolb, da Negotiating Women, Inc., uma firma de treinamento e consultoria, apelidaram essa síndrome de "tiara" – a ideia de que as mulheres esperam que seu bom trabalho seja reconhecido e que sejam recompensadas por isso adequadamente.

Durante grande parte da minha carreira, como outras mulheres, também esperei minha tiara. Meus chefes sabiam que eu trabalhava duro, sempre expressavam gratidão e me davam aumentos regulares. Não me ocorreu que os outros estivessem pedindo e recebendo mais. Eu estava grata pelo que já tinha.

Nas poucas vezes em que pedi algo, geralmente não consegui. Bem no início da minha carreira, um chefe me disse que não poderia me pagar mais naquele ano porque eu "me sairia muito bem" e ele não poderia me dar um aumento depois. Qualquer que fosse a mensagem que esse homem tentava transmitir, o que entendi foi simples: eu estava sendo insistente e ingrata.

Todos os pesquisadores poderiam ter previsto isso sem sequer me conhecer. Lisa Barron, professora de Administração e Gestão de Negócios, estudou as negociações salariais pedindo aos alunos das escolas de negócios que atuassem como candidatos a emprego em entrevistas simuladas. Ela descobriu que os "candidatos a emprego" dividiam-se em dois grupos: um que acreditava que lhes cabia determinar seu próprio valor e outro que acreditava que a empresa deveria decidir o que pagar.

Lisa esperava ver alguma diferença nas respostas por gênero, mas até ela ficou surpresa com os resultados. O primeiro grupo, aqueles certos de que lhes cabia decidir o valor, era esmagadoramente masculino, com 85%. Uma porcentagem quase idêntica de mulheres, 83%, ficou no segundo grupo, o que acreditava que caberia à empresa determinar sua remuneração.

Em outras palavras, homens e mulheres avaliavam seu valor de maneiras diametralmente opostas. Os homens acreditavam que sabiam o que valiam – e que tinham o poder de obtê-lo. Eles tinham controle sobre seu destino. As mulheres, por outro lado, não só não sabiam quanto valiam, como não se sentiam confortáveis em estipular um valor em dólares para suas próprias contribuições. Elas acreditavam que cabia aos outros decidirem.

Quanto mais tempo eu passava como gerente, mais via essa disparidade com meus próprios olhos. Não que eu fosse esperta ou astuta o bastante para mudar meu próprio comportamento. Eu não conseguia me comportar como um cara. Durante anos, vi como os colegas do sexo masculino procuravam ofertas de trabalho que se transformavam em aumentos. Em essência, eles eram recompensados por não deixarem a empresa. Eu não fazia esse jogo, ainda que visse que, para eles, funcionava.

Uma vez, recusei a oferta de um recrutador no telefone quando me perguntou se eu consideraria um cargo em outra empresa de notícias. Desliguei e voltei a trabalhar, sem me incomodar em mencionar isso a mais ninguém. A próxima ligação do recrutador foi para um dos meus colegas do sexo masculino, a apenas algumas mesas de distância. Ele prontamente marchou para o escritório de nosso chefe, explicou que havia recebido uma oferta de prestígio e, então, saiu para anunciar orgulhosamente que ganhara um grande aumento por causa disso.

Eu não estava necessariamente errada em me segurar. As mulheres que pedem aumentos podem ser penalizadas por isso. Mulheres e homens são mais propensos a olhar negativamente para uma mulher que pede mais dinheiro do que para um homem que faz o mesmo pedido. Em uma série de experimentos, Babcock, Hannah Riley Bowles e Lei Lai pediram aos participantes que avaliassem funcionários que negociavam um aumento. Ao ler um relato escrito da negociação, os participantes de ambos os gêneros julgaram as mulheres muito mais duramente do que os homens. Em outro experimento, os participantes viram um vídeo de um homem ou uma mulher negociando por um salário mais alto. Desta vez, enquanto as mulheres reagiram negativamente em relação a ambos, os avaliadores masculinos reagiram mais negativamente às mulheres. Como os pesquisadores concluíram, "às vezes faz mal perguntar".

Além disso, mesmo quando as mulheres negociam um aumento, elas são menos atendidas que os homens. Em um estudo com 205 estudantes de graduação em administração, as mulheres eram tão propensas quanto seus colegas de classe a negociar seu salário inicial. No entanto, as mulheres viram ganhos que, em média, foram 59% inferiores aos negociados pelos homens.

Os empregadores – mulheres e homens – podem não perceber conscientemente, mas esperam que as mulheres fiquem satisfeitas com salários mais baixos do que os dos homens. Isso, por sua vez, estabelece uma lacuna na carreira das mulheres que aumenta exponencialmente com o tempo. Ao começar com uma base mais baixa, mesmo que essas mulheres e homens recebam aumentos percentuais iguais ao longo de suas carreiras, os salários das mulheres nunca alcançarão os dos homens.

À medida que a lacuna continua a crescer, as mulheres ficam cada vez mais para trás. Um estudo descobriu que o abismo começa a aumentar aos 32 anos, quando os homens começam a ser desproporcionalmente promovidos a cargos de gerência. Analisando os dados do Census Bureau, o National Women's Law Center descobriu que a mulher ganha, em média, 418.800 dólares a menos do que a média dos homens ao longo de uma carreira de quatro décadas – um número que chega a 1 milhão de dólares para mulheres afro-americanas e ainda maior para latinas. A diferença salarial não só não mostra sinais de encolhimento, como cresceu em 2015. Nas taxas atuais, serão necessários 117 anos para as mulheres alcançarem paridade salarial com os homens.

A diferença salarial, como outros tipos de preconceito, é, muitas vezes, invisível: acaba sendo justificada por outros fatores. Ele é mais velho, ou ele veio de uma empresa diferente, onde seu salário era maior, ou ele tem mais potencial. Muitos homens, e algumas mulheres também, argumentam que não existe uma lacuna salarial. Se a lacuna é invisível, no entanto, nunca poderemos fechá-la. Você não pode consertar um problema que não vê.

Quando a Glassdoor entrevistou 8.254 adultos, em sete países, a maioria das mulheres e uma maioria significativa de homens disseram que não havia diferença salarial em sua própria empresa. Na Suíça, no Canadá, na França e na Grã-Bretanha, cerca de um em cada dez homens disse que as mulheres não mereciam salários iguais aos dos homens. E nos EUA, 15% das mulheres entrevistadas disseram que se candidatariam a um emprego, mesmo sabendo que as mulheres recebiam menos que os homens. As mulheres já *esperavam* ser menos valorizadas que os homens.

Essas descobertas ecoam o estudo da Catalyst, que analisou o que aconteceu quando graduandas ambiciosas e determinadas seguiam as mesmas práticas que os homens na carreira. As mulheres permitiam que seus chefes soubessem que estavam prontas para tarefas complexas. Eram claras sobre suas aspirações de carreira. Faziam questão de construir um relacionamento não apenas com o chefe, mas com o chefe do chefe. Nada disso funcionava. As mulheres ainda ganhavam menos.

"Este estudo levanta a questão: 'O problema realmente é que as mulheres não pedem, ou é que os homens não precisam pedir?'", disse a presidente e CEO da Catalyst, Ilene Lang.

Para complicar a questão, há a cultura do silêncio em torno dos salários. Existe um verdadeiro tabu que nos impede de ter uma conversa aberta e franca sobre o quanto eu ganho, ou o quanto você ganha. Isso prejudica as mulheres que tentam negociar. Elas não estão cientes de quanto os colegas do sexo masculino ganham, nem se sentem capazes de perguntar diretamente aos homens, temendo serem vistas como gananciosas ou inseguras.

Algumas mulheres em cargos sêniores resolveram agir, compartilhando suas próprias informações salariais com funcionárias mais jovens. Outra tática cuja incidência vem aumentando é proibir as empresas de perguntar aos candidatos sobre o salário anterior, a fim de quebrar o ciclo de pagamento de mulheres quando trocam de emprego. Massachusetts, Nova York e Filadélfia aprovaram a legislação que regula exatamente isso.

Ainda é cedo para dizer o quão eficazes essas medidas podem ser. Um estudo descobriu que as mulheres que não divulgam os salários anteriores são penalizadas com ofertas mais baixas enquanto os homens que não divulgam essas informações recebem um aumento de salário.

Há indícios encorajadores de que homens e mulheres estão começando a quebrar esse silêncio. Empresas como PayScale, Inc., Salary.com e Glassdoor, que publicam bancos de dados salariais, podem armar as mulheres com informações sobre quanto outras pessoas ganham em suas posições, fornecendo a munição necessária para pedir uma compensação justa. Mulheres de alto perfil, como as atrizes Jennifer Lawrence, Robin Wright, Patricia Arquette e Scarlett Johansson, trouxeram a questão à tona e encorajaram outras.

Lawrence deu início publicamente à discussão em 2014, depois que a Sony Pictures foi hackeada e ela descobriu que ganhou menos do que seus colegas no filme *Trapaça*. Como muitas mulheres, ela, a princípio, culpou-se. Em um ensaio para o LennyLetter.com, ela escreveu: "Quando descobri o quão menos eu havia recebido do que as pessoas de sorte com paus, não fiquei brava com a Sony. Fiquei com raiva de mim mesma. Falhei como negociadora porque desisti cedo... Eu não queria parecer 'difícil' ou 'mimada'. Na época, parecia uma boa ideia, até quando vi a folha de pagamento na internet e percebi que todos os homens com quem eu estava trabalhando definitivamente não se preocupavam em ser 'difíceis' ou 'mimados'".

Posteriormente, outras atrizes e mulheres de alto perfil, incluindo jogadoras da equipe campeã de futebol feminino dos EUA, falaram publicamente sobre receber menos do que os pares masculinos.

Embora as atrizes de Hollywood sejam úteis para a causa, os números salariais de que falam são tão grandes que não se aplicam à maioria de nós. Ainda assim, o pensamento por trás de suas ações, sim. Todas essas mulheres citaram dados para apoiar seu caso. A mesma estratégia pode funcionar para mulheres em qualquer profissão, em qualquer nível. Se um número suficiente de pessoas fizer isso, perguntar não mais "fará mal".

Recentemente, participei de um painel sobre mulheres na mídia, discutindo as questões e pesquisas em torno de pagamento e promoção. No dia seguinte, fui procurada por uma jovem que estava na plateia, que trabalhava para uma empresa de relações públicas. No trabalho, após o evento, ela havia recebido sua avaliação anual de desempenho, que oferecia elogios brilhantes, junto com um aumento inesperadamente insignificante.

Em vez de engolir sua decepção, como fizera no passado, ela recuou. Explicou que sua compensação não refletia suas contribuições. Organizou os fatos que havia aprendido no painel e as informações que havia recolhido sobre colegas do sexo masculino que ganhavam mais do que ela. Os supervisores rapidamente aumentaram sua remuneração.

Clare Klemmer, uma publicitária de 26 anos, usou uma estratégia semelhante para negociar um aumento de quase 20 mil dólares. Quando Klemmer fez uma entrevista para um cargo em uma nova firma e foi questionada sobre suas expectativas salariais, seu primeiro instinto foi responder: "Tanto faz". Em vez disso, ela se esforçou para pedir 75 mil dólares, um aumento de cerca de 10 mil dólares em relação ao salário atual. Ela foi convidada para uma segunda entrevista, e vendo que a empresa estava ansiosa para contratá-la, ela pediu um salário de "80 a 85 mil dólares". "O que eu estava realmente dizendo era 'eu aceito um salário de 80 mil, mas se você quiser me mostrar o quanto me quer, vai me dar um pouco mais'", explicou mais tarde. Quando recebeu uma proposta de 80 mil dólares, ela respirou fundo e insistiu: "Por 82 mil dólares, eu começo imediatamente". Ela temia ter pressionado demais. Mas dez minutos depois, ela recebeu uma resposta de uma só palavra: "Fechado".

No caso de Klemmer, ela não criou essa estratégia sozinha. Ela recebeu aconselhamento de um especialista: o namorado dela, que estava simplesmente oferecendo as ferramentas que ele naturalmente teria usado. Sem o estímulo dele para que pedisse mais, ela admitiu que nunca teria feito isso por conta própria.

E isso indica como os homens são cruciais como nossos aliados. Quando trabalhamos juntos, em vez de divergir um do outro, a lacuna pode desaparecer. Foi o que aconteceu na Salesforce, uma empresa de computação em nuvem. Marc Benioff, executivo-chefe da Salesforce, achava que já pagava as mulheres igualmente – até que duas mulheres em sua organização se aproximaram dele para lhe dizer o contrário. Por sua insistência, a empresa realizou uma auditoria de diferenças salariais entre homens e mulheres. Ele acabou escrevendo cheques para as funcionárias: 3 milhões de dólares para corrigir a diferença em 2016 e, um ano depois, um adicional de 3 milhões.

Benioff veio a público falar sobre a diferença salarial em sua empresa. "Eu gostaria de poder voltar no tempo e inserir a questão da igualdade das mulheres na cultura desde o início", disse ele, com pesar, à entrevistadora da CNN, Poppy Harlow. "Todo CEO precisa analisar se está pagando homens e mulheres do mesmo jeito", disse ele. "Isso é algo que todos os CEOs podem fazer hoje."

No fim, talvez essa abordagem seja a mais eficaz de todas. De fato, se formos realmente sérios sobre fechar a diferença salarial por gênero, há algo que pode ser feito a respeito: exigir que as empresas publiquem salários. Jogar uma luz tão necessária sobre a diferença salarial de gênero poderia fazer a diferença para cada um de nós, homens e mulheres, agora mesmo.

Quase metade de todos os estados americanos adotou a legislação nesse sentido. Entre eles, está a Califórnia, que aprovou uma lei de pagamento justo, exigindo que homens e mulheres sejam pagos igualmente por um trabalho "substancialmente similar". As empresas de tecnologia Intel, Apple, Salesforce e SpaceX estão entre as que instituíram e divulgaram auditorias de lacuna salarial, assim como varejistas, como a Gap Inc.

O presidente Obama introduziu uma lei federal semelhante, mas esta e outras iniciativas de igualdade de gênero foram revertidas pelo governo Trump, depois que os executivos argumentaram que coletar os dados seria muito caro.

Notavelmente, três quartos do gabinete de Trump são homens, e a diferença salarial média na Casa Branca mais que triplicou, chegando a 37% no primeiro ano da administração.

As auditorias de diferenças salariais em outros países se mostraram notavelmente eficazes. Depois que o Quebec introduziu a legislação de pagamento de salários justos, a McGill University de Montreal descobriu que 2.100 funcionárias atuais e ex-funcionárias haviam sido pagas de forma incorreta. A universidade gastou pelo menos 19 milhões de dólares para fechar a lacuna. A Áustria, a Bélgica e a Grã-Bretanha aprovaram legislações semelhantes. As divulgações de lacunas salariais "criarão a pressão de que precisamos para mudar, elevando os salários das mulheres", disse o primeiro-ministro do Reino Unido, David Cameron, quando a medida foi aprovada, em 2015.

De fato, quando, em 2017, a BBC publicou dados salariais revelando que a maioria de suas estrelas mais bem pagas era de homens brancos, a notícia provocou protestos, incluindo uma exigência da primeira-ministra, Theresa May, de igualar os salários. Alguns anos antes, em 2014, a empresa de consultoria PricewaterhouseCoopers liberou voluntariamente seus dados sobre discrepância salarial entre gêneros na Grã-Bretanha. "O simples conhecimento dos números e sua menção gera internamente uma dinâmica para fechá-la", disse Sarah Churchman, que dirige a área de diversidade e esforços de inclusão da empresa britânica. Em termos de motivação para corrigir o problema, há algo muito poderoso na divulgação de números embaraçosos à opinião pública.

A análise da PricewaterhouseCoopers mostrou que a maior parte de sua disparidade salarial de 15,1% (em comparação com uma diferença de mais de 19% na Grã-Bretanha) refletia a falta de mulheres em cargos de nível sênior. Posteriormente, dobrou a porcentagem de mulheres promovidas a sócias.

Os executivos da empresa ficaram perplexos ao descobrir um padrão de bônus que favorecia os homens. A análise mostrou que homens que não conseguiam virar sócios recebiam rotineiramente um bônus de retenção, para evitar que pedissem demissão. As mulheres, não. Churchman acredita que venha da diferença de reação: enquanto os homens ameaçavam deixar o emprego, as mulheres geralmente decidiam manter a cabeça baixa e trabalhar mais. Esse comportamento refletia um fenômeno familiar: indivíduos que são rejeitados geralmente acreditam que estão certos, e quem os rejeitou está errado. As mulheres, por outro lado, consideram a rejeição o resultado de uma falha pessoal, que precisam superar.

Além disso, a transparência beneficia não apenas as mulheres, mas também os homens introvertidos, minorias e outros grupos sub-representados, que enfrentam muitos dos mesmos obstáculos. Homens afro-americanos ganham menos que homens brancos, por exemplo. Uma análise da *Harvard Business Review* descobriu que, com o mesmo nível de escolaridade, por sua vez, os homens negros ganham mais do que mulheres brancas e negras.

Fechar a lacuna de gênero é uma proposta cara, com certeza. Mas a evidência sugere que o retorno é mais do que compensador. Para começar, cerca de 20% das grandes empresas agora treinam funcionários para reconhecer vieses inconscientes, investindo bilhões de dólares na solução da discriminação não intencional. Pagar por uma análise salarial é mais barato e potencialmente mais eficaz. Evidências também sugerem que menos sigilo sobre as remunerações resulta em maior fidelidade dos funcionários e menor rotatividade.

Além disso, o fechamento da lacuna fornece múltiplos benefícios financeiros ao longo do tempo. Como já vimos em empresas desde a Tupperware à Kimberly-Clark, inserir mulheres em grupos de trabalho leva a decisões mais inteligentes e melhora o desempenho financeiro. Uma análise de oitocentas empresas descobriu que os varejistas com relativamente mais mulheres do que seus concorrentes apresentam um aumento de 46% na receita, em relação aos varejistas com menos mulheres, enquanto empresas de hotelaria com mais mulheres registram um lucro líquido 58% maior. Os economistas estimam que simplesmente pagar as mulheres de forma igual poderia injetar 4,3 trilhões de dólares na economia americana.

o o o

EM MINHA PRÓPRIA área, a lacuna salarial entre homens e mulheres vem sendo fechada de maneira notavelmente lenta. Em 1991, quando eu era uma jovem repórter no *Wall Street Journal*, uma análise do sindicato que representa repórteres e editores de revistas descobriu que as mulheres da empresa ganhavam apenas 76% do que nossos colegas homens recebiam. Vinte e cinco anos depois, uma análise semelhante revelou que, em 2016, as funcionárias do sexo feminino ainda recebiam menos de 85 centavos por cada dólar que um homem ganhava.

Os resultados foram igualmente desoladores em outras organizações de notícias. Uma análise de 2016 dos salários do *Washington Post*, por exemplo, descobriu que as mulheres ganhavam 83 centavos por cada dólar ganho por seus colegas do sexo masculino.

Paradoxalmente, as mulheres são tão bem-sucedidas quanto os homens – em alguns casos, até mais – e se sentem muito à vontade em advogar em nome de alguém que não seja elas mesmas. Isso provavelmente acontece porque esse comportamento *combina* com como "é esperado" que as mulheres ajam. É uma outra forma de ser altruísta e cuidar dos outros.

Falando por mim mesma, sempre me orgulhei de entrar em batalhas pelos outros, lutando por seus aumentos ou promoções, ainda que jamais me sentisse confortável em fazer isso por mim mesma. Sempre pensei que era a única capaz de me tornar uma guerreira em nome dos outros, mas uma covarde quando se tratava de advogar a favor das minhas próprias causas. Aparentemente, eu tinha muita companhia – mas apenas entre as mulheres.

Em um estudo, foi solicitado que homens e mulheres negociassem os termos de uma oferta de emprego. Uma metade deveria negociar em benefício próprio, a outra, em nome de um amigo. A diferença entre homens e mulheres foi impressionante. Entre os homens, não importava quem eles defendiam, o salário médio negociado foi de 49 mil dólares. Já as mulheres... Bem, quando negociavam em nome de um amigo, igualavam-se aos homens, pedindo 49 mil dólares. Mas quando advogavam em benefício próprio, eram mais humildes, pedindo uma média de apenas 42 mil dólares, quase 17% menos que os homens. Um estudo semelhante com executivos experientes de ambos os gêneros encontrou os mesmos resultados.

Outros estudos descobriram que as mulheres obtêm melhores resultados que os homens – desde que advoguem por outra pessoa. Em um deles, perguntou-se a alunos quanto deveriam receber por um trabalho em particular, ou quanto alguém deveria receber pelo mesmo trabalho. Estudantes do sexo feminino pagavam a outras pessoas 48% a mais do que elas próprias pagariam. Os homens, por outro lado, propunham para os outros 80% do valor do próprio pagamento.

Costumo aconselhar às mulheres que imaginem que estão advogando por outra pessoa quando se candidatam a uma promoção ou a um aumento. "Pense em si mesma na terceira pessoa", é o que digo. "Quais são as qualificações dela? Por que merece um aumento? Como você argumentaria?" A maioria das mulheres responde facilmente a todas essas perguntas.

Eu pensei que tinha criado, por conta própria, uma estratégia inteligente. Acontece que estava reinventando a roda. Os cientistas já haviam documentado essa abordagem. Em um estudo, foi pedido a estudantes que escrevessem cartas pedindo remuneração para si ou para outra pessoa. Em benefício próprio, as mulheres faziam pedidos menores do que em benefício dos outros, mas pediam mais do que os homens quando advogavam por outra pessoa.

Por mais complexos que esses resultados sejam, eles também lançam luz sobre a solução. Eles desnudam a chave para corrigir a diferença salarial entre os gêneros. Todos precisamos advogar em nome dos outros e estimular amigos e colegas a advogarem em benefício próprio. Muitos homens já aceitaram o desafio. Steve Boehm, que liderou a equipe global de atendimento ao cliente do eBay, por exemplo, incentivou as mulheres de sua equipe a negociarem aumentos quando se mudarem para novas posições.

"Isso não significa que você vá conseguir tudo o que pedir, sempre", disse ele, que se esforça para que esta "não seja uma conversa unilateral."

∘ ∘ ∘

O CENÁRIO É notavelmente semelhante em relação a promoções. É muito mais provável que os homens se candidatem para cargos mais elevados, estejam eles prontos ou não. Como um executivo sênior me disse, se uma vaga de emprego tiver cinco pré-requisitos, uma mulher com quatro deles não vai se candidatar, mas "um cara que tenha um dos cinco dirá: 'Pode me dar o trabalho!'".

Isso vale até mesmo para as mulheres mais ambiciosas. Virginia Rometty, CEO da IBM, disse que, quando lhe foi oferecida uma promoção, no início de sua carreira, ela respondeu: "Sabe de uma coisa? Não estou pronta para este trabalho". Ela só reconsiderou depois que foi para casa, naquela noite, e seu marido lhe disse que um homem jamais pensaria assim.

Com o passar dos anos, percebi a mesma dinâmica. Um dos desafios mais desconcertantes que enfrento como gerente é quando alguém – e, em minha experiência, esse alguém é *sempre* uma mulher – recusa uma promoção. Quando surge uma oportunidade melhor, muitos homens se candidatam, incluindo alguns que não estão prontos para isso, nem mesmo perto. No entanto, esses homens acabam avançando muito mais rápido do que as mulheres mais qualificadas.

A questão é: por que as mulheres são tão hesitantes em se candidatar? Isso é especialmente desconcertante, porque estudos mostraram que as mulheres são *mais* ambiciosas do que os homens em relação à carreira quando ingressam no mercado de trabalho. Um estudo da Bain & Company descobriu que 43% das mulheres aspiravam à alta gerência no início da carreira, em comparação a 34% dos homens. No entanto, dentro de dois anos, o número de mulheres caiu para 16%, enquanto não houve mudança na taxa dos homens.

Pela sabedoria convencional, ou essas mulheres resolveram se concentrar em suas famílias ou perderam a confiança. Porém, durante o estudo, as mulheres citaram outros fatores mais preocupantes: não viram modelos, não se encaixaram e, talvez o mais importante, não receberam apoio de supervisores, que eram, em grande parte, homens. O apoio dos supervisores, a sensação de que alguém está ao seu lado, é um fator crítico. Sem isso, as mulheres não só são menos propensas a se candidatar a cargos mais elevados, mas sequer serão consideradas para uma promoção.

Para supervisores de ambos os gêneros, a chave é garantir que essas mulheres, de fato, participem da conversa. A frequência com que elas são descartadas é surpreendente. Não é porque há algum tipo de conspiração sexista, mas porque os chefes fazem suposições sobre mulheres que raramente fazem sobre homens.

Às vezes, quando surge uma grande oportunidade, um supervisor sugere uma excelente candidata, mas alguém balança a cabeça e diz: "Ela nunca vai aceitar". Ao longo dos anos, ouvi de tudo: "Ela acabou de ter filho". Ou: "Ela não vai se mudar". Ou ainda: "Ela não gosta de viajar".

A resposta para tais presunções deveria ser: "Que tal perguntarmos e deixarmos que ela mesma decida?". Ela precisa saber que faz parte da conversa, que está sendo considerada para a oportunidade, mesmo que escolha não a aceitar. A Kimberly-Clark adotou esta política após notar que sua aplicação havia gerado mais ocupação feminina em cargos de liderança. Mais da metade das funcionárias eles supunham que nunca aceitariam, de fato, uma nova oportunidade.

Demasiadas vezes, porém, essa mensagem nunca é entregue. As mulheres se sentem negligenciadas e estagnadas. Uma pesquisa da McKinsey e Lean In com trinta mil pessoas descobriu que a maioria não considera sua empresa uma meritocracia, e 25% das mulheres acreditam que o gênero as prejudicou. A pesquisa também descobriu que, em todos os níveis de uma organização, a probabilidade de que uma mulher seja promovida é 15% menor do que a de um homem.

Parte do desafio é a falta de mentores para mulheres promissoras. As mulheres ouvem incessantemente o quão importante é ter mentores profissionais para alcançar o sucesso. Isso se tornou um mantra. Na verdade, nós ouvimos isso com tanta frequência, durante tantos anos, que se tornou uma espécie de muleta profissional. Como Sheryl Sandberg observou, "procurar um mentor tornou-se o equivalente profissional de esperar pelo Príncipe Encantado".

Infelizmente, o cenário do príncipe encantado raramente funciona. Os supervisores do sexo masculino muitas vezes evitam uma relação próxima com subordinadas do sexo feminino – e vice-versa. Um dos relacionamentos mais tensos que você encontrará é entre executivos mais velhos e mulheres promissoras. A realidade é, provavelmente, que um executivo sênior se sente mais à vontade em manter um relacionamento amigável e de orientação com um homem promissor. Dois homens podem tomar uma cerveja depois do trabalho. Ninguém acha estranho se eles viajam a negócios juntos. Mas um homem que orienta uma jovem precisa ser cuidadoso ao fazer qualquer uma dessas coisas. Suas atitudes despertam suspeitas. Parece namoro ou, se o homem é casado, algo muito pior.

Um estudo descobriu que 64% dos executivos seniores "relutam em ter um encontro individual com mulheres juniores", e que metade das mulheres juniores "também procuram evitar tal contato". Um estudo com cerca de cinco mil adultos mostrou que a maioria das mulheres e quase metade dos homens disseram que era "inadequado" jantar ou beber com alguém do sexo oposto que não fosse seu cônjuge. Outro estudo realizado por três importantes escolas de administração descobriu que os professores são muito mais propensos a orientar homens brancos do que mulheres ou minorias.

E quando pesquisadores da Fundação Ewing Marion Kauffman entrevistaram 350 mulheres empreendedoras, a maioria disse que "a falta de assessores disponíveis" era o principal obstáculo para o avanço de sua carreira. Talvez não seja nenhuma surpresa, então, que as mulheres hesitem em procurar mentores. A KPMG entrevistou mais de três mil universitárias e profissionais e descobriu que a grande maioria não se sentia confiante em procurar um mentor ou pedir acesso a gerentes seniores.

Já os homens não enfrentam tais barreiras. Glen Mazzara, o produtor de televisão, observa que homens promissores "usam a 'irmandade' para se aproximar de homens mais velhos e se tornar mais familiares, e é assim que eles aumentam seu *status*". Os chefes, ele diz, "têm que ter consciência disso, e ou não permitir ou então garantir que as mulheres tenham o mesmo acesso".

Mesmo quando as mulheres conseguem mentores, parece que tal dinâmica funciona muito mais para os homens.

Isso porque os mentores das mulheres geralmente oferecem conselhos. Mas os mentores dos homens agem como patrocinadores, com o poder de obter promoções para os homens e novos empregos. Há um mundo de diferença entre mentores e patrocinadores. E isso é uma vantagem crucial para os homens.

Existe uma maneira de superar a armadilha da mentoria. Frank Dobbin, o professor de Harvard, pesquisou programas de diversidade em 829 empresas ao longo de trinta anos e concluiu que eles "fracassaram espetacularmente". Como ele observou, "o problema é que não podemos motivar as pessoas forçando-as a passar pelo programa e puni-las se não o fizerem".

No entanto, ele aponta três maneiras pelas quais as empresas podem romper preconceitos e ajudar mulheres e minorias a obter sucesso. Em particular, ele descobriu que programas formais de mentoria fazem uma diferença mensurável. Programas formais, criados e supervisionados por organizações individuais, eliminam o constrangimento social de homens e mulheres que procuram um pelo outro. Além disso, os programas formais de orientação proporcionam aos mentores e mentoreandos um conjunto comum de metas a serem cumpridas, e tornam essas metas claras para o restante da empresa. É muito mais difícil que haja fofocas e falatórios quando a orientação é incorporada ao sistema, como os cartões de identificação e o Dia do Taco no refeitório da empresa.

O Deutsche Bank criou um desses programas depois de investigar o motivo pelo qual tantas diretoras-gerentes estavam desertando para os concorrentes. A resposta, no final das contas, foi que as mulheres se sentiam em um beco sem saída onde estavam. O novo programa do banco associou mulheres a membros do comitê executivo e deu-lhes atribuições mais visíveis. Entre as participantes, um terço foi promovido dentro de um ano.

Quando a Sun Microsystems criou um programa similar, descobriu que os mentores se beneficiavam tanto quanto os mentoreandos. Em um período de sete anos, as taxas de retenção de funcionários aumentaram substancialmente, o que representou, para a empresa, uma economia de 6,7 milhões de dólares, que seriam investidos na contratação e no treinamento de substitutos. Os resultados do Sun e do Deutsche Bank se repetem em diversos outros lugares. A pesquisa da Catalyst descobriu que as mulheres que encontram mentores a partir de programas formais recebem cerca de 50% mais promoções do que aquelas que encontram mentores por conta própria.

Mesmo sem programas formais, há várias formas de oferecer mentoria a jovens funcionários promissores. Tiro o exemplo de meus próprios mentores, todos homens. Muito frequentemente, a relação mentor/mentoreando evolui a partir do contato social. Meus próprios mentores faziam bom uso disso. Em vez de sair para uma noitada ou jogar golfe (e, para ficar claro, você não me quer em nenhum lugar perto de um campo, a menos que seja de minigolfe!), eles sugeriam jantar com cônjuges, almoços de negócios ou, depois que tive filhos, passeios em família. Esses eventos foram uma ótima forma de manter contato social sem fofocas eventuais.

Simplesmente ouvir as mulheres, incluí-las na conversa, já é um bom começo. Quando Bob Moritz se tornou o líder do escritório da PwC em Nova York, ele embarcou em uma "turnê de escuta", oferecendo jantares para parceiros do sexo feminino, para que ele pudesse entender as "nuances" entre seus pontos de vista e os dos homens. Embora ambos os sexos fossem ambiciosos, ele descobriu que as mulheres ansiavam especialmente por múltiplos caminhos para o avanço, mais flexibilidade em suas carreiras e formas de interagir com os clientes, além de partidas de golfe. (Aparentemente, não sou a única que quer desesperadamente evitar os campos.)

Em Harvard, Dobbin identificou duas outras soluções, além de programas formais de orientação, que também produzem uma diferença mensurável para as mulheres: gestores de diversidade e forças-tarefa de diversidade. Nenhuma delas é terrivelmente surpreendente, uma vez que qualquer empresa motivada o suficiente para criar essas posições teria de priorizar a diversidade. Mas o molho especial na criação dessas posições é a transparência – não apenas assegurar que os funcionários estejam cientes dos objetivos da empresa, mas garantir que vejam os resultados.

A grande empresa de contabilidade e consultoria Deloitte tentou pela primeira vez essa tática em 1992, enquanto observava jovens promissoras deixando a empresa em um ritmo alarmante. Embora metade de seus contratados fosse do sexo feminino, a maioria saiu antes de chegar ao nível em que se cogita a sociedade. Assim, a Deloitte criou uma força-tarefa interna que exigia que cada departamento monitorasse seu progresso na contratação e retenção de mulheres. A porcentagem de sócias cresceu de 5% para 21% até 2015.

Naquele ano, Cathy Engelbert foi nomeada a primeira CEO da Deloitte. Uma de suas ações foi implementar a licença familiar remunerada por até dezesseis semanas, e de até seis meses para as novas mães. Além disso, faz questão de que todos saibam que ela deixa o trabalho para treinar o time de basquete da filha.

"Eu não tinha modelos femininos", ela me disse. E ela só percebeu que poderia ser o modelo ao se tornar uma CEO de alto nível. "Fiquei espantada com a importância externa disso. Esse foi um grande momento de descoberta para mim."

A experiência dela indica como é essencial que a gerência sênior realmente acredite em tudo isso, em vez de sustentar o discurso apenas da boca pra fora. Os executivos precisam falar sobre os objetivos da diversidade e seu compromisso com as mulheres, em voz alta e frequentemente. E, então, pautados por esses objetivos, precisam agir. É revelador que, quando a McKinsey e o Lean In pesquisaram mais de cem empresas, a esmagadora maioria tenha relatado que a diversidade de gênero era uma das principais prioridades dos CEOs. No entanto, menos da metade dos funcionários concordou.

Para gerentes, outra estratégia eficaz parece incrivelmente simples: insistir em uma lista diversificada de candidatos quando surgem vagas. Em 2002, depois de um relatório devastador ter mostrado que treinadores negros eram menos propensos a serem contratados e mais propensos à demissão pela NFL, a liga adaptou o que se chamava Rooney Rule ("Lei Rooney"), batizada por Dan Rooney, ex-proprietário do Pittsburgh Steelers que presidiu o comitê de diversidade da NFL. A regra estipula que a NFL deve entrevistar candidatos minoritários para cada vaga de treinador ou sênior.

Por que não ter uma Lei Rooney para mulheres e minorias na contratação também? De fato, o executivo de tecnologia Steve Boehm fez exatamente isso quando estava no eBay. Quase metade dos funcionários do eBay é do sexo feminino, mas menos de um terço de seus executivos seniores são. Por isso, ele exigiu que os recrutadores corporativos recomendassem candidatas para vagas de emprego.

Você pode achar que é uma ideia bastante óbvia. Não é. "A menos que você especificamente exija que os recrutadores tragam listas de candidatos diversificados, eles tendem a trazer pessoas que já viram antes, que se parecem muito com você", ele me disse. "Tínhamos algumas vagas importantes em que ficamos meses sem ter uma mulher no banco de candidatos. Nós literalmente tivemos que parar o processo e informar o recrutador."

A chave em cada uma dessas soluções é que homens e mulheres estão do mesmo lado, perseguindo o mesmo objetivo. Não somos nós contra eles. Não se trata dos homens sendo arrastados para uma briga que eles acham que não é deles. E, em cada caso, a liderança sênior não está apenas ciente desses esforços, mas torna a diversidade uma meta visível. Também ajuda quando a diversidade é incorporada ao sistema de incentivo – não apenas com um estímulo moral, mas uma meta mensurável, com uma recompensa financeira pelo sucesso.

Todas essas estradas levam ao mesmo lugar: confiança. As mulheres estão especialmente sintonizadas com comportamentos relacionados à falta de confiança, acostumadas a receber menos respeito que os homens. Essa é uma das principais razões pelas quais elas não se candidatam a aumentos e promoções: elas não sentem que têm o apoio e a confiança daqueles acima delas.

É fundamental que os chefes deixem muito claro que confiam no julgamento das funcionárias, valorizam suas contribuições e concedem a elas a autonomia para realizar seu trabalho. Elas podem não executar uma tarefa exatamente como você faria, e podem cometer erros, mas têm que saber que você acredita nelas – na capacidade delas de realizar, melhorar, aprender com os erros, como todos nós temos que fazer.

Os supervisores que confiam em seus funcionários e que têm uma visão clara que articulam constantemente criam uma estrutura na qual todos estão remando no mesmo barco, na mesma direção. É quando mulheres e homens se sentem capacitados a se candidatar a promoções e ansiosos para ajudar a orientar a organização em direção ao futuro.

o o o

POR MAIS QUE as mulheres avancem na promoção da igualdade de remuneração e oportunidades, nós simplesmente não a alcançaremos sem que os homens também se engajem nesta causa. Os homens que conheci, que tomaram a causa para si, citaram uma variedade de motivações. Cada um chegou a este ponto por seu próprio caminho.

Um dos mais notáveis esforços neste campo foi o de uma mulher chamada Lori Irving. Psicóloga social e professora da Universidade Estadual de Washington, foi pioneira no estudo da autoestima. Anoréxica quando criança, cresceu e se tornou uma das mais experientes especialistas do país em um dos mais espinhosos problemas enfrentados por meninas e mulheres: a relação entre distúrbios alimentares e a representação midiática das mulheres, e seu efeito sobre a autoestima das meninas.

Tragicamente, em 2001, Irving morreu repentinamente de uma doença cardíaca não diagnosticada, enquanto estava grávida de nove meses de sua filha, que também não sobreviveu. Sua morte foi uma perda repentina e devastadora para seu campo, e ainda mais para sua família. Deixou uma marca particular em seu irmão mais velho, Blake. Formado em Belas-Artes e especializado em tipografia, ele foi para São Francisco, onde acabou trabalhando no Yahoo e na Microsoft.

"Ela era uma professora muito inspiradora, uma mulher muito legal, engraçadíssima. Ela alegrava a todos, onde estivesse. Você a seguiria a qualquer lugar", lembrou ele. Ele disse o seguinte sobre quando ela faleceu: "meu compromisso com ela foi fazer o máximo para promover o empoderamento das mulheres em meu campo, como ela estava tentando fazer com as do dela".

Mais de uma década após a morte da irmã, em 2013, Irving conquistou um novo cargo, o de diretor executivo da GoDaddy, a empresa de registro de domínios da web. A ironia é imensa. Você provavelmente conhece a GoDaddy como a empresa por trás dos anúncios mais sexistas e desagradáveis já criados. Todo ano, durante o Super Bowl, por quase uma década, os comerciais da GoDaddy mostravam mulheres com o mínimo de roupa possível, quase sempre cercadas por homens estupefatos. Era um conteúdo de mau gosto e desprezível.

Por exemplo, o anúncio de 2011 trouxe Danika Patrick, pilota de corridas, aparentemente nua, e figurou na lista do Daily Feast dos cinco anúncios mais sexistas do Super Bowl de todos os tempos. Houve o comercial de 2013 em que a supermodelo Bar Refaeli dá um longo, desleixado e barulhento beijo na boca de "Walter", o nerd, em um close doloroso. Esse anúncio aparentemente só foi aceito depois que duas outras versões foram rejeitadas pelos censores da rede como inapropriadas. Os comerciais da empresa eram tão ultrajantes que inspiraram um movimento, o Breakupwithgodaddy.com, que pregava um boicote à empresa.

Mas Irving, com sua irmã em mente, começou a mudar a cultura. Primeiro, jogou fora as campanhas publicitárias. Então começou a contratar mulheres o mais rápido possível. O programa de estágio da GoDaddy aumentou de 14% para 40% entre os papéis técnicos, embora a força de trabalho em si ainda seja majoritariamente masculina. Irving ajudou a financiar um documentário sobre os desafios enfrentados pelas mulheres na tecnologia, "CODE: Debugging the Gender Gap". A GoDaddy criou um grupo de interesse em prol das mulheres, que atraiu centenas de membros – quase metade deles, homens.

"Eu posso ser feminista? Por que não?", refletiu Irving.

Desde então, Irving tornou-se um dos executivos do sexo masculino que mais defendem as mulheres e, em particular, a igualdade salarial. Além de instituir uma auditoria de diferenças salariais, a GoDaddy agora analisa os salários dos candidatos recebidos para garantir que as mulheres não continuem sendo mal pagas quando vierem de outras empresas.

"Nós chamamos de 'adequação salarial'", ele me disse, sobre a forma como a empresa passou a lidar com a mulher que é mal paga em um emprego anterior e traz sua base baixa junto com ela para o próximo emprego. "É a coisa certa a fazer... Podemos fazer essa mudança agora e gerar um impacto positivo."

Tem sido complicado afastar da GoDaddy a mácula deixada pelo passado machista. Irving, que planejava se aposentar no final de 2017, continuou a enfrentar ceticismo. Quando defendeu a presença de mais mulheres no ramo da tecnologia, em uma conferência proeminente, foi ridicularizado nas mídias sociais, seus esforços rejeitados como um falso amparo. Mas isso não o fez desistir.

"Se você não advogar a favor da causa e da conscientização entre os homens, o problema jamais será resolvido", ele me disse. "Eu acho que, por um lado, as mulheres gostariam de resolver [elas próprias]. Por outro lado, ter defensores do sexo masculino que estão tentando ajudar é muito importante."

Irving é a prova de que podemos, de fato, fechar a lacuna, um homem de cada vez. Recentemente, procurei pelo site Breakupwithgoda-ddy.com. Ele já não existe mais.

7

TESTE ÀS CEGAS

SUPERANDO PRECONCEITOS, EMOÇÕES E OUTRAS COISAS QUE NÃO SE PODE CONTROLAR

UMA DE MINHAS maiores amigas de infância, Melanie Kupchynsky, é uma talentosa musicista. Seu pai, um professor de música, lhe deu um pequeno violino quando ela tinha quatro anos. Quando estávamos no curso primário, ela já apresentava concertos solo ao longo da Costa Leste dos Estados Unidos.

O pai dela começou a me ensinar viola de arco quando eu estava com dez anos. Eu não era páreo para Melanie – para desespero de meus pais, minhas irmãs e de meu cachorro Skippy, que tinham de me escutar enquanto eu arranhava o instrumento! Mas trabalhei duro e o pai de Melanie, notável professor, deixou-me em condições de integrar um quarteto de cordas, juntamente com Melanie e Stephanie, sua irmã menor, também violinista.

Durante nossa infância, nós nos apresentávamos com o quarteto onde conseguíssemos. Tocávamos em museus, universidades, encontros musicais, hospitais. Um dia poderíamos estar em um congresso nacional de educadores, apresentando pela primeira vez uma peça para quarteto escrita para nós por um renomado compositor. No dia seguinte, poderíamos estar vestidas com roupas antigas, lutando para sermos ouvidas em meio ao burburinho de uma festa de rua. Nos fins de semana, aprimorávamos nossas técnicas em uma clínica de repouso, onde os idosos residentes nos davam beijos, afagavam nossa cabeça e diziam que nós os lembrávamos seus netos.

Na faculdade, ingressei na orquestra dos alunos, onde continuei a estudar e tocar. Mas parei logo após a formatura. Meu trabalho como repórter na cidade de Nova York não me deixava muito tempo para praticar. Quando me casei, alguns anos mais tarde, e tive um casal de filhos, minha viola acabou esquecida, enfiada no fundo de um armário.

Melanie, por sua vez, estava destinada a se tornar musicista profissional. Em 1989, não muito tempo depois de ter se formado no conservatório, teve oportunidade de fazer um teste para a Orquestra Sinfônica de Chicago. Trata-se de uma das maiores orquestras do mundo, pela qual alguns dos músicos mais famosos do planeta têm se apresentado – do violoncelista Yo-Yo Ma até o violinista Itzhak Perlman, passando por John Williams, compositor da trilha sonora de *Guerra nas Estrelas*. A orquestra já obteve 62 Grammy (e isso até o momento).

Como outras sinfônicas de seu gabarito, era composta inteiramente por homens. Durante a maior parte de sua história, desde sua fundação em 1891, os maestros escolhiam os músicos que conheciam. As seleções eram tão ocasionais quanto uma parada no hotel do maestro para tomar um drinque.

Na década de 1980, entretanto, a Sinfônica de Chicago e a maior parte de suas congêneres se curvaram às acusações de sexismo e adotaram o teste "às cegas", nas quais os músicos tocam por trás de uma cortina. Antes de sua apresentação, Melanie recebeu uma série de instruções muito específicas. Assim, foi instruída a entrar por uma porta secundária da Sala de Orquestra, de modo a não ser vista por nenhum dos juízes. Recebeu, então, um número – 23, entre 250 músicos que estavam disputando uma única vaga! – para que os juízes não soubessem seu nome. Quando chegou sua vez de ocupar o palco, ela não só tocou por trás da cortina, como também atravessou o palco caminhando sobre um tapete, para que o condutor, Sir George Solti, juntamente com os membros da orquestra que estavam na plateia para julgá-la, não ouvissem o matraquear de saltos altos.

Melanie tocou com brilhantismo e, no final, obteve a cobiçada vaga. Outras mulheres começaram a vencer processos seletivos. Esse método para eliminar preconceitos foi tão notável que economistas visitaram a Sinfônica de Chicago – assim como quatro outras grandes sinfônicas do país que também adotaram o teste às cegas – no intuito de compreender como eliminar a discriminação. Descobriram que nessas cinco orquestras as mulheres passaram de menos de 5% dos músicos, na década de 1970, para 25% em 1997, ano em que foi realizado o estudo. Atualmente, esses números estão próximos a 50%.

Melanie foi afortunada o bastante para vivenciar uma experiência real de eliminação de preconceitos. Desde então, executivos e empresas têm tentado descobrir como replicar essas condições ideais. Utilizando ferramentas obtidas em laboratórios de computação e experimentos neurocientíficos, de aplicativos de encontros como o Tinder, de classes machistas, como a dos roteiristas de programas televisivos, e até de um estudo sobre o épico escândalo financeiro da Enron, eles tentaram encontrar uma fórmula que permitisse decisões empregatícias puramente racionais.

Algumas empresas estão, literalmente, seguindo o exemplo das orquestras sinfônicas. Firmas como a Bloomberg, Laboratórios Dolby e a BBC Digital têm preenchido cargos técnicos por meio de "testes às cegas", nos quais os postulantes são avaliados por um diretor de recursos humanos que nada sabe a respeito dos candidatos – nem o sexo, nem a idade, nem a escolaridade, nem o nome.

O processo seletivo que usam é de autoria do desenvolvedor de softwares Kedar Iyer, que foi motivado por sua própria experiência. Ele estudava Engenharia Elétrica na Índia, mas não conseguia nem mesmo ser recebido para uma entrevista pelas empresas de tecnologia que procurava, pois estas exigiam um diploma em Informática. Ele sabia que poderia programar tão bem quanto seus colegas que estudavam Informática, mas ninguém queria lhe dar uma chance de provar seu valor. Finalmente, frustrado, mentiu sobre sua graduação. Funcionou. Foi convidado para uma entrevista por uma firma de prestígio, onde se saiu muito bem num teste de programação. Infelizmente, quase foi expulso da faculdade quando seu orientador vocacional descobriu.

O subterfúgio pode não ter funcionado, mas teve um efeito imprevisto: inspirou-o a fundar, em 2012, uma empresa chamada GapJumpers, que utiliza um software para conduzir testes às cegas em recrutamentos na área técnica e computacional. Os postulantes são submetidos a um teste on-line que não revela gênero, idade nem educação. Por exemplo: um candidato a editor de mídias sociais pode ser solicitado a criar, para determinada marca, posts no Instagram relacionados ao Memorial Day. As amostras do trabalho, sem nenhuma identificação anexada, são passadas para os diretores de pessoal da companhia interessada. Estes, então, decidem quais dos postulantes convocarão para uma entrevista.

O processo se revelou uma bênção para candidatos não tradicionais a empregos em áreas técnicas, inclusive mulheres, deficientes e integrantes de minorias. Iyer estima que quatro vezes mais postulantes qualificados são chamados para entrevistas do que em um típico processo de avaliação de currículos. E estes, em sua maioria, são mulheres. "Queremos reformar um sistema de contratações ineficiente, que não valoriza o desempenho", disse-me ele, "e que valoriza os rótulos relacionados à formação e ao currículo."

Por mais encorajadores que sejam os resultados, a GapJumpers até agora tem se concentrado somente em empregos em áreas técnicas, que não requerem interação com outras pessoas. Outras empresas estão entrando nesse setor, mas também tendem a se concentrar no setor técnico.

Muitos de nós, no entanto, trabalhamos em empregos que requerem algum grau de interação humana. E a química – como alguém se encaixa na cultura da empresa – permanece um componente inegavelmente importante na escolha de postulantes qualificados. Portanto, a grande pergunta é: testes às cegas podem funcionar para o resto de nós?

Para encontrar a resposta para tal pergunta, é preciso viajar para além da sala de orquestra e do Vale do Silício, e espreitar a sala dos roteiristas de um programa televisivo na cidade de Nova York.

Full Frontal with Samantha Bee estreou em 2016. A apresentadora deste satírico programa de notícias não pretendia ser comediante. Queria ser advogada. Nascida e criada em Toronto, ela era, como relembra em sua autobiografia, *I Know I Am, But Are You?*, uma menina excepcionalmente quieta, a própria "criança caseira".

Ela teve uma infância itinerante, sempre se deslocando entre as moradias dos pais divorciados, mas foi criada principalmente por sua avó. Era boa aluna, embora na adolescência tenha tido problemas quando namorou um garoto da escola que gostava de roubar automóveis. Mas tomou providências em relação às notas: após matar um monte de aulas, persuadiu o namorado a bater na mão dela com uma pedra, de modo a ser dispensada das provas finais e preservar suas médias.

"Ainda sou uma colegial católica, que gosta de ser a melhor aluna", disse ela quando foi entrevistada pela revista *Rolling Stone*.

A atração pelos tribunais, entretanto, não foi páreo para a sedução do palco. Bee obteve um papel numa peça infantil itinerante (seu destaque: ter sido a estrela de *Sailor Moon* e usado uma roupa sexy, com um grande decote). Sustentava-se fazendo biscates, inclusive como técnica numa clínica de disfunção erétil e crupiê de blackjack em um cassino ilegal. Até que se associou a três outras mulheres e com elas fundou o grupo teatral *Atomic Fireballs*.

Em 2003, quando *The Daily Show with Jon Stewart* chegou à cidade, amigos a instigaram a participar de uma seleção. Bee não sabia ao certo se estava preparada. Como muitas mulheres, carecia de autoconfiança. Pesquisas têm demonstrado que as mulheres não se apresentam para um trabalho caso não se sintam 100% qualificadas, enquanto os homens, impetuosamente, levantam as mãos caso tenham 60% das qualificações necessárias. E mais: uma análise publicada pela *Harvard Business Review* revelou que 22% das mulheres – quase o dobro do percentual dos homens – não se candidatam a empregos por medo. "Não me apresentarei lá, pois provavelmente vou fracassar". A própria Bee fazia parte deste grupo. "Tive que ser praticamente intimada a me candidatar, pois achava que não era boa o suficiente", disse ela. Mas foi aprovada na seleção e obteve o cargo de correspondente, a única mulher a ocupá-lo.

Programas satíricos apresentados ao final da noite são notoriamente dominados por homens, autênticos viveiros de testosterona. Eis por que fiquei surpresa ao saber que a maioria deles utiliza testes às cegas para contratar roteiristas, nos quais os postulantes são identificados por números, em vez de nomes. É um processo semelhante ao que foi aplicado à minha amiga violinista Melanie na Sinfônica de Chicago, exceto que, em vez de tocar Tchaikovsky ou Brahms, os postulantes inventam piadas e situações humorísticas.

Porém, o que é típico, apenas a primeira rodada é às cegas. Depois os produtores do programa conhecem os postulantes. E as mulheres raramente se qualificam. Embora *The Daily Show* tenha sido criado por duas mulheres, Jon Stewart, que foi o apresentador durante longo tempo, tinha a certa altura apenas uma correspondente mulher – a própria Bee. Programas noturnos concorrentes eram igualmente dominados por homens, às vezes com uma única mulher na sala dos roteiristas, cercada por uma dúzia de homens.

Após diversas críticas a essa ausência feminina, veiculadas pela imprensa em 2010, os programas noturnos começaram a se atropelar para contratar mulheres, mas reclamavam que não conseguiam encontrar candidatas em número suficiente. A tendência continuou.

Até mesmo John Oliver, que fez um esforço coordenado para trazer roteiristas mulheres para a equipe da *Last Week Tonight* (A semana passada, hoje à noite) e que usa duas rodadas de testes às cegas, em vez de uma, para tentar aumentar as probabilidades, tem apenas duas mulheres em sua equipe, no momento em que escrevo este texto.

Parte do problema é que os redatores encorajam seus amigos a se candidatar, o que resulta sempre no mesmo conjunto de talentos influenciados pela *Harvard Lampoon** – e com a mesma sensibilidade humorística – dominando as salas dos roteiristas. Pesquisadores descobriram que as pessoas tendem a contratar quem essencialmente é uma réplica de si mesmos. Gravitam na direção de pessoas que se parecem e falam como eles. Lauren Rivera, professora da Escola de Administração da Universidade do Noroeste, realizou 120 entrevistas com empregadores, incluindo escritórios de advocacia, bancos e firmas de consultoria. Descobriu que os diretores de pessoal, em sua esmagadora maioria, escolhiam candidatos "culturalmente semelhantes a eles mesmos, em termos de atividades de lazer, experiências e recursos de autopreservação".

Uma questão também significativa no mundo do *show business* é que os roteiristas – grupo esmagadoramente masculino – já estão familiarizados com os segredos de como padronizar o trabalho, usando um formato rígido, quase ritualizado.

"É uma coisa muito básica, mas o formato no qual os *scripts* são recebidos é bem específico desse mundo", disse Bee. "Se você não assimila o formato, seu trabalho estará em completa desvantagem, pois ficará evidente que você não trabalha na indústria de espetáculos e ninguém o lerá. É como entregar uma tese manuscrita."

Assim, quando Bee assumiu o *Full Frontal*, ela e sua produtora executiva, Jo Miller, decidiram aplainar mais a área, determinadas a criar um teste verdadeiramente às cegas. Não queriam uma sala de

---

* Revista de humor fundada em 1876 por alunos da Universidade de Harvard. Publicada até hoje, é considerada a mais antiga do mundo no gênero. [N.T.]

roteiristas povoada pelas mesmas pessoas, com as mesmas vozes; nem que outras mulheres enfrentassem os mesmos obstáculos que haviam encontrado antes em suas carreiras.

Miller criou, então, um pacote de instruções para os postulantes, que não só proporcionava informações detalhadas para a apresentação do trabalho como também lhes ensinava como formatar o roteiro. Todas as solicitações que aterrissavam na escrivaninha de Miller tinham exatamente o mesmo aspecto. Além de não haver como diferenciar homens de mulheres, também não havia como diferenciar profissionais de amadores.

Os resultados foram impressionantes. Quando o programa foi lançado, em fevereiro de 2016, seus roteiristas estavam igualmente divididos entre homens e mulheres, e 25% deles faziam parte de minorias. Alguns eram profissionais experientes, mas outros definitivamente não eram; um deles saíra de um emprego no Departamento de Trânsito do estado de Maryland.

"Eu literalmente preenchi meu escritório com pessoas que haviam sido subestimadas ao longo de suas carreiras", diz Bee. "Sem exceção, todos nos enquadramos nesta categoria. É muito gratificante reunir em um grupo pessoas que ninguém jamais achou que pudessem segurar as rédeas e fazer a p...a do trabalho."

O show foi lançado com o *slogan* "Cuidado, ou você é sexista". Mas a própria Bee é a primeira a dizer que ainda não resolveu o problema da diversidade. Ainda há por aí muitas mulheres e membros de minorias que são hilariantes, e ela pretende encontrá-los.

"Não é que estejamos obcecados pela diversidade", diz ela. "Mas é obrigatório que o show esteja sempre se movendo para a frente."

∘ ∘ ∘

OUTROS TIPOS DE empresas, muito distantes da informática e da criação de roteiros, estão também começando a assimilar elementos da contratação às cegas. Existe até um aplicativo para isto: Blendoor, uma espécie de Tinder para quem está à procura de emprego, podendo localizar uma oferta e respondê-la sem revelar detalhes como idade, gênero e etnia.

A fundadora da Blendoor, Stephanie Lampkin, uma afro-americana formada em Engenharia pela Universidade Stanford e com um MBA no MIT, criou o aplicativo devido a uma frustração, após ter passado por oito rodadas de entrevistas em uma grande empresa de tecnologia, apenas para ouvir que sua formação não era "suficientemente técnica". Ela se irritava sempre que as empresas de tecnologia atribuíam a minúscula quantidade de mulheres e minorias em seus quadros à falta de talentos disponíveis nos canais de recrutamento

"Eu sabia, por minha própria experiência, que este não era o caso", disse ela. "Eu queria criar uma plataforma que pudesse revelar que não se trata apenas de um problema de canais de recrutamento."

Sua meta é expandir o aplicativo para além das empresas de tecnologia, de modo a que atinja outras indústrias, inclusive planos de saúde e empresas de economia compartilhada. Uma extensão do Chrome chamada Unbias remove nomes e fotos dos perfis do LinkedIn com o propósito de encorajar o recrutamento às cegas. A plataforma Interviewing.io permite que os empregadores mascarem as vozes dos postulantes durante o processo de entrevistas, enquanto a Talent Sonar, uma ferramenta para a contratação de gerentes, mascara o gênero dos postulantes e sugere perguntas focadas na capacidade.

Empresas de todas as áreas estão testando esse tipo de software "antipreconceito". Alguns confiam em testes de capacidade. Pesquisadores têm demonstrado que os testes de capacidade e entrevistas com perguntas baseadas em habilidades específicas são mais eficientes que a intuição dos entrevistadores.

O ponto-chave, claro, é aplicar o teste com imparcialidade – e implementar seus resultados. Quando Lauren Rivera, da Universidade do Noroeste, observou o processo em uma empresa, descobriu que quando os postulantes do sexo masculino cometiam erros em um teste de matemática, a equipe de contratação relevava o fato; quando mulheres e minorias cometiam erros, os resultados eram usados contra eles.

Mas superado o preconceito, os resultados falam por si mesmos. Um estudo realizado pela Harvard Business School descobriu que, quando empregadores usam um teste para avaliar postulantes – e respeitam os resultados, em vez de ignorá-los e seguir sua intuição –, os funcionários que contratam são mais bem-sucedidos e permanecem mais tempo na empresa.

A Unilever e a Mercer estão entre as companhias que começaram a utilizar uma ferramenta neutra com relação a gênero para testar empregados em potencial. O banco Morgan Stanley diz que usa agora um sistema cego com relação a gêneros para autorizar a abertura de contas, de modo a evitar favoritismos que possam deixar as mulheres com limites menores. Compose, uma empresa de software pertencente à IBM, elimina informações identificadoras quando avalia candidatos a empregos. A chamada tecnologia da diversidade está emergindo como uma ferramenta dos departamentos de recursos humanos (RH) nas empresas, com o propósito de avaliar postulantes sem levar em conta gênero ou raça.

A prática está se difundindo pelo mundo também. Empregadores em países europeus, inclusive Suécia, França, Países Baixos e Alemanha, testaram um sistema de análise de currículos às cegas e descobriram que fizeram contratações equânimes. Na França, por exemplo, um teste feito pelo governo com mil empresas revelou que as mulheres obtinham maiores taxas de retorno quando a avaliação de currículos era feita às cegas. A Austrália criou um programa-piloto semelhante, que inclui 29 empresas e instituições. No Reino Unido, grandes empresas como HSBC, Virgin Money e KPMG têm adotado a mesma prática, eliminando os nomes dos currículos e, às vezes, até a formação escolar.

Mesmo nas melhores circunstâncias, nada disso é fácil. Como Lauren Rivera descobriu, a maioria de nós se relaciona melhor com gente semelhante. Gravitamos naturalmente em direção a pessoas que frequentaram a mesma faculdade, torcem pelo mesmo time ou gostam do mesmo tipo de música. Pessoas como nós nos fazem sentir melhor – com nós mesmos e com elas.

Sempre foi assim; essa é a premissa do clássico livro de 1952 *Como Vencer na Vida sem Fazer Força*, no qual o jovem arrivista J. Pierrepont Finch finge ter frequentado a mesma faculdade de seu diretor-executivo enquanto vai sendo promovido. Não por coincidência, o musical baseado no livro ainda repercute hoje (bem, na maior parte; o mesmo não se pode dizer da canção *A Secretary Is Not a Toy* [Uma Secretária não é um brinquedo]). Mas esse tipo de afinidade emocional raramente resulta na escolha do melhor candidato.

Como a economista comportamental Iris Bohnet destacou, é difícil abandonar o julgamento humano. Nossas emoções superam a racionalidade. Os diretores de pessoal "confiam extremamente em sua perícia e experiência, e não gostam de abdicar em favor de abordagens mais estruturadas, que possam delegar a uma máquina o julgamento humano".

Nem mesmo quando a máquina tem razão. A firma de consultoria McKinsey & Company, que está na vanguarda no que se refere à criação de um local de trabalho mais igualitário, oferece múltiplos programas para a capacitação de mulheres e horários flexíveis para pais com recém-nascidos, além de estabelecer metas para a contratação de mulheres. Mesmo assim, quando comparou um programa de computador com recrutadores humanos para avaliar 25 currículos, o computador escolheu mais mulheres que os recrutadores humanos.

"Descobrimos que as máquinas são 10% menos preconceituosas em relação às mulheres", disse-me Dominic Barton, diretor-executivo da McKinsey – em que pese o fato de a maioria dos próprios recrutadores serem mulheres. "Podemos estar excluindo pessoas que não desejaríamos deixar de fora."

○ ○ ○

A CONTRATAÇÃO ÀS CEGAS, é claro, aplica-se apenas a uma pequena fração do mercado de trabalho. Assim sendo, as mulheres têm chamado a si a tarefa de inventar modos criativos de contornar o preconceito. Algumas chegam ao ponto de ocultar seu gênero. Há uma longa história de mulheres se passando por homens, desde Joana D'Arc, no século XV, à escritora Charlotte Brontë, que no século XIX publicou livros sob um pseudônimo masculino. Uma equivalente dos dias atuais é Erin McKelvey, que, recém-formada em 1990, contatou diversas empresas de tecnologia. Ao não obter respostas, mudou seu primeiro nome para "Mack" no currículo – e foi recompensada com um índice de retorno de 70%. Conseguiu um emprego em algumas semanas.

Mais recentemente, as duas fundadoras da Witchsy, uma *startup* de comércio de arte on-line, inventaram um cofundador que chamaram literalmente de "Keith Mann". Elas às vezes eram tratadas com desdém por desenvolvedores web e outros contatados, mas não Keith. "Foi como a noite e o dia", disse a cofundadora Kate Dwyer. "Eu levava dias para obter uma resposta, mas Keith não só recebia uma resposta e uma atualização de *status* como também lhe perguntavam se precisava de algo mais, ou se havia alguma coisa em que eles pudessem ajudar."

O empresário John Greathouse escreveu uma matéria no *Wall Street Journal* na qual, de fato, instigou as mulheres a usarem suas iniciais para camuflar o gênero. "Mulheres, vocês estão cuidando de sua primeira impressão on-line?", perguntou ele, acrescentando obsequiosamente que "se você é uma mulher levantando capital, deve considerar a não inclusão de fotos de sua equipe". A resposta a este comentário foi tão virulenta que, mais tarde, ele tuitou uma desculpa por seu "deplorável artigo...". Suas palavras foram as seguintes: "Eu disse às mulheres para suportarem o problema do preconceito de gênero, em vez de agirem para resolver o problema".

Seu último argumento, a respeito de não resolver o problema, está correto, pois identifica uma importante ressalva: contratações às cegas, exclusivamente, não são uma panaceia. Podem acabar mascarando um problema, em vez de resolvê-lo. Se a contratação é imparcial, mas o ambiente de trabalho não, o sistema ainda está falho.

Depois que a ex-engenheira da Uber Susan Fowler esmiuçou uma cultura de assédio sexual e retaliações em um blog, por exemplo, o procurador-geral Eric Holder conduziu uma investigação que resultou em diversas recomendações, inclusive o uso de currículos não identificados. No entanto, nenhuma delas, por si só, poderia transformar uma cultura machista, em que – quando ela reportou o assédio ao departamento de RH – os homens foram defendidos e ela foi marginalizada. Ou na qual o então diretor-geral Travis Kalanick chamou sua empresa, jocosamente, de Boob-er*, pois o ajudava a conquistar mulheres.

"Todas as sugestões de RH do mundo não conseguiriam mudar a alma do Uber", foi a manchete da revista on-line *Slater*.

Kalanick acabou se demitindo da Uber. A empresa contratou um novo diretor-geral e trouxe Frances Frei, uma professora da Harvard Business School envolvida em esforços pela igualdade de gêneros para atuar em uma nova função – supervisora de liderança e estratégia. Logo após sua chegada, disse-me Frei: "nós já tínhamos uma organização diferente. A Uber, que não era um grande local de trabalho seis meses atrás, é agora um lugar incrível". No momento em que escrevo, ainda é cedo para dizer se as tentativas de transformação da empresa serão bem-sucedidas a longo prazo.

○ ○ ○

SERÁ DIFÍCIL RESOLVER o problema e alcançar equanimidade nas contratações, é claro, se as mulheres não se candidatarem. Surpreendentemente, e com frequência, este ainda é o caso. Os anúncios de emprego podem se constituir na primeira barreira. Há muito tempo já deixamos para trás a época em que os classificados eram divididos

---

* Boob, em inglês, é um tabuísmo para "seios". Este, então, é um jogo de palavras com boob e Uber. [N.E.]

entre "Precisa-se... homens" e "Precisa-se... mulheres" – uma prática que só foi proscrita pela Suprema Corte em 1973.

Entretanto, certos termos que muitas vezes se encontram em descrições de empregos atuam como um apito para cães, atraindo homens e, sutilmente, afastando mulheres. Palavras e frases pressionam botões emocionais em nós e reagimos a eles.

Textio, uma *startup* de tecnologia que tem a Starbucks e a Microsoft entre seus clientes, descobriu que palavras e frases como "histórico comprovado", "astro do rock" ou mesmo "extremamente" têm mais probabilidades de atrair homens; enquanto frases como "paixão pelo aprendizado" atraem mulheres. O aplicativo da Textio distingue as frases ofensivas e sugere alternativas neutras com relação a gêneros.

Quando a revista *Fortune* contratou a Textio para analisar milhares de ofertas de emprego da Walmart, descobriu que mais da metade tendiam na direção de postulantes do sexo masculino. Numa escala móvel de sete categorias, desde o "muito feminino" até o "muito masculino", 26% das ofertas em nível gerencial caíam no patamar de "muito masculino", a mais alta categoria machista.

Tentando democratizar os anúncios, uma programadora criou um aplicativo chamado Decodificador de Gênero, que destaca palavras que são sedutoras para os homens – como "desafio" e "analisar" – contra aquelas que sutilmente sugerem que a posição é para mulheres, como "apoio" e "empatia". Como alguém que já contratou um bom número de pessoas, eu estava curiosa em saber como eu iria me enquadrar. Já sabia que sou inconscientemente preconceituosa contra mulheres que trabalham, como eu mesma; questionei-me, então: *Este preconceito influenciara também o recrutamento de pessoal?*

Portanto, utilizei o Decodificador de Gênero para analisar uma oferta de emprego que eu havia escrito. Acontece que escrevi o anúncio com determinada mulher em mente, alguém que eu considerava a candidata ideal para desempenhar um papel importante. Será que o texto indicaria o sexo feminino? Seria eu pelo menos neutra com relação a gêneros?

Não cheguei nem perto. O aplicativo determinou que meu anúncio tinha "codificação masculina". Acrescentou ainda que "corre o risco de desencorajar mulheres a se candidatarem; mas provavelmente encoraja homens a se candidatarem". Meu erro, segundo o aplicativo, foi a ênfase maior do anúncio em liderança, e não em palavras com mais "codificação feminina", como "colaboração" e "compreensão". De qualquer forma, acabei contratando uma mulher para a função, o que aponta para as limitações de uma solução informatizada. Por mais interessante que pareça limpar a linguagem de palavras "sexistas", o exercício pode involuntariamente exacerbar os piores tipos de estereótipos, em vez de excluí-los. A mulher que contratei me disse que se candidatou ao emprego justamente porque a descrição enfatizava a liderança, e não por ter ignorado a ênfase.

o o o

CONTRATAÇÃO ÀS CEGAS e anúncios de empregos "neutros" podem não ser uma solução perfeita, mas são, pelo menos, um começo. Quando realizados de forma correta, obtêm resultados. Isto porque, na melhor hipótese, eliminam do processo não apenas o preconceito, mas as emoções também.

O papel das emoções não pode ser subestimado, pois não é somente um fator de enorme peso nas contratações; mesmo quando fazemos a contratação correta, pode ser o que vai nos incomodar quando estivermos de fato trabalhando juntos. Está no cerne dos sinais mal interpretados, das reações automáticas e dos ruídos na comunicação entre homens e mulheres, que podem macular as interações mútuas. Na verdade, como já relatei neste livro, o papel da emoção emerge consistentemente como um dos desafios mais desconcertantes, que prejudica tanto os esforços para a equalização das contratações e dos locais de trabalho quanto a comunicação entre as pessoas na vida cotidiana.

Para entender o motivo – haveria alguma diferença física entre os sexos, algo embutido em nossos *hardwares*? – procurei a ciência. Na década passada, nossa compreensão da biologia e da psicologia dos sexos foi expandida de um modo que não podíamos nem imaginar, na década de 1970, quando as mulheres começaram a entrar em grande número na força de trabalho.

Cientistas podem identificar diferenças nos cérebros de homens e mulheres que resultam em desentendimentos entre os sexos. Cientistas da computação estão analisando e-mails para entender como isso se traduz em diferentes estilos de comunicação na idade moderna. Um pesquisador, perplexo com os resultados inconsistentes de um experimento com camundongos, descobriu que estes reagem com medo aos assistentes de laboratório do sexo masculino – e até às camisetas deles –, o que muda a química de seus corpos e cria ansiedade. Nenhuma experiência semelhante já foi testada com seres humanos, mas não podemos deixar de especular se os resultados seriam similares.

Essas descobertas científicas nos dizem primeiramente que não somos loucos, que existe, de fato, uma divisão biológica entre homens e mulheres que interfere na comunicação. As diferenças não afetam a inteligência, mas têm um impacto significativo no modo como homens e mulheres interpretam o comportamento uns dos outros – ou não interpretam.

Considerem o caso de mulheres chorando. Quando me encontro com executivos ao redor do país e pergunto aos homens o que mais os desconcerta no comportamento de suas colegas mulheres, eles inevitavelmente mencionam as lágrimas. Eles têm horror a lágrimas.

Paul Gotti, do serviço de assistência médica Cardinal Health, por exemplo, tem estado na vanguarda das tentativas de recrutar mais mulheres para sua tradicionalmente masculina área de trabalho. Ainda assim, ele notou há pouco tempo que, quando fazia avaliações de desempenho dos funcionários, ele tratava homens e mulheres de forma diferente. Com os homens, era sincero e direto; e sentia-se à vontade para lhes oferecer conselhos sobre o que eles achavam que precisavam para se aperfeiçoar. Com as mulheres, ele se sentia inibido. Tentava não ser tão direto e não as criticar. Para seu desalento, percebeu que não estava sendo justo em suas avaliações de desempenho. Estava sendo mais *suave* com as mulheres.

"Não que as relegasse a um padrão mais baixo", explica ele. Era por um motivo muito diferente: "Eu não queria que elas chorassem, que se sentissem mal".

Fiquei perplexa quando Gotti me disse isso. Ele tinha medo de choro? Eu admito que choro em comerciais dos cartões Hallmark; e nem queiram me ver no final de *Amigas para Sempre*. Minha filha e eu certa vez nos deparamos com uma reapresentação do famoso filme piegas e nos transformamos em poças de lágrimas, chorando uma nos braços da outra, para o enorme divertimento de meu marido. Mas raramente choro no escritório. E não conheço muitas mulheres que tenham chorado no trabalho.

Não muito tempo depois de ter falado com Gotti, mencionei nossa desconcertante conversa ao meu amigo Jonathan, um editor que gerencia jornalistas há duas décadas.

"Sim!", exclamou ele. Ele tinha o mesmo medo. Havia até dado início a uma nova política para quando precisasse conversar duramente com uma subordinada. Agora, faz questão de que haja uma segunda mulher no aposento, não só para lhe oferecer uma avaliação realista de seu comportamento como também para proporcionar apoio moral à outra mulher.

"Acontece o tempo todo! As mulheres choram e eu não sei como lidar com isso", contou-me ele. "Sempre tento fazer a mulher se sentir melhor, mas acabo tornando as coisas ainda piores."

Inadvertidamente, eu havia tocado em um terceiro componente das relações entre os gêneros nos escritórios. De acordo com um blog, chorar é uma das "dez coisas que as mulheres fazem que aterrorizam completamente os homens", empatada com conversas sobre suas menstruações. Outro blog advertiu: "uma mulher chorando é a kriptonita do homem". Uma conversa no website Reddit, na seção "Pergunte aos Homens", incluía o seguinte tópico: "Homens do Reddit: quando uma mulher chora, você se sente assustado, aborrecido ou triste?" ("assustado" e "aborrecido" obtiveram a maior parte dos votos).

Este fato está também entranhado na cultura popular, como comprova a cena mais famosa do filme de 1992 *Uma equipe muito especial*. Tom Hanks – interpretando Jimmy Dugan, treinador de um time de beisebol feminino – repreende uma jogadora, que começa a chorar: "Você está chorando? Você está chorando? Ninguém chora no beisebol!".

Inúmeros livros e matérias de autoajuda para homens tratam da angústia provocada por mulheres chorando. Barbara Annis e John Gray, coautores do livro *Trabalhando Juntos: Homens e Mulheres Inteligentes, Colaborando e Vencendo*, identificam as demonstrações de emoção como um dos maiores desafios que os homens enfrentam. O choro, para eles, é péssimo, seja em casa ou num encontro; e ainda pior no trabalho. Se uma mulher começa a chorar no escritório, um homem sente vontade de dar o fora. De fugir.

Acontece que existe uma razão biológica por trás deste medo. Cientistas descobriram que as mulheres estão programadas para chorar com mais frequência que os homens – e mulheres jovens têm dez vezes mais probabilidades de chorar no trabalho do que homens acima de 45 anos, segundo Anne Kreamer, que conduziu uma pesquisa sobre emoções nos locais de trabalho para seu livro *It's Always Personal*.

Mas ela também descobriu que, quando as mulheres choram no escritório, não é porque seus sentimentos foram feridos, como Gotti e meu amigo Jonathan presumiram, mas por estarem putas da vida. Frustradas. Furiosas.

Nada disso é aparente para os homens. "Deixem eu lhes falar sobre meu problema com as garotas", explicou Tim Hunt, renomado cientista e laureado com o Nobel de Medicina, em uma sala cheia de jornalistas científicos. "Três coisas acontecem quando elas estão no laboratório:

você se apaixona por elas, elas se apaixonam por você e quando você as critica, elas choram."

Seu comentário provocou uma enxurrada de protestos e um novo meme, #distractinlysexy, com cientistas mulheres tuitando fotos de si mesmas de jaleco, óculos de proteção e toda a parafernália de laboratórios. Tão forte foi a reação que Hunt foi obrigado a abdicar de sua posição como professor honorário da Universidade de Londres.

Seu sentimento, no entanto, fora de sintonia como tenha sido, é mais comum do que se pensa. Segundo Jill Flynn, da firma de consultoria Flynn Heath Holt, a questão não é simplesmente a de que os homens não sabem como reagir a mulheres que choram. Eles também têm medo de arranjar problemas com a "polícia da diversidade" por falar asperamente das mulheres "que exigem atenção demais e das que fazem um milhão de perguntas". Em decorrência disso, os "homens morrem de medo de nos dar algum feedback... Preferem deixar as mulheres enveredarem pelo caminho errado a se arriscarem a lhes dar um feedback".

Esse é o problema com o medo das lágrimas. Quando os homens são cautelosos no trato com as subordinadas, elas não obtêm o feedback de que necessitam. E mais: se esses homens são sempre afáveis e positivos, seus comentários são sempre relevados por todas as envolvidas. Assim, como já vimos, o feedback que as mulheres recebem é frequentemente uma crítica às suas personalidades – que elas são "rudes" ou "emocionais" – ao invés de uma crítica construtiva que poderia melhorar seu rendimento. Portanto, as mulheres não obtêm a orientação de que precisam para progredir – nem nenhum crédito quando são bem-sucedidas.

Estudos revelaram, por exemplo, que as mulheres no setor de energia recebem menos críticas que os homens. Assim como as mulheres que trabalham no Serviço Nacional de Saúde da Inglaterra. Em um estudo particularmente revelador, pesquisadores analisaram avaliações de desempenho em um escritório de advocacia em Wall Street.

Descobriram que as mulheres haviam recebido mais comentários positivos ("excelente!" "incrível") do que os homens. Mas apesar das extraordinárias avaliações, somente 6% das mulheres – contra 15% dos homens – foram mencionadas como sócias em potencial. Está bastante claro que as mulheres que choram têm uma boa razão para estarem furiosas!

As carreiras das mulheres sofrem em decorrência disto. Uma firma de consultoria australiana que analisou conversas sobre avaliações de desempenho descobriu que, quando os participantes eram homens, as sessões eram relaxadas, amistosas, com o uso frequente do pronome "nós" e discussões sobre as perspectivas do funcionário. Quando o gerente era homem e a funcionária era mulher, entretanto, as sessões eram tensas; ele tendia a se concentrar no desempenho dela, não no desenvolvimento de sua carreira, e usava com mais frequência o pronome "você".

Complicando o assunto, Howard Ross – especialista em treinamento gerencial e autor de *Everyday Bias: Identifying and Navigating Unconscious Judgments in Our Daily Lives*, descobriu que, entre seus clientes, os homens tendem a superestimar a si mesmos nas avaliações de desempenho, enquanto as mulheres subestimam a si mesmas. As mulheres também tendem a dar crédito às suas equipes, enquanto os homens assumem o crédito pelo trabalho da equipe.

Juntando todos os fatores, uma mulher cujo desempenho é igual ao de um homem está em desvantagem, pois recebe menos feedback, menos apoio e menos relacionamento com seu chefe que o cara no cubículo ao lado.

A ironia é que, assim como as mulheres são penalizadas por demonstrarem emoção, os homens podem ganhar pontos pelo mesmo motivo. Em um revelador artigo no *New York Times* sobre mulheres em Hollywood, executivos de estúdio do sexo masculino criticavam a diretora Catherine Hardwicke, cujos filmes incluem *Crepúsculo*, por ser "abertamente sentimental".

Como Hardwicke observou na matéria, ela já havia trabalhado com vinte diretores, em sua maioria homens. "Testemunhei em primeira mão, nos locais de filmagem, uma série de emoções às vezes atrozes – demissões, berros, brigas entre diretores e atores, prostitutas, coisas abusivas, rombos no orçamento, falta de preparação, tudo bem documentado. Um homem é aplaudido de pé por chorar, por ser tão sensível, mas para uma mulher é uma vergonha."

Cientistas identificaram diversas explicações biológica para esse intrigante paradoxo comportamental. Experiências em laboratórios revelaram, por exemplo, que o choro das mulheres realmente modifica a química corporal dos homens. Um estudo recente realizado no Instituto Israel Weizmann de Ciências concluiu que tão logo os homens farejam lágrimas seus níveis de testosterona caem. O que, em nível profissional, é apavorante para os homens.

Judith Orloff, psiquiatra e autora de *Liberdade Emocional,* definiu a testosterona como "um hormônio-chave poderoso, que posiciona os executivos das empresas em um modo bélico". Sem a testosterona, eles perdem a contundência competitiva. Ela diz que, quando uma mulher chora, "é algo ameaçador em termos de hormônios. Estudos têm associado baixos níveis de testosterona nos homens a sentimentos de fracasso".

Não são só os hormônios dos homens que param de funcionar quando uma mulher chora, o cérebro também. Um estudo intrigante revelou que os homens são capazes de "ler" as emoções de outros homens olhando para seus rostos, mas são incapazes de decifrar com facilidade as emoções nos rostos das mulheres. As mulheres são simplesmente um mistério para eles.

No experimento, cientistas alemães pediram a homens que observassem fotos de olhos de mulheres e homens, e depois descrevessem as emoções que percebessem – por exemplo, seria uma expressão de "desconfiança" ou de "terror"? Os homens conseguiam identificar rápida e corretamente a resposta certa quando observavam os olhos dos homens; mas muitas vezes ficavam desconcertados pelos olhos das mulheres. Os cientistas teorizaram que a falta de conexão data dos tempos pré-históricos, quando os homens das cavernas precisavam avaliar rapidamente se outro homem era amigo ou inimigo. Eles não tinham o mesmo imperativo biológico para interpretar as mulheres.

Essa experiência explica muita coisa. Não é de se admirar que os homens tenham tanto medo de dizer a coisa "errada" para uma mulher. Além de não saberem ao certo o que dizer, também não sabem avaliar as reações de uma mulher. Não fazem ideia do que ela está pensando. Ela é um mistério. Qualquer palavra que digam pode ser uma armadilha. Seu medo é, biologicamente falando, justificado.

Assim, quando um homem como Paul Gotti ou meu bom amigo Jonathan é confrontado com uma mulher chorando, um instinto de 200 mil anos atrás entra em ação. E aciona o mecanismo de "lutar ou fugir". Eles preferem se afastar.

A boa notícia é que, quando os homens reconhecem a reação pelo que ela é, podem superá-la. Quando Gotti descobriu seu medo de mulheres chorando, por exemplo, começou a reavaliar seus sentimentos para ter certeza de que suas avaliações sobre as funcionárias eram tão sinceras quanto as que fazia sobre os funcionários. "Elas precisam do feedback", disse ele, "para que possam crescer também."

o o o

ALGUMAS DAS PESQUISAS mais intrigantes sobre esse paradoxo está em curso neste momento na Universidade da Pensilvânia. Ao longo dos últimos anos, acadêmicos locais têm examinado o interior dos crânios de cerca de mil homens e mulheres usando novas e sofisticadas técnicas de imagem. Os pesquisadores não estavam procurando diferenças de gênero quando iniciaram o projeto, mas, sim, tentando avaliar os cérebros de pessoas jovens para ver se havia algum sinal precoce de transtornos psiquiátricos. Para seu espanto, descobriram que os cérebros de homens e mulheres comuns estão estruturados de formas praticamente opostas.

"Foi uma descoberta absolutamente espantosa", explicou o pesquisador Ruben Gur, quando me encontrei com ele em seu gabinete no hospital. "No início, pensamos que havíamos codificado o programa de forma errada. A maioria das diferenças entre os sexos é mais sutil."

O Dr. Gur me conduziu até um porão bem abaixo do hospital, onde um jovem estava deitado de costas em silêncio dentro de um potente aparelho de IRM (imagem por ressonância magnética), que escaneava seu cérebro utilizando uma técnica sofisticada chamada tensor de difusão de imagem. Em um dos vários monitores de computador em nossa cabine de observação, imagens se sucediam, produzindo um mapa das conexões no interior de seu crânio – como que criando um Google Maps de seu cérebro.

Para mim, aquelas imagens pareciam rabiscos indecifráveis. Mas a colega do Dr. Gur, uma cientista de computação convertida em neuroanatomista computacional chamada Ragini Verma, lia-os como se fosse um romance. A Dra. Verma, um prodígio em visão computacional e matemática, que obteve três doutorados na Índia, seu país de origem, iniciou a carreira codificando reconhecimento facial e análise de expressão para a indústria cinematográfica. Atualmente, utiliza esses dotes para transformar os rabiscos em imagens 3-D do cérebro. "Sou fascinada pelas diferenças entre os sexos", disse-me ela. "É o tema das conversas regadas a mimosas com minhas amigas, nos domingos de manhã."

Em seu laboratório, a Dra. Verma tem usado os escaneamentos para construir uma imagem 3-D que revela as vias que conectam as diferentes regiões do cérebro.

Os cérebros das mulheres possuíam em média múltiplas conexões entre os hemisférios esquerdo e direito, que controlam respectivamente a lógica e a intuição. O mapa do cérebro feminino parecia uma versão particularmente complicada do jogo infantil Cama de Gato. Essa rede entre os hemisférios sugere que as mulheres são capazes de acionar e conectar várias partes do cérebro ao mesmo tempo.

Mas os cérebros dos homens estavam em média instalados de modo inteiramente diferente, com conexões indo da frente para trás. Isto sugere que os homens estão predispostos a se concentrar em uma tarefa de cada vez.

As descobertas dela demonstraram, com impressionante clareza, por que tantos estudos descobriram que as mulheres dão conta de múltiplas tarefas melhor do que os homens. "Isto significa que, enquanto estou conversando com você, consigo trabalhar no meu laptop, finalizar um projeto e pensar em que tipo de sapatos vou comprar à noite", explicou-me a Dra. Verma.

Os dois tipos de cérebro são "complementares. Isto demonstra que o melhor resultado é obtido quando homens e mulheres trabalham juntos e complementam suas habilidades", disse a Dra. Verma.

Ao mesmo tempo, no entanto, a estruturação diferente sugere que "homens e mulheres percebem uns e outros de forma diferente. Nossas percepções do ambiente são diferentes. Isto significa que tudo nos afeta diferentemente. Minha reação às coisas será diferente do modo como um homem reage. As pessoas precisam aceitar que sempre haverá diferenças".

∘ ∘ ∘

NESTA ERA DIGITAL, a desconexão no modo como interpretamos um ao outro é muito mais acentuada. Há mais oportunidades para mal-entendidos e comunicações entrecruzadas. Pela mais esclarecedora pesquisa a esse respeito, devemos agradecer à Enron.

No final de 2001, um dos maiores escândalos financeiros da história eclodiu quando a Enron, uma poderosa gigante do setor energético, desmoronou de forma espetacular. A empresa de Houston era enaltecida por seu brilhantismo no comércio de petróleo; seus mais altos executivos eram festejados em entusiásticos perfis publicados em revistas e recompensados com vultosos dividendos.

Brilho, *glamour* e gastos exagerados eram o credo da firma. Seu diretor-presidente, Kenneth Lay, comprou sete residências, inclusive um palacete de dez milhões de dólares em Aspen, no Colorado, uma das quatro moradias que possuía na valorizada estância de esqui. Para a festa de um funcionário, a companhia destinou um milhão de dólares, e por duas vezes alugou um elefante para reuniões internas. A gastança parecia sem limites – até que um delator expôs a empresa como uma gigantesca fraude financeira.

Como resultado, investigadores do governo começaram a investigá-la. Entre outras provas, coletaram cerca de 600 mil e-mails internos. Foi um tesouro para os jornalistas, que acorreram alegremente em busca de notícias picantes, como os 590 mil dólares em dinheiro que a firma gastou em um interruptor de luz esculpido.

A 2.500 quilômetros dali, Andrew McCallum comemorava, mas por um motivo diferente. Ele é um cientista computacional da Universidade de Massachusetts, em Amherst, que estuda redes sociais. Ele tentava aprender como grupos de pessoas se comunicam por e-mails. Infelizmente, ninguém queria lhe dar livre acesso às suas contas. Assim, quando ele se deparou com a notícia sobre o enorme volume de e-mails da Enron, foi como se tivesse recebido um presente da fada dos pesquisadores.

"Quando li sobre o assunto, a primeira coisa que pensei foi: '*Meu Deus, coitadas das pessoas inocentes da Enron que têm e-mails pessoais*'", lembra ele. "Mas logo depois pensei: "*Meu Deus, pesquisadores de e-mails no mundo inteiro vão vibrar!*". Prontamente, ele pagou 10 mil dólares ao governo federal por toda a base de dados.

Cientistas computacionais têm esmiuçando esses dados desde então. Em um dia chuvoso, encontrei-me com um deles. Formado pela Universidade de Colúmbia, Vinodkumar Prabhakaran – conhecido como Vinod – é perito em pesquisas de sociolinguística computacional, uma ciência em expansão. Um termo complicado, mas basicamente significa usar a computação para entender a linguagem e as tendências sociais. Vinod tem um interesse muito específico em ter acesso aos e-mails da Enron: quer examinar os diferentes modos em que homens e mulheres se comunicam digitalmente entre si.

Sua pesquisa explora uma das questões-chave de nossa era digital. O modo como escrevemos e enviamos e-mails uns para os outros adicionou certo grau de complexidade ao relacionamento entre os sexos. Os estudiosos estão apenas começando a entender as consequências. Por exemplo: os homens tendem a enviar e-mails diretos e curtos. Para mulheres, como eu, um e-mail curto e seco pode parecer descortês, na melhor das hipóteses, e hostil, na pior. Eu leria todos os tipos de motivação no texto: *Será que ele está zangado comigo? Acha que o estou importunando? Está ressentido?*

Mais de uma vez, já mostrei um e-mail ao meu marido para lhe pedir a opinião. A resposta dele: "Está tudo bem. Não está zangado". Até agora, ele não errou nenhuma vez.

As mulheres, em e-mails, tendem a ser mais tagarelas, mais amistosas; e têm muito mais probabilidades de pedirem desculpas, de agradecer inúmeras vezes por alguma coisa que o destinatário faria de qualquer forma. Quando eu mesma escrevo e-mails, checo e recheco o que escrevi antes de enviá-los, para ter certeza de que não estou me rebaixando. Geralmente me obrigo a apagar pelo menos um ou dois pontos de exclamação irrelevantes.

Independentemente do que uma mulher está escrevendo a um homem, se ela se desculpa ou se justifica, uma mensagem é predominante: ela está suplicando, e ele está no controle. Se for muito amistosa, por outro lado, como muitas mulheres são umas com as outras – diversas vezes recebo textos de outras mulheres em que elas se despedem enviando beijos –, vai parecer que ela tem outras intenções.

Entretanto, um homem que escreva assertivamente para sua chefe está enviando outra mensagem: ele não gosta dela. Ou está desafiando sua autoridade. Ou não a respeita. O homem e a mulher podem nem ter tido a intenção de enviar esses sinais. Mas é assim que são interpretados.

Ao estudar os e-mails da Enron, Vinod descobriu uma característica ainda mais desconcertante no modo como homens e mulheres se comunicam. Abrindo seu laptop, ele me mostrou um algoritmo de sua criação, que compara a linguagem usada pelos homens com a usada pelas mulheres. Seu objetivo é identificar o que, em sua área, é conhecido como "abertas demonstrações de poder" – comandos diretos, sem nenhuma linguagem contemporizadora como desculpas ou justificativas.

Após criar o algoritmo, ele o utilizou para analisar os e-mails. Talvez sem muita surpresa, descobriu que os homens usam linguagens de poder com muito mais frequência que as mulheres. Mas também notou algo bastante peculiar: mulheres em cargos executivos rotineiramente minimizavam o próprio poder, evitando comandos diretos. Onde os homens diziam "venha ao meu gabinete agora", as mulheres diziam "você poderia dar uma passada no meu gabinete?".

Mais intrigante ainda: ele descobriu que quanto mais alto era o cargo de uma mulher, menos linguagem de comando ela usava. Na verdade, minimizava sua autoridade, parecia estar suplicando e se esforçava ao máximo para não lembrar aos outros a sua autoridade. Assim como na vida real, no mundo digital as mulheres tentam parecer menos ameaçadoras.

Essas mulheres podem não ter percebido o que estavam fazendo, mas estavam se diminuindo e assumindo uma postura menos ameaçadora. E ao subirem na hierarquia e aumentarem sua autoridade pareciam se esforçar para não a alardear. Vinod teorizou que isto ocorria porque quanto mais poder as mulheres têm, menos queridas são. "As mulheres tendem a se refrear para não parecerem impositivas", disse-me ele. "Não querem ser chamadas de mandonas." E isso mesmo quando são chefes.

o o o

A CIÊNCIA E as pesquisas estão contribuindo para clarificar a lacuna entre os sexos, o que no final das contas acabará contribuindo para fechá-la. A cada nova descoberta, homens e mulheres aprendem a se entender melhor, a eliminar confusões e sinais confusos. Estamos nos aproximando do "teste às cegas" ideal, quando poderemos eliminar o aspecto emocional da seleção de pessoal e trabalhar juntos, compreendendo nossas diferenças, em vez de temê-las.

Porém, os progressos são enlouquecidamente lentos, se considerarmos que o conceito de teste às cegas foi inventado há mais de três décadas e ainda estamos lutando para alcançar a meta perfeita. Quando fez o teste para a Orquestra Sinfônica de Chicago, em 1989, minha amiga Melanie não percebeu que era um ponto fora da curva.

Nas férias, visitei Melanie em Chicago. Antes de um concerto, certa noite, ela me deixou acompanhá-la até o vestiário feminino, nos porões do famoso Centro Sinfônico de Chicago. Com seus bancos e armários, o vestiário poderia abrigar um time de futebol ou de basquete feminino, exceto pelos acordes no ar e pelo conteúdo notoriamente diferente dos armários – trajes de gala e instrumentos de valor incalculável.

Melanie está em casa. Já se apresenta com a Orquestra Sinfônica de Chicago há quase três décadas. Quando seus três filhos, inclusive gêmeos, nasceram em rápida sucessão, ela às vezes se via no palco com baba de criança nos cabelos. Seus colegas se tornaram sua família, apoiando-a nos melhores e nos piores momentos de sua vida, inclusive nas ocasiões de morte de seu amado pai e de sua irmã caçula.

Todos os anos, a Sinfônica de Chicago faz uma turnê. Juntamente com seus colegas, Melanie já se apresentou na China, na Rússia, no Japão e nas capitais europeias. Sempre que está viajando, ela assiste a um concerto da orquestra local. Um dos mais memoráveis, contou-me ela, enquanto retirava um dos muitos vestidos pretos cuidadosamente pendurados em seu armário, foi o primeiro a que ela assistiu da Filarmônica de Viena.

Tal como a Sinfônica de Chicago, a Filarmônica de Viena tem uma história notável. Fundada em 1842, ela se originou nos conjuntos que apresentavam na corte peças de compositores como Haydn, Mozart e Beethoven. No século XIX, apresentou pela primeira vez obras de Brahms e Bruckner. A primeira vez na história em que os frequentadores de concertos ouviram os acordes assombrosamente belos do concerto para violino de Tchaikovsky, hoje lendário, foi em uma apresentação da Filarmônica de Viena.

Mas enquanto assistia ao concerto, alguma coisa no palco chamou sua atenção. A sinfônica era um mar de homens de smoking. Ela olhou com atenção. Entre os mais de 120 integrantes da orquestra, não havia nenhuma mulher. Zero. Foi uma visão estranha para a qual ela não estava preparada.

Há uma razão para o fato. A Filarmônica de Viena talvez tenha sido a última grande orquestra do mundo a adotar testes às cegas. Os músicos eram escolhidos por seus pares, todos os quais eram homens. A primeira mulher só foi aceita em 1997.

Mesmo quando em 2011 o governo austríaco lhe reduziu a dotação financeira, em sinal de protesto, a orquestra resistiu. E quase como uma represália ao governo por este se intrometer em suas práticas sexistas, no primeiro concerto de 2012, apenas duas mulheres figuravam entre os integrantes da filarmônica. Desde então, para os frequentadores de concertos, tem sido uma espécie de esporte contar, no Concerto de Ano Novo, quantas mulheres estão no palco.

Enquanto observava a apresentação da filarmônica naquele dia, Melanie não pôde deixar de pensar em sua própria experiência. Ela e suas colegas contribuíram para fazer da Sinfônica de Chicago uma das maiores orquestras do mundo.

De fato, enquanto conversávamos, o vestiário no porão da sala de concerto parecia uma colmeia, com uma multidão de musicistas pondo seus vestidos de concerto, desembalando seus instrumentos, verificando seus iPads e dando as últimas instruções às babás em casa. Uma das colegas de Melanie puxou o celular e me mostrou fotos de sua filha; outra falou sobre o projeto de ciências que seu filho apresentaria na escola. As mulheres em torno de nós, todas virtuoses, afinavam distraidamente seus instrumentos valiosos enquanto comiam saladas que haviam trazido de casa em recipientes de plástico.

Aquelas mulheres não pensavam a respeito de gêneros em seu trabalho cotidiano. Não precisavam. Logo estariam no palco com seus colegas homens, onde apresentariam um concerto com músicas do compositor John Williams, dirigido pelo próprio Williams. O fenômeno dos testes às cegas que os economistas haviam estudado várias décadas atrás estava em plena floração. Os testes às cegas haviam funcionado. Os resultados eram claros e estavam bem à minha frente.

Entretanto, no mesmo momento, no outro lado do oceano, havia um sombrio lembrete de como a vida teria sido se a Sinfônica de Chicago e outras orquestras não tivessem introduzido, anos antes, as audiências às cegas. Aquelas mulheres não estariam ali. O vestiário feminino não estaria ali. Aquelas mulheres notavelmente talentosas poderiam estar nas salas de suas casas, dando aulas a crianças. E, se tivessem muita sorte, talvez estivessem na plateia naquela noite.

Como que para sublinhar o fato, a meio mundo dali, na Áustria, a Filarmônica de Viena estava ensaiando para seu concerto de Ano-Novo, uma produção espetacular, televisionada para mais de noventa países e vista por cinquenta milhões de pessoas. Faltava pouco para que a cortina fosse levantada diante daquele evento único. E quando isto acontecesse, no dia de Ano-Novo, atentos membros da plateia observariam os músicos ali presentes e abanariam as cabeças com descrença.

Ali estavam 125 dos mais talentosos músicos em toda a Europa. Os melhores entre os melhores.

Mas os observadores só veriam cinco mulheres em toda a orquestra.

8

MULHERES INVISÍVEIS

O MAIOR RECURSO INEXPLORADO DO MUNDO

UMA DAS PESSOAS mais inteligentes que conheço é Carol O'Keefe. Carol e eu nos conhecemos quando, ainda calouras, fomos colegas de quarto na faculdade; e continuamos muito amigas até o final do curso.

Quem lesse nossas fichas de inscrição na faculdade concluiria com razão que nada tínhamos em comum. Eu era a violinista estudiosa de Nova Jersey, que havia trabalhado no jornal da escola e não conseguia conectar uma raquete com a bola de tênis. Carol, vinda do interior de Maryland, era a estrela do atletismo e apesar de medir menos de 1,60, era a capitã de quase todos os esportes femininos quando estava no Ensino Médio – inclusive basquete.

Nós tínhamos certeza de que o reitor da faculdade havia nos colocado no mesmo quarto como uma espécie de gracejo cósmico. Mas o gracejo não funcionou. Logo nos tornamos amigas e assim permanecemos até hoje.

Durante anos, incrivelmente, Carol e eu vivemos em cursos paralelos. Imediatamente após a formatura, ela se casou com Regis, seu namoradinho da faculdade. Eu fui uma das madrinhas do casamento, quando a primeira dança deles foi a canção de amor *Rainbow Connection*, do filme *Muppets: O Filme*. Depois, ela e Regis foram para Boston, ele para terminar o curso de Medicina, ela para iniciar o curso de Direito.

Nenhum deles vinha de família abastada e, sendo um casal jovem, mal conseguiam se sustentar. Quando os visitei, compartilhamos um jantar de espaguete puro em seu pequeno apartamento com pisos desnivelados. Depois ajudei Carol a fazer sanduíches de manteiga de amendoim, levados em um saco de papel marrom para Regis, que estava fazendo suas rondas hospitalares. Ele não podia se dar ao luxo de comer na lanchonete.

Eu estava morando em Nova York, onde era uma repórter iniciante do *Wall Street Journal*. Ganhava uma ninharia, dormia na sala do minúsculo apartamento que dividia com uma estagiária de um banco de investimentos, que ganhava mais do que eu e podia pagar o quarto. Alguns anos mais tarde me casei com Tom, que também conheci na faculdade. Carol foi uma de nossas damas de honra, envergando corajosamente o horrendo vestido de poliéster rosa que escolhi para ela.

Enquanto Tom e eu nos ajustávamos à vida de casados, o mesmo faziam Carol e Regis, que se transferiram para Rochester, Nova York, para que Regis pudesse completar sua residência médica. Carol trabalhava muitas horas em um escritório de advocacia; às vezes chegava em casa às seis da manhã. Eu também trabalhava muitas horas, primeiro como repórter, depois escrevendo uma coluna diária sobre publicidade no *Journal*.

As trajetórias de nossas vidas continuaram em cursos paralelos: no final da casa dos vinte anos, Carol e eu engravidamos simultaneamente. Ambas continuamos a trabalhar ao longo dos nove meses de gestação, só abandonando nossas escrivaninhas no último momento possível. Estávamos determinadas a proteger nosso *status* profissional, duramente conquistado, para mostrar que éramos capazes de fazer tudo.

Mas depois que o filho de Carol, Patrick, e minha filha Rebecca nasceram, nossas vidas divergiram. Nos anos seguintes, os rumos que tomamos oferecem um mapa do que as empresas podem, devem – e não devem – fazer para evitar que as mães despenquem em um abismo profissional.

Nossas trajetórias iluminam um dos maiores e menos reconhecidos problemas que confronta a América corporativa. É um problema que, se tratado com senso comum, poderia turbinar a economia e melhorar imensamente a vida das mulheres. É um fato simples, mas parece ser ignorado por muitas mães que trabalham e, mais ainda, na maior parte das empresas: crianças crescem.

Mais a propósito: quando essas crianças crescem, surgem milhões de mulheres tão ambiciosas, inteligentes e apaixonadas pelo trabalho quanto eram antes de serem mães – provavelmente até mais. Entretanto, permanecem teimosamente invisíveis para os empregadores. Essas mulheres são talvez o único grande recurso inexplorado na economia contemporânea.

Quando falamos sobre mães que trabalham, temos tendência a pensar em mães com bebês e crianças pequenas. A ênfase é na licença-maternidade, licença parental e licença-adoção. São as questões de importância crítica. Muito menos importância tem sido dada ao outro lado do espectro – mães de crianças mais velhas. Algumas estão fora do mercado de trabalho há vários anos, ou até décadas, e desejam desesperadamente retornar. Outras podem ter continuado a trabalhar, mas em trabalhos sem muito futuro, só porque ofereciam carga horária menor; mas agora estão prontas para engrenar de novo.

Essas evidências nos revelam em quem devemos concentrar nossos esforços hoje: nas mulheres que desejam reingressar no mercado de trabalho ou revitalizar carreiras interrompidas. Não se trata apenas de jovens mães recém-saídas da licença-maternidade, mas de mulheres mais velhas e experientes que foram ignoradas durante anos, mas que dispõem de uma multiplicidade de talentos, além de ambição e inteligência para retomar as carreiras.

Reintegrar essas mulheres é mais do que ajudá-las; é ajudar a todos nós. Contar com mais mulheres no mercado de trabalho talvez seja o melhor modo de acelerar a economia americana. Se mais mulheres trabalhassem, os Estados Unidos poderiam acrescentar, em duas décadas, incríveis 2,1 trilhões de dólares ao produto interno bruto, segundo o McKinsey Global Institute. Metade dos estados veria seu PIB aumentar em mais de dez por cento, revela o relatório do instituto.

O mesmo vale para o mundo inteiro. Em 2013, o primeiro-ministro japonês Shinzo Abe deu início ao que chamou de "economia feminina", um programa destinado a deslanchar a estagnada economia do país encorajando mais mulheres a reentrar no mercado de trabalho. O relatório do McKinsey também calculou que, no mundo inteiro, se as mulheres participassem dos mercados de trabalho tanto quanto os homens, isto adicionaria assombrosos 28 trilhões de dólares à economia mundial.

Uma das chaves para este crescimento seria tornar o mundo mais hospitaleiro, tanto para as jovens mães quanto para as mães mais velhas – aquelas cujos filhos já cresceram e estão ansiosas para voltar ao trabalho, se alguém se dispuser a contratá-las.

Admito, com embaraço, que custei a entender isso. Quando entendi, foram os homens – meus próprios chefes – que me mostraram o caminho.

o o o

É CLARO QUE, todos sabemos, as crianças um dia se transformam em adultos. Mas quem pode pensar nisso quando no meio da noite, pela quadragésima sétima vez seguida, você acorda com um bebê chorando? É como se você estivesse no meio de um infinito redemoinho de fraldas sujas e consultas médicas; quando as crianças ficam mais velhas, você é soterrada por encontros com professores, visitas aos amiguinhos dos filhos, trabalhos de casa, jogos de futebol. Equilibrar tais coisas com um trabalho é certamente impossível. Mulheres com grande potencial, muitas vezes, deixam o mercado de trabalho sem imaginar que um dia desejarão retornar.

Foi o que aconteceu com minha amiga Carol. Depois que Patrick nasceu, ela se viu ansiosa para passar o tempo com seu novo bebê. E mais, ela e Regis queriam uma família grande. Assim, ela fez um acordo com o escritório de advocacia em que trabalhava: trabalharia meio expediente pela metade do pagamento. Parecia um arranjo ideal. O escritório não tinha uma política de meio expediente, mas ela era uma advogada inteligente e hábil. Seu trabalho era valioso. Parecia uma solução perfeita para todos.

Minha abordagem foi diferente. Eu amava meu trabalho e temia não mais ser levada a sério depois que Rebecca nasceu. Portanto, após alguns meses de licença-maternidade, retomei o ritmo exaustivo. Raramente chegava em casa antes das oito da noite e, às vezes, muito mais tarde. Tom, como advogado júnior, tinha um horário ainda mais exigente.

Queríamos que Rebecca crescesse como nós crescemos, fazendo as refeições em família. Assim, adotamos um artifício: "jantar" era quando mamãe e papai chegavam em casa. Eis o motivo de, frequentemente, comermos frango frio à meia-noite. Era um malabarismo torturante. Eu tinha que planejar as coisas com semanas de antecedência para comparecer a uma festa de aniversário ou às reuniões de mães e alunos na escola – onde nossa babá geralmente assumia o papel de "mãe".

Meus dias e noites eram, em sua maioria, repletos de culpa. Sentia-me culpada no trabalho e culpada em casa. Independentemente de onde estivesse não estava fazendo o suficiente pela outra metade da minha vida. No trabalho, era uma escrava dos prazos. Em casa, perdi os primeiros passos, as primeiras palavras, os primeiros amigos dos meus filhos.

A culpa que eu sentia, como mãe que trabalhava fora, é familiar a todos os que têm filhos. Mas tenho consciência de que sou mais afortunada que a maioria das mães. Meu marido e eu dispúnhamos de uma ótima creche, o que não acontece com a maioria dos pais. Eu às vezes podia sair do trabalho para uma consulta com o pediatra e, nos últimos anos, para assistir a uma apresentação de balé ou para um encontro com professores. Pessoas que recebem por hora ou têm horários inflexíveis – como muitos pais de nossa escola – não dispõem desse luxo. Muitos deles não conhecem os professores, menos ainda compareçem ao desfile infantil de fantasias realizado no Dia das Bruxas.

Entretanto, mesmo para os mais privilegiados de nós, o sentimento de culpa é profundo. Certa vez fui convidada para almoçar com Barbara Walters, a lenda do jornalismo televisivo, quando lhe contei como havia gostado de sua autobiografia *Audition: A Memoir*. Na condição de mãe que trabalhava, disse eu, o livro fora uma inspiração para mim, sobretudo na parte em que ela descreve sua deslumbrante carreira enquanto criava uma filha.

A resposta dela: "Há sentimentos de culpa em cada página".

Existe uma razão, mesmo agora, para que estes sentimentos de culpa continuem a ser uma força tão poderosa. A maioria das mães americanas atualmente trabalha fora de casa; porém nenhuma de nós – mesmo sendo mães – consegue se livrar do preconceito contra elas. Uma avaliação realizada pelo Centro de Pesquisas Pew revelou que 41 por cento dos americanos adultos dizem que o aumento do número de mães que trabalha é ruim, quase o dobro do percentual dos que dizem que é bom.

Na mesma avaliação, as mulheres que trabalham conferiram a si mesmas notas muito baixas por seu desempenho como mães. No entanto, os pesquisadores não encontraram nenhuma verdade nessas autoavaliações. De fato, filhas de mulheres que trabalham ganham maiores salários quando adultas, e filhos de mães que trabalham, quando adultos, passam mais tempo cuidando das crianças e realizando tarefas domésticas. Os homens que foram criados por mães que trabalham "são significativamente mais igualitários em suas atitudes com relação a gêneros", segundo Kathleen McGinn, professora da Harvard Business School.

o o o

A CULTURA AMERICANA, malgrado suas virtudes, projeta os sentimentos de culpa das mães que trabalham diretamente no sistema. Há questões estruturais, profundamente entranhadas neste país, que mesmo agora tornam difícil equilibrar trabalho com maternidade até para mães que dispõem de recursos. Nossas políticas e nossos políticos fazem muito pouco para aliviar a situação.

Os Estados Unidos são o único país industrializado do mundo que não oferece licença parental paga. Pensem nisso. É um fato espantoso, principalmente se considerarmos que a maioria dos americanos, independentemente do credo político, apoia a licença – inclusive Ivanka, filha de Trump. O que é mais surpreendente: quando incluímos o Terceiro Mundo e as nações em desenvolvimento, os Estados Unidos são um dos dois únicos países do planeta que não oferecem licença-maternidade paga; o outro é Papua-Nova Guiné.

Trata-se, com certeza, de uma questão financeira. Empresas e políticos se preocupam com as despesas envolvidas. Mas na Califórnia, um dos poucos estados que concedem licença paga, mais de 90% das empresas relatam que esta tem efeito positivo na rentabilidade; em outra pesquisa, metade dos trabalhadores americanos declararam que preferem um período maior de licença que um aumento.

Talvez o problema mais intratável seja cultural. Apesar de todas as platitudes ditas por políticos de todas as convicções sobre os valores americanos, sobre a adoração de nossa sociedade pela família e sobre a importância da família, suas ações – ou a falta delas – sugerem o oposto.

E há sinais de que a situação para as mães americanas está se tornando pior, não melhor. Em países da Europa e de outras regiões os cuidados às crianças são subsidiados; muitos têm reforçado a licença parental e outras políticas de assistência às famílias nas últimas décadas. Não é o que ocorre nos Estados Unidos, onde a maior parte dos custos da assistência à infância recai sobre os pais, e onde esses custos cresceram em mais de 168% desde o início da década de 1990.

Enquanto isso, a semana média de trabalho para os assalariados aumentou de quarenta para cinquenta horas, deixando pouco tempo para o convívio familiar. A carga é especialmente pesada para os lares encabeçados por trabalhadores que recebem salário mínimo; os cuidados com as crianças podem devorar 30% de sua renda total. E são insustentáveis em 49 dos cinquenta estados, pelos próprios padrões do governo americano. Em mais da metade dos estados, as creches hoje custam mais que as mensalidades de uma universidade estadual.

Além de os custos da assistência infantil estarem subindo, as mulheres que têm crianças sofreram um impacto salarial. Ser mãe torna a mulher menos valiosa, literalmente. Pesquisadores descobriram que os homens que se tornam pais são vistos como trabalhadores melhores, enquanto com as mulheres ocorre o contrário.

Isso ajuda a explicar por que no ambiente universitário, por exemplo, pais com filhos pequenos têm chances 35% maiores de obter cargos com chances de efetivação e 20% maiores de obter a própria efetivação.

Sociólogos descobriram que nos Estados Unidos, de modo geral, as mulheres sofrem uma penalidade financeira de 7% por filho. E mesmo após anos de experiência no emprego, a defasagem ainda é de 5% por filho. A defasagem existe em todos os estados e atinge pessoas de todos os níveis, não só as que têm formação universitária. Mães com ensino secundário que são caixas, faxineiras ou trabalham em creches ganham menos que pais com os mesmos empregos. O paradoxo é às vezes chamado de "penalidade materna" ou "bônus paterno".

Uma das razões para a defasagem: as mães são vistas como menos dedicadas ao trabalho que os pais. Robin Ely, professora da Harvard Business School, encabeçou um estudo de dezoito meses tendo como objeto uma grande firma de consultoria. Ela e seus colegas relataram que tanto os homens quanto as mulheres eram brutalmente submetidos a longas horas de trabalho, o que não lhes permitia equilibrar suas vidas e os levava ao esgotamento.

"Praticamente todos – homens e mulheres – sofriam com as pressões competitivas entre o trabalho e a família", concluíram os pesquisadores.

Mas as mulheres eram penalizadas por tentar alcançar algum equilíbrio, enquanto os homens, não. Por exemplo, quando uma mulher saía do escritório mais cedo, os colegas presumiam que fosse para atender à família. Quando um homem saía mais cedo, os colegas presumiam que fosse para comparecer a um jantar ou encontro relacionado ao trabalho. Além disso, tanto os homens quanto as mulheres descreviam as colegas como mães relapsas – embora os colegas não fossem considerados pais relapsos.

Quando se somam os fatos, uma coisa é desconcertante, mas clara: nos Estados Unidos, mulheres que trabalham são desencorajadas a ter filhos. Quanto mais filhos temos, menos valemos para os empregadores. É o contrário da dinâmica que encontrei na Islândia, onde conheci casais com três, quatro e até cinco filhos, apesar de marido e mulher trabalharem fora. "Por que não?", diziam eles; o país, além de oferecer uma generosa licença parental – de nove meses, dividida entre os pais –, também oferece creches, amplamente subsidiadas.

Enquanto isso, nos Estados Unidos, onde não existe licença parental e creches a preços acessíveis, as pressões financeiras sobre os pais são tremendas, mesmo para os que gozam de um bom padrão de vida. Quando Rebecca nasceu, minha empresa me ofereceu quatro semanas de licença remunerada. Sei que tive sorte em ter esse tipo de estabilidade. Mesmo assim, ainda estávamos amortizando os custos dos empréstimos que havíamos contraído para pagar a faculdade de Direito do meu marido. Fiquei absurdamente entusiasmada ao saber que Rebecca estava na posição pélvica e eu teria que ser submetida a uma cesariana; isto significava que eu teria mais duas semanas de licença remunerada, pois a cesariana é classificada como cirurgia de grande porte. Quando chegou a vez de Andrew, dois anos depois, optei pela cesariana de novo, em parte para obter as duas semanas pagas.

Para mim, hoje em dia, parece horrível que uma mulher opte por uma cirurgia de grande porte com o propósito de ganhar mais duas semanas remuneradas para cuidar de um recém-nascido. Espero que meus filhos jamais tenham de fazer esta escolha. Mas a falta de apoio governamental para os pais, combinada com o alto custo das creches, representa um desafio quase insuperável para muitas mulheres. Em uma pesquisa realizada com mães que não trabalham fora, 15% disseram que haviam deixado os empregos porque as creches eram muito dispendiosas.

Não é de admirar que as mães se sintam tão estressadas. Para começar, passam a ganhar menos quando se tornam mães; depois se deparam com os custos altíssimos das creches, que podem arruinar o orçamento das famílias e acabam obrigando as mulheres a pedirem demissão de seus empregos. Junte-se a isso o fato de que, quando os filhos crescem e as mulheres tentam retornar ao mercado de trabalho, encontram as portas fechadas.

o o o

PARA AS MULHERES que permanecem nos empregos, porém, o equilíbrio pode parecer impossível. Dois anos depois que Carol e eu tivemos nossos primeiros filhos, ambas tivemos um segundo filho. Eu voltei a trabalhar em horário integral poucos meses depois; Carol continuou a trabalhar em meio expediente. Tudo bem, admito que fiquei com inveja. Ela parecia ter equacionado tudo. Trabalhava metade do dia e passava o restante do tempo desfrutando a companhia do recém-nascido e do filho mais velho. Enquanto isso, eu me encontrava submersa num oceano de culpa, fraldas sujas e noites insones. Não tinha espaço para mais nada na vida a não ser crianças e trabalho. Dormia de brincos e relógio simplesmente para economizar alguns preciosos segundos de manhã.

Ao mesmo tempo, estava perdendo marcos importantes nas vidas dos meus filhos. Pouco antes do parto de Andrew dei uma festa para

Rebecca, em seu segundo aniversário. Os procedimentos me deixaram totalmente perplexa. Nossa babá planejou a festa e elaborou a lista de convidados. Fez o bolo. E permaneceu ao meu lado à porta para me apresentar aos amigos de minha filha, nenhum dos quais eu conhecia, à medida que chegavam.

Dei-me conta de que não fazia ideia de como minha filha passava o tempo, de quais amigos gostava mais nem de que jogos preferiam. Eu era a mãe mais triste que já se viu em uma festa de alegres e barulhentas crianças de dois anos.

Algumas semanas depois, momentos após eu dar Andrew à luz, ainda grogue da anestesia na sala de recuperação, recebi um telefonema de um editor. Foi quando percebi que alguma coisa teria que mudar. Ao chegar em casa, comuniquei ao meu marido que queria me demitir. Só que não poderíamos nos dar a esse luxo, pois ainda não havíamos terminado de pagar seus empréstimos escolares. E estávamos em uma situação melhor que muita gente: a grande maioria das mulheres não poderia nem mesmo acalentar a ideia de pedir demissão. A coisa ainda está pior hoje em dia: os americanos devem hoje 1,4 trilhão de dólares em empréstimos escolares; e as turmas de 2016 se formaram com uma dívida de 37.172 dólares por pessoa, 6% mais alta que no ano anterior.

Eu me sentia infeliz comigo mesma. Certo dia, encontrei tempo para conversar com Carol ao telefone. Foi quando ela me contou como realmente estava a vida dela. Ela era paga por meio expediente, sim, mas sua carga de trabalho permanecera quase a mesma. No ano anterior, segundo me contou, trabalhara 85% do tempo trabalhado pelos colegas que estavam em regime de tempo integral; só que ganhando metade.

Sua situação não era única. Na verdade, deve ser o padrão nos dias de hoje. Antes de escrever seu livro *I Know How She Does It*, Laura Vanderkam pediu a mulheres que trabalhavam meio expediente que elaborassem um registro de todos os seus horários. Descobriu que a maioria passava mais de 35 horas semanais no emprego. Uma consultora que trabalhava "meio expediente" às vezes passava no emprego mais de cinquenta horas por semana.

"Descobri que muitas mulheres que oficialmente trabalham meio expediente trabalham bem além dos limites estabelecidos", escreveu Vanderkam na *Revista de Negócios de Harvard*.

o o o

NEM CAROL NEM eu encontramos um modo de equilibrar trabalho e família. Mas eu estava prestes a aprender uma das lições mais valiosas de minha carreira — e com meus superiores hierárquicos do sexo masculino. O editor-chefe do jornal, Paul Steiger, havia decidido me deslocar para um trabalho de revisão na editoria do *Page One*. No início, fiquei furiosa. Não estava preparada para deixar de ser repórter! Mas ele insistiu. E provou que tinha razão. As matérias do *Page One* eram geralmente projetos de longo prazo, o que significava que tínhamos um maior controle sobre nossos horários. Não ficávamos tão frequentemente à mercê dos prazos implacáveis das manchetes.

Para minha surpresa, descobri que gostava ainda mais de revisar que de escrever. Na editoria do *Page One*, revisávamos as três grandes matérias publicadas na primeira página do jornal todos os dias. Na época, contávamos com cerca de doze editores, que nada mais faziam que polir os artigos até os transformarem em joias. Eram textos que os repórteres passavam semanas, ou até meses, escrevendo. Eram o orgulho do jornal. Costumávamos dizer que era "uma revista por fora e um jornal por dentro", em função das matérias cuidadosamente elaboradas. Em meus anos como repórter, sempre tive mais ideias que tempo para executá-las. Percebi então que, na condição de revisora, poderia veicular essas ideias. Além de adorar trabalhar com repórteres, descobri que revisar era mais fácil e agradável que escrever a partir do zero.

Mas tanto quanto o trabalho em si, eu apreciava a relativa flexibilidade de horários. Meu chefe no *Page One* me permitia trabalhar em casa determinadas manhãs, um raro gesto naqueles primórdios da era digital. Isto significava que eu havia deixado de ser uma estranha na vida cotidiana dos meus filhos.

É difícil superestimar os benefícios psíquicos de saber quem eram os melhores amigos dos meus filhos, de poder consolá-los quando eles arranhavam um joelho e – o maior de todos os luxos – de poder buscá-los na escola. Todos os dias, às onze da manhã, compartilhávamos um "almoço" constituído de *bagels*, quando eu explicava: "mamãe tem que ir para o trabalho, mas é só até o jantar" – já que eles não tinham nenhum conceito de tempo e "jantar" poderia ser nove horas depois.

Pesquisadores descobriram que o equilíbrio entre a vida doméstica e o trabalho é talvez o melhor indicador da satisfação das mulheres com seus empregos. Segundo uma pesquisa, 93% das mulheres insatisfeitas com esse equilíbrio estão extremamente insatisfeitas em seus empregos. No outro lado do espectro, a grande maioria das mulheres satisfeitas com esse equilíbrio está extremamente satisfeita em seus empregos.

Carol e eu ocupávamos ambas as extremidades do espectro. Tal como os estudos têm demonstrado, o equilíbrio que alcancei, precário que fosse, permitia-me ter uma vida mais controlada, tanto no trabalho quanto em casa. Eu era feliz no emprego sobretudo porque era feliz em casa. Carol, no entanto, não era. Via-se trabalhando quase as mesmas horas que os colegas que trabalhavam em tempo integral e seu meio salário mal dava para pagar a babá. Ela atingiu o ponto de ruptura certa noite, quando estava trabalhando depois de seu horário – uma vez mais – com dois dos sócios mais velhos.

– Acho que não vou poder continuar a fazer isso – disse ela. – Tenho que ir para casa para fazer o jantar.

Um dos sócios olhou para ela zombeteiramente e disse:

– Compre alguma coisa quando estiver indo para casa.

– Não temos dinheiro para isso! – desabafou ela.

Numa atitude digna de louvor, o velho advogado explicou a situação aos sócios mais importantes. Por fim, a firma pagou a ela as horas extras, retroativamente. Mas Carol já não aguentava mais. Parou então de acompanhar processos e passou a fazer pesquisas para processos do escritório. Continuou a trabalhar, mas agora como um "drone de pesquisas", como se referia a si mesma entre risos; enquanto isso sua família crescia, chegando a quatro filhos.

O escritório de advocacia de Carol deixou claro que ela poderia retornar à posição anterior, pelo que ela era grata. Mas sabia que galgar a pirâmide até o *status* de sócia exigiria uma carga de trabalho exaustiva e impiedosa. Assim, a cada ano que passava, ficava cada vez mais para trás na carreira jurídica que escolhera.

Advogados mais jovens, que haviam começado a trabalhar no escritório, passavam à toda por ela e acabavam se tornando sócios. Enquanto isso, supervisionar os deveres de casa dos filhos, acompanhá-los nos deslocamentos de suas equipes esportivas e organizar transporte solidário para essas viagens eram tarefas que lhe ocupavam cada vez mais o tempo. Seu sonho de uma plena carreira jurídica e seu antes promissor futuro profissional eram agora uma lembrança distante. Carol manteve seu trabalho de meio expediente durante dezoito anos, agarrando-se à esperança de uma carreira gratificante. Por fim, com quatro ativos adolescentes em casa, ela deixou o emprego.

Meus chefes, por sua vez, não me deixaram sair da trilha – mesmo quando pensei em fazê-lo. Eu amava meu emprego, mas com duas crianças pequenas, descobri que minhas ambições haviam mudado. O objetivo dominante da minha vida passou a ser chegar em casa a tempo de jantar com as crianças, e não galgar o patamar seguinte da ascensão profissional. Olhando em retrospectiva, vejo que inadvertidamente estava dando preferência às atividades maternais. Meus chefes, porém, não viam as coisas dessa forma.

Quando já estava havia cerca de um ano no *Page One*, eles me ofereceram um cargo de chefe de um dos escritórios. Recusei a oferta.

Não queria perder a preciosa fração de flexibilidade que já tinha. Eles voltaram à carga um ano mais tarde, oferecendo-me a oportunidade de um cargo administrativo no escritório de Londres. Eu disse não novamente. Ao longo de quase cinco anos, meus chefes sempre me ofereceram algumas oportunidades de promoção. Recusei todas.

Eis a coisa extraordinária que eu não valorizei na época: eles continuaram a me fazer ofertas.

A maioria das mulheres é descartada na primeira vez que recusam uma oferta ou, com certeza, na segunda vez. Mas meus chefes me ensinaram uma das lições mais valiosas que já aprendi, e que tentei incorporar como administradora. Eles sabiam que eu queria passar mais tempo com meus filhos pequenos. Mas nunca tentaram tomar essa decisão por mim. Jamais me consideraram prisioneira do beco sem saída maternal e, por conseguinte, não permitiram que eu me aprisionasse nele.

Após cinco anos, quando meus filhos já estavam cursando o primeiro grau, Paul Steiger veio a mim novamente e perguntou se eu estaria interessada em criar uma nova seção para o jornal – a que acabou se tornando o *Weekend Journal*. Respondi com um enfático "sim".

Meus chefes foram sábios o bastante para perceber uma coisa que, na época, eu não percebi: crianças crescem.

Desde então, nas muitas reuniões em diferentes empresas de que tenho participado, ouço alguém sugerir uma mulher para um cargo importante e um administrador graduado responder: "Ela é ótima, mas não vai querer se mudar". Ou: "Ela seria perfeita, mas tem filhos pequenos. Não vai poder viajar".

Seja você homem ou mulher, há uma coisa importante que poderá extrair deste livro: não decida pela mulher. Deixe-a fazer a escolha por si mesma. Diga-se em louvor de meus chefes que eles nunca presumiram nada a meu respeito. Diziam: "Eis uma oportunidade. Decida se quer aproveitá-la". Não fosse a presciência deles, eu jamais teria tido oportunidade de prosseguir minha carreira e acelerá-la no devido tempo.

E mais: não pense que todas as mulheres com filhos pequenos querem dar um passo atrás. Há poucos anos, ao entrevistar candidatas a empregos, a firma de consultoria Bain & Company passava 70% do tempo falando sobre flexibilidade e apoio a mães que trabalhavam fora. Descobriu que as mulheres resistiam.

Assim como os homens, elas "queriam estar entre os melhores e mais brilhantes funcionários", disse-me a sócia Julie Coffman. A firma ainda fala sobre os benefícios para as mulheres que trabalham fora, mas não com tanta ênfase. Agora se concentra mais nas oportunidades da carreira, assim como faz com os candidatos do sexo masculino.

o o o

QUANDO OS FILHOS ainda são crianças, a impressão é de que as longas noites insones, repletas de pirraças e otites, nunca terminarão. O tempo se prolonga indefinidamente. Mas um dia você acorda e percebe que aquelas crianças se tornaram adolescentes. Você então se pergunta como o tempo passou tão depressa.

Foi o que aconteceu com Carol e comigo. Ainda ontem, é o que parece, nós estávamos nos encontrando pela primeira vez em nosso dormitório de calouras. De repente, desafiando toda a lógica e noções de tempo, nossos filhos já estavam começando a se formar nas faculdades. E Carol se viu pronta a retomar o trabalho.

O problema era: como retornar? Ela não praticava advocacia havia anos. Mas aprendia rápido, e uma amiga a ajudou a obter um emprego de meio expediente como professora em uma escola local de Direito. O que foi satisfatório, mas não durou muito; ela teve que desistir do emprego quando se mudou para Saint Louis alguns anos mais tarde, pois seu marido havia obtido o cargo catedrático de ortopedia da Universidade de Washington.

Em sua nova cidade, a garota de ouro, a aluna mais inteligente da turma, a mulher com uma ética de trabalho impecável, que obtivera diplomas de honra ao mérito nas universidades de Yale e Harvard, passou a ser uma desconhecida e, por parte dos empregadores, indesejada. Candidatou-se então a meia dúzia de cargos on-line.

Recebeu zero resposta. "Nem uma palavra. Nem uma só palavra."

∘ ∘ ∘

A MESMA SITUAÇÃO tem se repetido com muitas mulheres. Em um pungente ensaio para a revista on-line de tecnologia *Model View Culture*, Seonaid Lee, uma física que abandonou a carreira para criar os filhos, lamentou o fato de estar "invisível" com a idade de 43 anos.

Parar de trabalhar ou mudar para um horário de meio expediente é algo visto como fracasso, um sinal de que a pessoa não está qualificada para o trabalho. Os colegas deixados para trás acabam acreditando nisso, mas o pior é que a própria pessoa que deixou o emprego acredita nisso também... Nós, que interrompemos o curso na faculdade, saímos do emprego ou mudamos de carreira, acabamos presumindo que retornar será impossível.

Lee tomou as medidas recomendadas por orientadores de carreiras, inclusive frequentando um programa destinado a atualizar os conhecimentos tecnológicos das mulheres. Não foi o bastante.

"Sou repetidamente avisada de que posso ter problemas por causa da minha idade", escreveu ela. "Minha pergunta é: por quê? Sou uma programadora muito melhor do que era aos 27 anos. Posso pensar com mais clareza e tenho mais experiência para acrescentar ao meu trabalho. Posso estabelecer prioridades, acumular responsabilidades, efetuar estimativas razoáveis e cumprir prazos. Mas minha idade e minha história profissional não linear, em vez de serem vistas como uma vantagem e um sinal de criatividade e resiliência, são vistas como obstáculos."

Não lhe falta companhia. Muitas mulheres, depois que seus filhos saem de casa para cursar uma faculdade, veem-se com energia e ambição renovadas. "Eis o que as mães que trabalham ouvem sem parar: os primeiros anos de vida de seus filhos serão difíceis. Sofrer privação de sono enquanto tenta se firmar na carreira e garantir a seus filhos um bom começo de vida não é brincadeira", escreveu Sallie Krawcheck, uma veterana de Wall Street, à revista *Fortune*.

Ela prossegue: "Agora, eis o segredo da mãe que tem uma carreira que ninguém lhe conta: o momento em que o ninho fica vazio pode ser o renascimento da carreira para muitas mulheres".

Infelizmente, poucas empresas e altos executivos têm conhecimento desse "renascimento profissional" disponível. De fato, um estudo realizado em 2005 revelou que apenas quarenta por cento das mulheres que tentam retornar às suas profissões em horário integral, após terem criado os filhos, obtêm sucesso na tentativa; a maioria descobre que seus empregos, *status* profissional e relações de trabalho desapareceram. Além disso, um estudo sobre o desemprego nos Estados Unidos revelou que, de 2012 a 2013, mulheres acima de cinquenta anos constituíam metade de todos os desempregados de longo prazo – ou seja, pessoas sem trabalho há seis meses ou mais.

Essas mulheres desejam contribuir, e têm capacidade para isso. No entanto, embora estejam prontas para reativar suas carreiras, para mergulhar no trabalho com a mesma energia que tinham quando recém-formadas – só que desta vez com a maturidade e o bom senso trazidos pela experiência –, são deixadas para trás. Ignoradas. Esquecidas. São as mulheres invisíveis.

o o o

SOMENTE COM A participação de homens e mulheres, trabalhando juntos, será possível modificar essa dinâmica, de modo a tirar proveito dos recursos não aproveitados que estão bem diante de nós: milhões de mulheres que lutam para permanecer na carreira ou a ela retornar.

Como administradora, tento me manter vigilante nessa frente de batalha. Faço o melhor possível para oferecer oportunidades – tanto a mães de crianças pequenas que podem ter desistido de se apresentar para novos desafios quanto às que saíram dos empregos para se concentrar na criação dos filhos e agora estão prontas para retornar à profissão. Lembro-me do que aprendi com meus chefes do sexo masculino: simplesmente continue perguntando. Continue a oferecer oportunidades. Não tome decisões por ela.

Sei como isso fez diferença para mim.

Meu marido e eu estamos agora em um ninho vazio. Continuamos a trabalhar duro como sempre – talvez ainda mais duro. Mas agora sem culpa. Há alegria em prosseguir carreiras que nos gratificam. Há prazer nos momentos que passamos com nossos filhos. Sou mais grata do que nunca aos meus chefes que, duas décadas atrás, compreenderam melhor do que eu que este dia iria chegar.

Carol, enquanto isso, continuou procurando trabalho. Abastecida pela mesma energia com que um dia criara quatro filhos, aprendeu codificação em um curso on-line. Enviou currículos. Possuía experiência e uma sabedoria arduamente conquistada.

"Vou ser muito melhor em tudo, e muito mais rápida que os outros. Eu deveria ser contratada imediatamente", disse-me ela certo dia, quando já procurava emprego havia meses. "Estou preparada para fazer rápido e bem-feito o que tiver que fazer. Não me importa o que seja."

Mas os empregadores não apareceram. Ela suspirou. "É humilhante."

o o o

EXISTEM ALGUNS ENCORAJADORES rumores de mudança. Dezenas de empresas começaram a oferecer "estágios" tanto para homens quanto para mulheres que se afastaram do emprego. Estruturados como os internatos médicos, os estágios oferecem treinamento e facilitam a reintegração dos participantes ao mercado de trabalho.

O Goldman Sachs deu início ao processo em 2008. O banco de investimentos oferece um programa remunerado de dez semanas a pessoas que estão fora do mercado de trabalho há mais de dois anos. Outras firmas do setor de finanças, inclusive o Morgan Stanley e o Credit Suisse, instauraram programas semelhantes.

Pequenas empresas surgiram para contribuir com esse processo, entre elas a iRelaunch, que criou programas de reintegração para empresas como General Motors, IBM, Johnson Controls, Caterpillar, Ford e Johnson & Johnson. Uma organização sem fins lucrativos chamada Path Forward, inaugurada em 2016, aloca postulantes à reintegração em companhias como a GoDaddy e a Coursera, uma plataforma educacional on-line.

O conceito está se propagando pelo mundo. Vinte e três empresas do Reino Unido oferecem hoje programas semelhantes; e cerca de 90% das pessoas que se inscrevem são do sexo feminino. Enquanto isso, organizações como a ReBoot Career Accelerator oferecem oficinas e seminários para mulheres que estão tentando voltar ao mercado de trabalho.

Esses programas são novos e possuem históricos variados. "Proceda com cautela", alertava um relatório da CNBC, o canal destinado a negócios. Mesmo o mais seletivo de todos não assegura empregos necessariamente. Para a turma de 2013 do Goldman Sachs, foram escolhidos dezenove entre mil postulantes – e mesmo assim apenas metade obteve cargos no próprio Goldman. Mas programas como este já são um começo.

Centros de colocação organizados por faculdades estão se envolvendo cada vez mais na ajuda a antigos alunos, de ambos os sexos, que perderam seus empregos ou estão fora do mercado de trabalho há longo tempo. Muitos desses centros de ensino reconfiguraram seus esforços de reintegração após a crise financeira de 2008, no intuito de ajudar ex-alunos cujos empregos haviam desaparecido. Quando a Escola de Direito da Universidade de Chicago ofereceu em 2009 um dia de aconselhamento profissional, as vagas foram preenchidas em 24 horas. A Universidade de Michigan, entre outras, oferece aconselhamento profissional a ex-alunos em qualquer situação na vida; oferecem também ajuda profissional e oficinas especificamente destinadas a mulheres, através de seu Centro de Educação de Mulheres.

Porém, se queremos realmente enfrentar o desafio, será preciso mais que aconselhamento profissional. Será preciso reformular a cultura do mercado de trabalho, de modo que este ofereça múltiplas vias para o sucesso.

Uma solução prática foi proposta por uma ex-consultora chamada Paulette Light. Típica vencedora – laureada com diplomas das universidades de Columbia e Harvard, além de um MBA da Escola de Wharton –, ela trabalhava cem horas por semana e viajava com frequência antes de ter seus quatro filhos. Achando impossível compatibilizar trabalho e família, pediu demissão, juntando-se aos 43% de mulheres de alto desempenho que saem do emprego após terem filhos.

"Deixar o mercado de trabalho não foi fácil para mim", escreveu ela mais tarde à revista *The Atlantic*. "Passei muito encontros de mães chorando no banheiro… Sentia falta da minha carreira, quando as pessoas me ouviam e onde havia as respostas certas."

Ela fez trabalhos voluntários, iniciou uma pré-escola e, junto com outras pessoas, fundou uma sinagoga. Mas estava ansiosa para voltar ao trabalho, e tentou fazê-lo tão logo seu filho mais novo entrou no Jardim de Infância. Imediatamente esbarrou em um obstáculo. Ao pesquisar empregadores em potencial, deparou-se com várias ofertas em centros de lactação, centros de adoção e outras atividades para jovens mães alinhadas com a forma restrita de enxergarmos pais com filhos pequenos. Nenhuma dessas empresas, entretanto, oferecia o tipo de flexibilidade que mães com filhos mais velhos podiam precisar. Por fim, ela abandonou a busca e fundou sua própria empresa, a Momstamp, uma plataforma em que as mães podem trocar recomendações para serviços como babás e acampamentos de verão.

Entretanto, ao mesmo tempo em que desenvolve sua própria empresa, ela enxerga com clareza uma solução que deveria estar disponível a mães como ela, ou a qualquer pessoa que saia temporariamente de uma carreira plena: trabalho baseado em projetos, com tarefas e prazos bem definidos.

"Se você quiser reintegrar mães com alto desempenho ao mercado de trabalho, não nos ofereça um escritório e uma semana de trabalho presencial; dê-nos algo para fazer e nos diga quando precisará dele", escreveu ela. "Pense na capacidade de administração, negociação e controle de orçamentos que adquirimos em nossos anos fora do emprego, além da capacidade profissional que muitas de nós jamais perdemos." Entre outros projetos, ela sugere que os pais que retornam ao mercado de trabalho "façam análises estratégicas, criem modelos financeiros, escrevam sumários jurídicos ou textos de relações públicas, gerem postagens em blogs ou planejem conferências corporativas."

"Tragam os 43% de volta à força de trabalho", continuou ela, em um alerta à América corporativa. "Ajudem-nos a adicionar valor – basta estruturar o trabalho para que façamos isso."

o o o

ATÉ QUE A América corporativa mude seus procedimentos e adote essas novas formas de trabalho, mulheres como Light, excluídas de carreiras que dominavam e tendo a reinserção bloqueada, dispõem de poucas opções, a não ser recomeçar, muitas vezes em áreas inteiramente diferentes. Como ela, algumas iniciam seus próprios negócios, no que Krawcheck chama de carreiras de "terceiro ato". A própria Krawcheck, após ter sido removida de um alto cargo no Citigroup, fundou a Ellevest, uma empresa de serviços financeiros para mulheres, cujo *slogan* é: "Invista como mulher. Pois dinheiro é poder".

Outras mulheres se voltam para a filantropia, como minha amiga Kathy Soll. Antes de ter filhos, ela dirigia uma firma de decoração e licenciamento. Mas depois que Jesse e Lauren nasceram, tornou-se mãe em tempo integral. Anos mais tarde, quando Lauren já cursava o segundo grau, Kathy percebeu que um ninho vazio se aproximava e decidiu voltar ao trabalho. Mas como? Não havia uma rota clara para mulheres como ela.

"Que trabalho eu faria? Em que tipo de empresa? Eu não fazia ideia", lembra-se ela. No final, começou a realizar trabalhos voluntários em uma organização dedicada ao serviço público para crianças. O que a levou, juntamente com uma amiga, a lançar sua própria entidade sem fins lucrativos, a Adolescentes pela Justiça Alimentar, que ensina adolescentes da cidade de Nova York a se transformarem em agricultores urbanos. A organização emprega uma crescente equipe, liderada por estudantes, que cuida de plantações nas escolas da cidade; cada uma produz cerca de onze toneladas de vegetais anualmente. "Minha ideia foi criar algo com significado", contou-me ela. "Queria erigir uma coisa que sobrevivesse a mim."

Kathy tem capacidade e determinação para forjar o próprio caminho. Desejava criar algo novo. Mas mulheres altamente capacitadas como ela, que desejam trabalhar em firmas já existentes, não recebem a mínima atenção por parte da maioria dos empregadores. E mesmo aquelas que conseguem operar um "renascimento profissional" jamais recuperarão, provavelmente, o padrão financeiro anterior. Se têm um cônjuge capaz de cobrir a perda financeira ou pouparam durante a lucrativa carreira anterior, poderão fazer frente à situação. Mas muitas mulheres, principalmente as divorciadas, viúvas ou sem parceiro, não dispõem dessa opção.

o o o

QUANTO À MINHA amiga Carol, ela continuou sua busca, determinada a encontrar trabalho, enfrentando rejeições ou coisa bem pior – o silêncio. Sendo ignorada.

Finalmente, após seis meses, conseguiu um trabalho temporário num escritório de advocacia como revisora de documentos – o patamar mais baixo entre os advogados. Meses mais tarde, o escritório a contratou em definitivo. Ela está recomeçando tudo, inclusive se submetendo de novo ao exame da ordem. Mas está encantada com o que conseguiu. Com uma frase que provavelmente nunca foi pronunciada antes na história, ela me disse: "Estou trabalhando em casos de fraude com moeda estrangeira e me divertindo muito!".

Os empregadores de Carol foram inteligentes ao contratá-la e afortunados por poderem contar com ela. Mas numa época em que as mulheres obtêm mais da metade dos diplomas universitários e estão tentando desesperadamente utilizar seus conhecimentos no mercado de trabalho – onde são muito necessárias – por que isto é tão difícil? Somente trabalhando juntos, homens e mulheres podem e devem atacar a raiz do problema, começando pelas péssimas políticas aplicadas às licenças-maternidade, pelos preconceitos contra mães que trabalham, pela perda do padrão financeiro quando estas deixam temporariamente o trabalho e, por fim, pela impossibilidade de retornar à carreira anterior.

Trabalhando juntos, podemos implementar políticas inteligentes, de modo a contrabalançar esses desafios. Podemos oferecer oportunidades a mulheres que estão marcando passo por serem mães. Podemos criar empregos flexíveis, baseados em projetos, para mulheres – e homens – que pretendam permanecer ligados ao local de trabalho. Podemos exigir que nossas empresas paguem valores iguais às mães e aos pais.

Já ficou provado que essas estratégias funcionam, obtêm resultados. Precisamos apenas insistir para que sejam implementadas mais amplamente, transformando a cultura empregatícia de um mundo que beneficie tanto homens quanto mulheres.

Fico feliz em saber que minha amiga Carol finalmente voltou ao lugar ao qual pertence. Mas existem dezenas de milhares como ela por aí. Cada vez mais mulheres, todos os dias, voltam a procurar emprego. Dispondo de sabedoria e discernimento de sobra, constituem nossa maior esperança para fomentar a economia. Talvez sejam o maior recurso inexplorado do mundo. Mas embora se esforcem muito, raramente encontram bons empregos.

Já é tempo de tornar visíveis as mulheres invisíveis. Juntos, podemos conseguir.

9

A NOVA GERAÇÃO

A EXPERIÊNCIA DE HARVARD

EM UM FRIO dia de novembro, viajei até Cambridge, Massachusetts, para visitar o silencioso campus da Harvard Business School. Passando pelas quadras de tênis vazias, dirigi-me ao centro estudantil Spangler. Lá me encontraria com os integrantes de um grupo estudantil chamado, sem nenhuma ironia, de *Embaixamachos*. O nome pode ser hilariante, mas o objetivo não poderia ser mais sério: apoiar a igualdade entre os gêneros no trabalho e nos lares.

Até aquele momento, eu já havia presenciado orquestras sinfônicas, empresas e até países inteiros realizarem experiências de toda sorte para reduzir a defasagem entre os gêneros. Testes às cegas. Treinamentos contra o preconceito. Cotas. Parecia não haver nada que não tivesse sido tentado. Mesmo assim, teimosamente, a defasagem ainda perdura entre nós. O problema, como ficou cada vez mais claro, era que quando a maioria de nós ingressa no mercado de trabalho, já é tarde demais. O preconceito se estabeleceu bem antes de obtermos nossos primeiros empregos.

Foi o que me levou a Harvard. A escola de negócios havia formulado uma intrigante pergunta: o que aconteceria se houvesse uma tentativa de se antecipar ao relógio, eliminando os preconceitos antes que os alunos ganhassem o mundo? Em busca de uma resposta, a escola havia iniciado uma das experiências mais ambiciosas no campo da engenharia social.

Em 2013, a escritora Jodi Kantor registrou os primórdios deste grande projeto no *New York Times*. Vários anos antes, a Harvard Business School já havia reformulado seu currículo, modificando cursos e exigências em função de um audacioso objetivo: criar um ambiente propício à eliminação do preconceito de gênero e ao encorajamento de suas diplomadas – e professoras – na busca pelo sucesso.

A experiência significava demolir uma entranhada cultura social e acadêmica. A participação nas aulas respondia por 50% das notas, mas as discussões eram sempre dominadas por homens – que à noite, para se descontraírem, bebiam e participavam de um jogo em que as colegas eram classificadas entre "F...", Case ou Mate".

Tentando mudar as coisas, Harvard instalou monitores nas turmas para que registrassem o que ocorria durante as aulas; o objetivo, em parte, foi fazer os professores levarem em conta as participações das alunas. Além disso, criou um novo curso, chamado "Campo", no qual a resolução de problemas era feita em grupo, e não com participações individuais – que pareciam favorecer os homens. Os alunos foram instruídos a respeito do modo de levantar as mãos, para que mulheres e homens introvertidos não ficassem perdidos na multidão. Harvard também deu mais atenção às suas professoras, cujas chances de efetivação nas cátedras eram muito menores que as de seus colegas.

A experiência foi bem-sucedida em alguns aspectos: as mulheres passaram a participar mais das aulas e a obter mais prêmios acadêmicos do que antes. Houve, entretanto, um importante contratempo: alguns dos homens se revoltaram. Um deles descreveu o processo, no *Times*, como "favorecimento". A exemplo de executivos mais velhos que conheci, os quais se irritavam com a promoção da diversidade, alguns dos alunos reclamaram que a igualdade entre os gêneros foi "enfiada em nossas goelas".

Eu fiquei curiosa em saber o que teria acontecido desde então. A experiência se convertera, afinal de contas, em um sucesso? Teriam as lições da escola sido incorporadas pelos alunos e aplicadas posteriormente em seus locais de trabalho? Ou teriam sido esquecidas? Em resumo: expor os alunos a um currículo meticulosamente concebido para igualar o jogo teria sido compensador para todos?

∘ ∘ ∘

HOMENS JOVENS TÊM desempenhado um papel descomunal nas culturas misóginas do Vale do Silício e em Wall Street. Mas há amplos indícios de que, no cômputo geral, a geração nascida entre a década de 1980 e o início da de 2000 tem uma visão mais igualitária do mundo que as gerações mais velhas.

Os homens da geração Millennial, hoje entre os dezoito e os 38 anos, têm mais probabilidades de favorecer um relacionamento igualitário entre maridos e esposas. Além disso, quando Deloitte perguntou a pessoas de ambos os sexos nessa faixa de idade que qualidades eram mais importantes em uma carreira, a opção mais votada foi "bom equilíbrio entre a vida familiar e o trabalho" – que superou aspirações mais convencionais, como oportunidades de promoção, liderança e até mesmo ter um trabalho com significado.

Isto se deve principalmente a três fatores. Um deles é o fato de que os homens, principalmente filhos de mães que trabalham, têm uma perspectiva diferente da que tinham seus pais e avós; outro, é o fato de que as mulheres, criadas ouvindo gritos de "Vamos lá, garota", não aceitariam outro tipo de tratamento. Porém, o mais importante deles talvez seja a cultura do trabalho 24 horas por dia, sete dias por semana, que igualou tanto homens quanto mulheres. Ao verem os pais grudados nos telefones e computadores, à inteira disposição de seus escritórios, os jovens adultos estão começando a dizer "basta".

Notei o fenômeno por mim mesma. Anos atrás, quando um dos meus colegas tirou licença-paternidade, todos os funcionários da empresa ficaram espantados – e céticos. Tinham certeza de que ele estava se esquivando ao trabalho ou, sub-repticiamente, procurando outro emprego. Naquela época, quando eu entrevistava homens nos recrutamentos, eles jamais falavam sobre suas esposas ou filhos; o tópico simplesmente não vinha à tona.

Hoje, todos os jovens pais que entrevisto nos recrutamentos destacam a importância de passar tempo com a família. Quase todos dizem que precisariam discutir um possível novo cargo com suas esposas – o que é irônico, considerando que poucas mulheres atualmente se atreveriam a sugerir que precisam discutir um emprego com seus maridos.

Além disso, nenhuma das candidatas explica as complexidades de dividir com os maridos os cuidados com as crianças, como fazem frequentemente os jovens pais que entrevisto. São os homens, não as mulheres, que perguntam se poderão trabalhar em casa às vezes, de modo a poder passar tempo com os filhos ou treinar o time em que eles jogam. Para os homens, isto é motivo de orgulho. Para as mulheres, é ainda considerado um sinal de fraqueza.

Essa atitude é ainda mais acentuada entre homens mais jovens, dos dezoito aos 38 anos. Em sua esmagadora maioria, eles discordam da ideia de que os homens têm que prover o ganha-pão e as mulheres, tomar conta do lar. Não se trata apenas de um fenômeno de Harvard; nem algo exclusivo das escolas de negócios ou de homens esmeradamente educados. É sinal de uma mudança no comportamento dos homens em todos os patamares da vida, que pode influenciar profundamente as relações entre os sexos ora em andamento.

Para saber como a coisa está funcionando – e para verificar se essas atitudes permanecerão –, subi rapidamente uma escada até o segundo andar e me dirigi ao salão de conferências, onde me encontraria com os líderes dos *Embaixamachos*. Como sugere a missão declarada do grupo – atrair os homens para uma produtiva conversa sobre questões de gênero –, os alunos da Harvard Business School (ENH) constituem, de modo geral, um grupo sério. Assim como seus professores e o próprio website da escola, cujo objetivo inequivocamente declarado é criar futuros líderes mundiais.

"Nossa missão é educar líderes que façam diferença no mundo", disse-me um dos reitores. A definição de liderança adotada pela escola é: tornar os outros melhores como resultado de sua presença e fazer o efeito perdurar depois que você se ausenta."

Diversos alunos descreveram uma vida social tão intensa quanto seus estudos. Romances são calculados com meticulosa atenção aos detalhes. "Por volta do terceiro encontro, eles tinham que decidir se aquela pessoa seria ou não sua parceira vitalícia", explicou-me um recém-formado. "Esse é o tipo de personalidade que a ENH atrai." Com a mesma determinação, os alunos ingressam em associações. Cada série, com cerca de novecentos alunos, é dividida em dez seções; em cada seção, os alunos competem para ser representantes de várias associações – inclusive a dos *Embaixamachos*.

A origem do grupo data de uma conversa entre dois amigos. Em 2013, a então aluna Tara Hagan notou que os homens do campus às vezes tinham dificuldade para se relacionar com suas colegas. As mulheres são ainda uma minoria nas escolas de negócios. Somaram apenas 41% dos alunos da ENH em 2016 – e esta proporção foi um recorde histórico. Hagan ficou particularmente impressionada com um comentário feito por um de seus mais próximos amigos.

"Homens não costumam conversar sobre a desigualdade entre os gêneros", disse-lhe ele. "Mas qual seria o meu papel? Como posso contribuir? Não sei o que dizer. Tenho medo de ser politicamente incorreto."

Hagan percebeu que, embora a ENH atraísse alunos com currículos excelentes e enorme ambição, os homens não eram diferentes de outros homens no sentido de que morriam de medo de conversar sobre a questão dos gêneros. Esta constatação lhe deu uma ideia: criar uma associação afiliada às alunas, mas formada por homens.

Foi um momento revelador. Mas nem mesmo Hagan, que estava entre os fundadores da associação, tinha certeza de que a ideia funcionaria. "Eu estava com medo", reconhece ela. "Estava com medo de que as pessoas achassem uma bobagem."

Ela não precisaria ter se preocupado. No dia das inscrições para a associação, ela compareceu apenas com um laptop e um pôster. Quando foi embora, uma centena de pessoas haviam se inscrito.

Não muito tempo depois, trinta alunos homens se reuniram em uma sala de aulas. Um por um, todos falaram, caminhando pela sala enquanto explicavam por que estavam ali. Um deles vira como sua mãe pelejava no trabalho. Outro percebera que sua irmã não tivera as mesmas oportunidades que ele. Hagan ficou arrepiada enquanto ouvia os colegas contarem suas histórias. Os *Embaixamachos* eram uma realidade.

A associação progrediu consideravelmente desde então. Hoje, cerca de 40% dos alunos homens são filiados ao *Embaixamachos*, e o movimento está se propagando. Nos dois últimos anos, grupos semelhantes foram formados em outras escolas de negócios, inclusive em Wharton, Stanford, Columbia, UCLA, Duke, Universidade de Chicago e Universidade de Michigan.

O grupo organiza eventos, como debates sobre o equilíbrio entre vida familiar e trabalho, com a participação de proeminentes diplomados pela ENH e respectivos cônjuges. Seus membros se identificam com discretas camisetas de cor cinza com a palavra *"Embaixamachos"*. A primeira versão da camiseta era rosa-choque trazendo a famosa frase de Thomas Jefferson: "Homens de qualidade não são ameaçados por mulheres que buscam igualdade". Mas "ninguém a usava", disse-me Hagan. "Foi uma lição", acrescentou ela, "um primeiro passo."

No salão de conferências, fui recebida por Sam Travers, um dos diretores da associação. De fala mansa e aspecto sério, usando um suéter marrom sobre uma simples camisa de abotoar, Sam trabalhou no Departamento de Defesa antes de se matricular em Harvard. Fazia parte da minoria de alunos casados. Sua esposa estudava Direito. Um dos assuntos que o casal discutia com frequência era como poderiam, algum dia, equilibrar trabalho e vida familiar.

"Antes da ENH, eu não teria pensado em ingressar numa associação de defesa da igualdade feminina", disse-me ele. Mas as conversas com sua esposa, juntamente com a experiência adquirida em seu emprego anterior, em que teve, segundo ele, "a sorte de ter mulheres como preceptoras e gerentes", deixaram-no mais conscientizado a respeito dos problemas que as mulheres enfrentam. "Portanto, quando ingressei na ENH, fiquei entusiasmado ao me deparar com uma comunidade de homens e mulheres que conversam sobre esses assuntos, sobre o equilíbrio entre o trabalho e a vida familiar", ele conclui.

Sam é como muitos homens nascidos entre 1980 e 2000 no sentido de que espera desfrutar de um relacionamento igualitário e de uma vida equilibrada com sua mulher. Sam e outros alunos do sexo masculino que conheci estavam certos de que estes eram ideais alcançáveis.

Sam me contou que nas entrevistas de emprego ele sempre fazia perguntas a respeito da política adotada com relação à licença-paternidade. Sua esposa "recebia esta informação como parte do pacote-padrão recebido pelas candidatas aos empregos", mas seus possíveis empregadores ficavam surpresos com a pergunta dele. "Aconteceu de algumas pessoas me darem crédito pela pergunta, dizendo 'sua esposa deve estar orgulhosa de você'." Ele não conseguia entender o motivo de haver um duplo padrão. "Não existe um padrão para os homens e outro para as mulheres. Está tudo interligado."

Sentado ao lado de Sam, usando uma barba elegantemente aparada e tomando um café, estava Matt Simpson, outro *Embaixamacho*. Assim como Sam, Matt tivera uma chefe em seu emprego anterior

– numa firma de consultoria – antes de ingressar na escola de negócios. Com ela, ele tomou conhecimento de "problemas que ignorava", como pressões que a chefe sofria para "manter o foco". Ele ficou atônito ao saber "que uma grande líder era pressionada para 'agir como um homem'". Isto o fez perceber que "há pequenas coisas que os homens não notam... pequenos comportamentos subconscientes, como o de que eles são mais propensos a dar ouvidos a outro homem...". E ele conclui: "Perceber coisas assim nos deixa mais atentos".

A facilidade que tinham Sam e Matt para falar sobre a desigualdade entre os gêneros – muito maior que a da maioria dos homens mais velhos que eu conhecia – me deixou impressionada. Eles não hesitavam nem ficavam inibidos. Falavam sobre medidas sensatas que estavam tomando, como dar o alarme sempre que a ideia de uma mulher fosse atribuída a um homem. Ao contrário dos homens de gerações mais velhas, eles não gaguejavam nem empalideciam quando começava a se discutir a defasagem entre os gêneros.

"Veja bem, eu posso tornar a conversa fácil. Não precisa ser uma coisa formal", explicou Matt. "É possível falar sobre o assunto tomando uma cerveja com os amigos."

Esses homens, com certeza, estavam sendo sinceros. No entanto, por mais otimistas que fossem a respeito deste mundo novo, a verdade é que nem a ENH nem o mundo dos negócios, para o qual a escola treina seus alunos, estão alinhados com eles. Isto ficou claro quando uma colega se juntou à conversa. Ela havia notado que, em uma de suas aulas, a discussão girou em torno de tornar a tecnologia tão simples que "sua mãe, irmã ou avó" pudessem usá-la; enquanto em outra discussão, hipotéticos líderes empresariais foram descritos "com pronomes masculinos".

Este último exemplo reflete uma infeliz realidade: em apenas 9% dos estudos de casos – a matéria que trata da atuação de executivos da vida real – líderes do sexo feminino são focalizadas. Esta tendência é válida para todas as maiores escolas de negócios; uma análise revelou que 90% dos estudos de casos têm homens como protagonistas.

Tanto Sam quanto Matt esperavam se tornar líderes no mundo dos negócios, como a ENH os estava preparando para ser. E quando chegassem lá, disseram-me, eles se lembrariam das lições aprendidas ali. Esperavam ser excelentes chefes para as mulheres que trabalhassem para eles.

"Três, dez ou vinte anos depois que eu sair da ENH", refletiu Sam, "o aperfeiçoamento da igualdade entre os sexos terá um grande papel no sucesso das mulheres que eu treinei."

º º º

OS ALUNOS PARECIAM muito autoconfiantes. Eu fiquei matutando se seus professores seriam tão otimistas. Assim, deixando os *Embaixamachos*, dirigi-me ao escritório de Robin Ely, a reitora-adjunta sênior que dirige o Projeto Igualdade de Gêneros da escola. O projeto, criado em 2015 como um centro de pesquisas sobre liderança feminina, é um marco na Universidade de Harvard. Trata-se de um alerta, para o mundo, no sentido de que a instituição está decidida a transpor a lacuna entre os gêneros. Se alguém poderia avaliar como estava a relação entre os gêneros no campus, este alguém seria Ely.

Mulher miúda, com cabelos louros espetados e óculos cor-de-rosa, Ely me recebeu em seu escritório confortável, repleto de prateleiras abarrotadas, placas de reconhecimento casualmente colocadas entre livros de bolso e uma pesada pilha de papéis encobrindo sua mesa. Pesquisadora sobre as relações entre gêneros e raças, ela já estudou de tudo, desde a masculinidade (observando o comportamento de homens em poços de petróleo) até programas de liderança feminina. Sua última pesquisa foi a respeito do dilema que atinge as mulheres: quanto mais competentes e poderosas, menos queridas são.

A própria Ely é bastante poderosa, embora tenha percorrido um longo caminho até chegar a esse patamar. Quando entrou pela primeira vez na Harvard Business School, no ano 2000, ela planejava dar um curso sobre diversidade. Ninguém se inscreveu. Os alunos não queriam falar sobre raças e gêneros; estavam na ENH para aprender a ter sucesso, para esmagar os competidores, para vencer – não para serem treinados em sensibilidade.

Frustrada, Ely reconsiderou sua abordagem. E idealizou um novo curso. Desta vez, incluiu algum material sobre diversidade, mas camuflado em nova roupagem. Seu novo curso seria sobre "poder e influência". O curso se transformou em uma sensação de um dia para outro.

"Eu inseria questões de raça e gênero", disse ela, rindo.

Entretanto, teve dificuldades em aprofundar o assunto com os alunos. Eles não viam como prosperar na vida poderia ter alguma relação com diversidade. "Ninguém estava entendendo aquilo, nem batendo à minha porta, como em outros lugares, para conversar sobre o assunto", disse Ely, recordando sua frustração. "Qual o motivo? Eu não conseguia fisgar ninguém com relação a esse tópico."

Desde aquela época, a atmosfera "mudou drasticamente", disse-me Eli. As medidas tomadas pela ENH ajudaram, segundo ela. A proporção de alunas cresceu e um quarto dos alunos faz parte de minorias étnicas. Porém, há mais do que isso. "Parte da mudança é o espírito da época. O mundo, claramente, está querendo conversar."

Ainda assim, a Harvard Business School continua esmagadoramente masculina. As mulheres constituem apenas um quarto do quadro de professores. Muitas vezes, as calouras apresentam um desempenho ruim e a rotatividade delas tem sido alarmante elevada. Uma avaliação sobre o ambiente psicológico, realizada pela escola em 2012, revelou que os alunos estavam muito mais felizes que as alunas.

As mulheres têm estado tão carentes – nas salas de aula, nos estudos de casos, nas lideranças acadêmicas – que em um encontro com alunas, em 2015, o reitor Nitin Nohria pediu desculpas, dizendo que as mulheres tinham sido às vezes "desrespeitadas, excluídas e desprezadas pela escola". A escola precisaria cumprir as próprias promessas se quisesse ter alguma esperança de transformar sua cultura.

Anos atrás, Frances Frei, uma reitora-adjunta sênior na Harvard, que depois ingressou no Uber, analisou a desalentadora situação das professoras da faculdade. Para sua consternação, descobriu que a ENH contratava duas vezes mais homens que mulheres. Além disso, promovia duas vezes mais homens que mulheres e contratava dez vezes mais homens de universidades concorrentes do que mulheres.

Mergulhando no que havia por trás dos números, descobriu que um dos maiores problemas era que as mulheres recusavam convites para ingressar em Harvard numa proporção absurda. Muitas vezes citavam assuntos de família, como, por exemplo, um marido que precisaria encontrar emprego na nova cidade, um filho pequeno ou a impossibilidade de realizar viagens de pesquisas.

A desigualdade nas promoções era ainda mais perturbadora. No início, Frei suspeitou de um preconceito inconsciente contra mulheres. Mas sua análise revelou uma surpresa: os professores homens publicavam trabalhos com mais frequência que as mulheres e seus trabalhos eram mais citados, o que os tornava, objetivamente, mais qualificados para promoções. Em um ambiente no qual "o esporte é escrever", como ela destacou, a pessoa que não escreve não progride. Os homens eram, simplesmente, mais qualificados que as mulheres.

"Por um lado, fiquei com vontade de dizer p...!", disse ela sobre suas descobertas. "Por outro lado, fiquei profundamente aliviada. Era o caso de se perguntar: por que os homens são mais preparados que as mulheres?"

O que ela descobriu foi que os homens não eram mais inteligentes ou mais bem preparados que as mulheres – mas eram muito mais confiantes quando se tratava de submeter ensaios. As mulheres perdiam muito tempo aprimorando seus trabalhos; jamais achavam que estavam bons o bastante. Os homens não tinham esse tipo de fantasia. Quando submetiam os ensaios, encaravam resenhas e críticas como um modo de aperfeiçoar seu trabalho. O que não acontecia com as mulheres – se seus ensaios não estivessem perfeitos, elas tinham a sensação de serem um fardo.

Ninguém jamais pensaria que um membro do corpo docente da ENH sofreria de falta de confiança. O lugar se tem em tão alto apreço que o sentimento chega a beirar – alguns dizem que cruza a fronteira – a arrogância. No entanto, as descobertas de Frei na ENH refletem o que pesquisadores em toda parte têm trazido à luz sobre as mulheres. Numerosos estudos concluíram que os homens confiam muito na própria capacidade, enquanto as mulheres confiam pouco em si mesmas. Um estudo sobre advogados de tribunais, por exemplo, revelou que as advogadas ficam menos satisfeitas com suas argumentações perante os júris que os advogados – independentemente dos resultados.

Nas universidades, essa tendência é ainda mais acentuada. Citações acadêmicas são consideradas como um grande veículo de influência. Mas um estudo recente descobriu que os homens, muitas vezes, citam a si mesmos. Ao inflarem o número de citações, criam a ilusão de um reconhecimento generalizado, aumentando aparentemente seu nível de autoridade e influência. O que se traduz em reconhecimento profissional e recompensas. A tática se alastrou ao longo das duas últimas décadas, quando os homens citaram a si mesmos 70% mais vezes que as mulheres.

Paralelamente, as mulheres se sentem muito mais atingidas que os homens quando têm um trabalho rejeitado. Pesquisadores descobriram que as mulheres, mesmo aquela que atingiram o pináculo do sucesso acadêmico na ENH, precisam de mais ratificação externa de seu valor do que os homens. A KPMG encomendou um estudo centrado em mais de três mil mulheres com bons empregos ou cursando universidades. Descobriu que, quando se trata de amor-próprio ou da autoavaliação de seu trabalho, o elogio de um chefe é mais significativo até que um aumento de salário ou uma promoção.

A falta de elogios – ou, pior, uma rejeição – pode ser profissionalmente devastadora. Como as jornalistas Katty Kay e Claire Shipman observaram em seu *A Arte da Autoconfiança*, "a autoconfiança é mais importante que a capacidade quando se trata de progredir".

É exatamente o que está ocorrendo na ENH. "As mulheres são tão perfeccionistas que não enviam seus ensaios", disse Frei, "ou, se recebem uma resenha ligeiramente desfavorável, desaparecem."

Agora, portanto, os líderes da ENH estão de olho na síndrome. E logo aparecem para encorajar as professoras a publicarem seus trabalhos. A escola também instalou câmeras de vídeo nos fundos das salas de aula para que os professores possam rever suas aulas e detectar defeitos – tiques irritantes ou uma aula entediante – de modo a melhorar seu desempenho.

Ironicamente, no entanto, as gravações acabaram ajudando os professores homens – e magoando as professoras. A medida as tornou "muito mais inibidas", disse Frei. "As gravações atrapalham suas aulas. A ideia foi péssima para muitas mulheres, e piorou as coisas."

Posso entender. Certa vez me pediram para substituir um apresentador em um programa de notícias na televisão. Antes, os instrutores da rede me ensinaram a ler o *teleprompter* e gravaram algumas sessões, para que eu as revisse antes de entrar no ar. Um amigo meu também foi convidado e submetido ao mesmo treinamento. Passou uma semana assistindo as suas gravações e as analisando. Enquanto isso, eu não consegui nem assistir às minhas. E ainda não assisti. Vocês podem imaginar quem se saiu melhor ao vivo.

A ENH também oferece treinamento individualizado para professores que precisam melhorar seu desempenho nas salas de aula; mas isto, às vezes, também tem efeito contrário. Na mesa da lanchonete da escola – um refúgio com paredes apaineladas e mesas de madeira clara –, sentei-me com Meg Rithmire, que está entre os jovens professores mais populares da ENH. Com seus cabelos louros à altura dos ombros, óculos de tartaruga e agasalho folgado, ela poderia facilmente ser confundida com uma aluna. Especialista em economia chinesa, era uma estrela reconhecida entre os professores mais antigos com quem conversei. Enquanto comia uma maçã, ela me explicou que estava dando os últimos retoques em um livro. Acabara de retornar de uma viagem de pesquisas à Ásia, que a ENH tornou possível tomando medidas para que seu marido e seu bebê viajassem com ela.

Ela conhecia perfeitamente a situação das colegas que não haviam obtido o mesmo sucesso imediato – e observou que, mesmo conseguindo se recuperar de um início desfavorável, é difícil para uma mulher superar a primeira impressão. "Tenho amigas que não se saíram bem no primeiro ano, mas depois tiveram um ótimo desempenho", disse ela. "Aos olhos de seus departamentos, no entanto, elas ainda não contam." Isso vale também para o resto do mundo; os erros das mulheres são mais notados e mais relembrados que os erros dos homens.

Outro problema que ela levantou com respeito às professoras é a expectativa de que mulheres devem orientar outras mulheres, estejam ou não alinhadas suas habilidades, estilos de ensino ou especialidades acadêmicas. Isso ocupa um tempo que poderia ser destinado a pesquisas e à publicação de ensaios. "Eu não tenho tempo para orientar cada mulher do meu setor", disse ela.

"Uma coisa estranha é que existem muitas discussões a respeito de orientação. Quando eu estava na faculdade havia um movimento no sentido de que todas as mulheres tivessem uma *mentora*", acrescentou ela. "Achei hilariante. Por quê? As pessoas precisam é de um orientador ou orientadora profissional."

Rithmire critica o movimento "Faça Acontecer", que encoraja as mulheres a se apoiarem mutuamente. Tem "feito mais mal que bem", disse ela. "A expectativa é de que as mulheres têm que cuidar umas das outras – enquanto isso, meus colegas estão publicando artigos."

No entender dela, o tempo que as mulheres passam orientando outras mulheres ou assistindo a inúmeros painéis departamentais – por haver tão poucas mulheres à disposição – as prejudica profissionalmente, roubando preciosas horas de seus trabalhos efetivos. "Nas finanças, nas universidades, nos negócios e nas leis, estamos sendo julgadas por nossa produtividade durante nossos anos de reprodução", disse ela, enquanto nos levantávamos para sair. "Isso não será resolvido por um bando de mulheres se apoiando mutuamente."

Rithmire ecoou um sentimento de frustração que ouvi de outras mulheres em diversas atividades. Mulheres de alto escalão são tão escassas que se veem frequentemente requisitadas para participar de todos os tipos de comitês, para representar suas organizações em conferências, para ser o rosto público dos recrutamentos e para orientar outras mulheres. O que as impede, de fato, de fazerem seu trabalho.

Isso, por sua vez, indica a importância de incluirmos os homens se quisermos equalizar o ambiente de trabalho. Os homens podem orientar tão bem quanto as mulheres e podem advogar com a mesma ênfase em prol da igualdade. As mulheres, simplesmente, não podem fazer tudo sozinhas. Ao colocarmos o fardo sobre apenas algumas delas, para que sejam os símbolos e as salvadoras de todas, podemos estar conduzindo essas mulheres para o caminho do fracasso.

º º º

NO TREM DE volta a Cambridge, refleti sobre essas conversas. A escola, de certa forma, havia conseguido nivelar o campo de jogo. Em última instância, porém, a abordagem empregada pela Harvard Business School estaria funcionando? Talvez os recém-formados pela ENH, aqueles que foram plenamente doutrinados a favor da igualdade entre os gêneros, pudessem oferecer respostas.

De volta à cidade de Nova York, fui em busca de alunos formados em 2013, tão vividamente descritos no *Times*.

Logo descobri Jennifer Braus. Treinada como engenheira, Braus jogou futebol na faculdade e foi uma das poucas alunas de Harvard a optar por uma carreira no setor de finanças.

Ela se destacou em uma turma já composta por estrelas. Após a formatura, esteve entre os poucos alunos da turma – e foi a única mulher – a atrair um investimento financeiro. Dois professores lhe ofereceram recursos para que ela criasse um *search fund** altamente competitivo, um fundo para identificar e adquirir empresas promissoras. Os *search funds* constituem a melhor e mais prestigiosa oportunidade que um recém-formado poderia obter. O simples fato de atrair um financiamento significa que seus patrocinadores têm nele uma confiança inabalável. É o caminho mais rápido para dirigir um negócio, como proprietário ou diretor-executivo. Braus e o marido logo se mudaram para Seattle, onde ela começou a procurar uma empresa para adquirir.

No que lhe diz respeito, Harvard "fez um trabalho muito bom" na manutenção da igualdade de gêneros enquanto ela esteve lá. "Nunca fui desrespeitada, todos eram muito profissionais e meus professores, excelentes."

Mas o mundo real tem se mostrado um pouco diferente. Dirigir um *search fund* significa lidar com corretores de negócios, intermediários que representam empresas à venda. E esses corretores, quase todos homens, às vezes a deixam emudecida com seus comentários. "Um cara me perguntou se meu marido sabia o que estou fazendo", contou-me ela. Outros presumiam que seu marido estava comandando a operação e perguntavam surpresos: "Você vai dirigir o negócio?". Quando ouviam um "sim", que ela iria, perguntavam: "O que seu marido vai fazer?". "Eu respondia: 'Escute, você não faz essa pergunta para mais ninguém. Por que todo mundo está tão preocupado com meu marido?'".

Ela acrescentou: "Consultei meus colegas homens e soube que nunca ninguém lhes perguntou se suas esposas os ajudariam a dirigir o negócio".

Conheci então Kunal Modi, copresidente da turma naquela época. Ainda estudante, ele escreveu um artigo no *Huffington Post* conclamando os homens a participarem da luta pela igualdade de gêneros

---

* A expressão pode ser traduzida como "fundo de busca", mas no Brasil ainda é mais usada em sua forma original. [N.T.]

no trabalho, em casa e nas urnas. Ele escreveu: "Os homens, tanto quanto as mulheres, têm que assumir o controle das questões referentes às famílias, que estão no cerne da competitividade econômica americana".

Após a formatura, Modi se tornou consultor gerencial. Ele me disse que a preocupação da escola com a igualdade de gêneros se entranhou nele. "Os homens precisam fazer mais para acelerar as coisas. Eles têm um interesse pessoal nisso. Nós não seremos o tipo de maridos e pais que desejamos ser se não estivermos conscientes dessas questões."

Entretanto, por mais que ele tente manter esses ideais, a realidade continua se interpondo no caminho. Às vezes ele presencia uma desconsideração involuntária – uma mulher sendo interrompida em uma conversa ou suas ideias sendo creditadas a um homem –, mas a coisa fica complicada quando se é um recém-contratado, não o chefe. "Fica difícil para um novato, seja homem ou mulher, dizer a um alto executivo: 'Isso que você falou foi bobagem'."

Modi continua esperançoso, segundo me disse, mas sabe que ainda há muito a ser feito. Em sua avaliação, "10% dos caras apoiam ativamente a igualdade de gêneros; 10% deles são neandertais tapados. Temos que considerar os 80% no meio, que de modo geral são a favor de um ambiente igualitário em que o talento é recompensado. Como chegar a eles para fazê-los entender que o *status quo* é preconceituoso?".

Eu me lembrei de uma coisa que Frances Frei me disse antes: ainda existe um descompasso entre o ambiente da Harvard Business School e o mundo lá fora. Ela reconhece que certos alunos ficam chocados ao saírem da ENH com as melhores intenções e se depararem com a realidade.

Alguns deles a criticaram: "Você teceu um enorme casulo! Você não nos preparou para a dureza do mundo".

Trata-se de um problema de resolução quase impossível. A Harvard Business School está totalmente focada em seu objetivo declarado de formar os líderes de amanhã. Mas não está focada na questão mais imediata: formar os recém-contratados de hoje.

Como esperar que os alunos mudem o mundo se não estiverem no controle? Como empoderar outras pessoas quando eles mesmos não têm poder? A resposta espocou diante de mim: Harvard e outras escolas precisam preparar os alunos não somente para serem líderes mais à frente, mas também para enfrentar e mudar o mundo real agora, mesmo sendo funcionários subalternos. Falta descobrir como fazer isso.

Frei tem certeza de que a ENH está no caminho certo. Tem certeza de que viu mudanças nos alunos do sexo masculino, que permanecerão após a formatura.

"Ah, sim", disse ela enfaticamente, quando lhe perguntei se as lições da ENH iriam perdurar. "Sou uma otimista maluca, mas acredito que dentro de dez anos o gênero já não será o obstáculo à meritocracia que nos deixa obcecadas hoje. Alguma outra coisa tomará seu lugar."

"O motivo de meu otimismo", acrescentou ela, "é observar a geração 80-90. É um grupo diferente de qualquer outro que já vi. A diferenciação entre os gêneros é coisa que não ocorre a eles. Eles não percebem os gêneros como as gerações anteriores. Têm consciência de muitas coisas, mas a diferenciação entre os gêneros não figura em suas principais preocupações."

Eu gostaria de acreditar que essas pessoas e os jovens que virão depois deles trarão mudanças significativas. Por outro lado, as evidências até o momento sugerem que o idealismo juvenil das gerações de 1980 e 1990 esmorecerá com a idade e as novas responsabilidades. As forças da cultura em que vivemos são poderosas, difíceis de serem transformadas por uma única geração.

Quando esses jovens envelhecem, casam-se, têm filhos e assumem hipotecas, suas atitudes mudam. Um estudo realizado pelo Instituto das Famílias e do Trabalho revelou que somente um terço dos jovens da geração 80-90, sem filhos, acha que será o principal provedor da família; esta proporção aumenta para 53% entre os que têm filhos. E um estudo publicado pela revista *American Sociological Review* revelou que, embora os jovens de ambos os sexos tenham visões igualitárias, esta atitude muda quando eles ingressam em locais de trabalho inflexíveis e sem políticas favoráveis à vida familiar.

Na Harvard Business School, os graduados do sexo masculino têm percorrido caminhos extremamente tradicionais. Uma avaliação efetuada pela instituição, em 2014, revelou que mais da metade deles, da geração 80-90, acreditam que suas carreiras terão prioridade sobre as de suas esposas. Além disso, dois terços presumem que estas assumirão a maior parte dos cuidados com os filhos. No entanto, apenas uma minoria das alunas concorda com tais suposições – uma situação potencialmente explosiva tanto para os homens quanto para as mulheres, à medida que se casarem e começarem a ter filhos.

Vi um sinal dessa divisão entre os gêneros enquanto ainda me encontrava no campus. Os clubes de investimento ainda são constituídos quase totalmente por homens. Poucas mulheres formadas pela ENH ingressam no lucrativo e prestigioso mundo do capital de risco. E os líderes empresariais que visitam o campus apenas reforçam a defasagem. Um recém-formado me falou sobre um executivo de instituição financeira que fez uma palestra para sua turma e disse à queima-roupa: "Se você for mulher e quiser ser mãe, vai ser difícil ser banqueira no meu banco".

o o o

A TURMA DE 2013 da ENH sobre a qual Kantor escreveu no *Times* está agora a caminho de obter os papéis de liderança para os quais a escola os preparou. Brooke Boyarsky, aluna de destaque naquele ano – uma George F. Baker Scholar, distinção concedida aos melhores alunos da turma, e escolhida pelos colegas para ser a oradora na cerimônia de formatura –, tornou-se consultora na McKinsey. Ao rememorar seus tempos na ENH, ela foi filosófica ao falar sobre a durabilidade da luta pela igualdade entre os gêneros.

"As pessoas apaixonadas por essas questões se tornaram ainda mais apaixonadas, e muitas delas são homens", disse-me ela. "Posso dizer que meus amigos homens na ENH com os quais estou trabalhando têm sido grandes defensores da igualdade entre os gêneros. Os homens permaneceram envolvidos, o que é um bom sinal."

Mas ela é realista. "A ENH não é milagrosa. Não sei se transformou todos em guerreiros pela causa das mulheres."

o o o

SUAS PALAVRAS ME fizeram pensar uma vez mais nos *Embaixamachos*. Com a associação agora plenamente estabelecida, fiquei imaginando o que seus fundadores estariam fazendo. Certamente ainda seriam ativistas. Afinal de contas, eram os alunos mais eloquentes, os que lideraram a busca pela igualdade entre os gêneros.

Assim, procurei Tara Hagan, cuja conversa com um perplexo amigo a ajudou a criar a associação que se transformou em um movimento.

Após sua formatura, em 2014, Hagan ingressou em uma grande agência de publicidade. Quando conversamos um ano depois, ela me disse que seu chefe era ótimo. Em certos momentos, por força do hábito, ele usava pronomes masculinos, como que presumindo que todos os indivíduos importantes eram homens. Mas ela não achava que lhe cabia chamar atenção para o fato.

"O objetivo da ENH é nos tornar líderes melhores, e ser a favor da inclusão nos transforma em líderes melhores. Isso não significa, necessariamente, que a compreensão da diversidade melhorará um comercial. É difícil fazer uma conexão. Eu não posso dizer: 'Vamos usar pronomes femininos porque assim vamos ganhar um prêmio'."

E o que ela teria a dizer sobre seu ativismo em favor da igualdade entre os gêneros? "Na ENH, é legal a gente se declarar feminista", disse ela. "No trabalho, tenho certeza de que as mulheres são feministas. Mas sinto que não posso ficar alardeando isso, pois posso intimidar meus colegas."

Então ela me disse uma coisa que me fez arregalar os olhos, tamanha surpresa. "Eu nem contei aos meus colegas que criei os *Embaixamachos*, pois é uma coisa muito estranha", confessou ela. "Em parte, estou dividida. Com toda a minha experiência na ENH, eu deveria levar para o mundo corporativo essa sensibilidade sobre a questão dos gêneros; mas é uma coisa meio intimidadora."

A hierarquia do mundo corporativo simplesmente não favorece o tipo de conversa incentivado na ENH. Na escola, "somos todos colegas. Não há hierarquia estabelecida", explica ela. "Ao passo que em uma estrutura corporativa, sendo novo no emprego, você não pode realmente mudar a cultura de uma empresa. A coisa é mais difícil no local de trabalho."

o o o

A GERAÇÃO 80-90 e as gerações futuras ainda podem modificar a dinâmica entre mulheres e homens. Mas, como Hagan e seus colegas descobriram, isto exigirá trabalho duro. Apesar dos melhores esforços da Harvard Business School, os futuros líderes empresariais ainda estão colidindo contra o muro do sexismo institucional de hoje.

Para efetuar mudanças reais, esses homens e mulheres jovens precisarão se livrar dos maus hábitos da geração mais velha e permanecer focados na quebra do ciclo de desigualdades, que inclui salários, promoções e respeito. Terão que trabalhar juntos pelo aprimoramento das políticas voltadas para a família e lutar pela igualdade, tanto no trabalho quanto no lar.

Tara Hagan ainda está tentando fazer isso.

Dois anos depois de nossa primeira conversa, entrei em contato com ela novamente e lhe perguntei se a cultura no ambiente de trabalho havia evoluído. Não muito, admitiu ela. "É insanamente difícil obter mudanças e melhorias reais no topo da hierarquia."

Mas ela me falou sobre estratégias que concebeu e que estão fazendo diferença. Trabalhando com clientes tão interessados quanto ela em promover a diversidade, ela usa o humor para neutralizar comportamentos sexistas. E já está orientando a próxima geração. Isso é o que lhe dá esperanças quanto ao futuro.

"Eu tenho um punhado de mulheres incríveis nas minhas equipes", disse-me ela, "que estou preparando, que eu vejo crescendo. Elas são demais."

10

QUAL O MELHOR LUGAR
DO MUNDO
PARA UMA MULHER?

"Mulher"
Depois que tudo tiver sido dito
Depois que os problemas do mundo
Tiverem sido pesados, medidos e resolvidos
Depois que olhares tiverem sido trocados
E mãos apertadas
Na sobriedade do momento
– alguma mulher sempre virá
Limpar a mesa
Varrer o chão e abrir as janelas
Para deixar sair a fumaça de charutos. Nunca falha.
INGIBJÖRG HARALDSDOTTIR – POETISA ISLANDESA (1983)

INCLINO O PESCOÇO para observar o topo do monólito diante de mim. Dentro de um alto cilindro de vidro pousado no chão, imerso em um fluido claro, está o que deve ser o maior pênis do mundo. Ereto e na posição vertical, é mais alto que eu.

Olho à esquerda e depois, à direita. Para onde quer que eu olhe, há outros deles. Imensos, médios, minúsculos, pendurados nas paredes e nos tetos, brotando do chão. É uma floresta de falos.

Abano a cabeça, desnorteada. Seria uma alucinação? Uma ilusão provocada pelo *jet lag*?

Não. É a Islândia. Estou no que é reputadamente o único museu do pênis existente no mundo. O museu orgulha-se de possuir 285 exemplares, desde o imenso membro de cachalote, à minha frente, até minúsculos órgãos de hamsters e camundongos. Há também antigas peças de madeira entalhada representando falos, abajures e gravatas-borboleta confeccionados com prepúcios de baleias, e cartas onde alguns homens, orgulhosamente, manifestavam o desejo de legar seus órgãos ao museu depois que morressem. Um caso notável são os moldes em prata de mais de uma dúzia de pênis humanos, sob uma foto que obsequiosamente identifica seus proprietários: os integrantes da Seleção Islandesa de Handebol, fotografados (de uniforme, felizmente) após obterem a medalha de prata nos Jogos Olímpicos de 2008, em Pequim.

Talvez seja apropriado que este museu se situe no coração de Reykjavík, a capital do país. A Islândia ainda conserva uma das culturas mais masculinas do mundo. É um país que leva a sério suas raízes vikings, desde os machados vendidos nas lojas de suvenires até a estátua do explorador Leif Erikson montando guarda diante da imprudentemente fálica torre da Igreja da Islândia.

Na vinda do aeroporto, fiquei fascinada com a inóspita paisagem que descortinei da janela do avião: rochas negras e esburacadas que se estendiam por quilômetros. O terreno de vulcões e gêiseres é tão acidentado, tão sobrenatural, que Neil Armstrong e os demais astronautas da Apollo treinaram na Islândia antes da caminharem na lua.

As pessoas que conheci lá são, no mínimo, igualmente rijas. Acabei entrando no museu – cujo nome oficial é Museu Falológico Islandês – para escapar de uma chuva enregelante e uma forte ventania, que os islandeses na rua nem pareciam notar. Nenhum deles portava um guarda-chuva, acessório que aparentemente é sinal de humilhante fraqueza. Meia hora antes, o jovem e simpático recepcionista do hotel me encorajara a sair, garantindo, sem ironia, que estava "um lindo dia para um passeio".

Eu viajara para lá porque, sob certos parâmetros, a Islândia é considerada o melhor lugar do mundo para uma mulher. Por oito anos consecutivos, o Fórum Econômico Mundial classificou o país como o número um no planeta no tocante à igualdade entre os gêneros. O que o situa à frente de 144 outras nações, inclusive os Estados Unidos, que ocupou, na última avaliação, um decepcionante quadragésimo quinto lugar, bem atrás de Ruanda e Burundi.

Os homens da Islândia são famosos por apoiarem o feminismo. Quando a Organização das Nações Unidas instituiu uma campanha chamada "Ele por Ela", em 2014, visando conquistar o apoio masculino à igualdade entre os gêneros, os islandeses sobrepujaram os homens de todos os outros países. Um em cada vinte islandeses – totalizando cerca de 35 mil – subscreveu o manifesto, um percentual que, se aplicado aos Estados Unidos, totalizaria 16 milhões de homens.

Tive que visitar o lugar para entender o motivo. Como aquela pequena nação insular conseguiu resolver um problema que tem atormentando há séculos o resto do mundo? Seriam os islandeses diferentes dos outros homens? Que segredos poderiam partilhar conosco?

Mais do que tudo, eu queria saber: como é a vida num país onde a igualdade entre os gêneros é uma realidade?

A coisa mais curiosa no tocante aos primeiros lugares obtidos pela Islândia, e que eu não pude deixar de notar, foi a velocidade do processo. A Islândia e outros países nórdicos ocupam há muito tempo o topo desse tipo de listas. Mas a Islândia, com extrema rapidez, acabou ultrapassando os demais.

Talvez, pensei eu, este processo pudesse mostrar ao resto do mundo como se pode transformar uma cultura rapidamente. Talvez o país tivesse finalmente decifrado o código de como dar passos largos no sentido de eliminar a defasagem entre os gêneros – e pudesse transmitir a descoberta ao resto do mundo. Afinal a Islândia só iniciou sua corrida rumo ao topo da igualdade entre os gêneros após 2008.

Descobri que esta data não foi acidental.

o o o

EM SETEMBRO DE 2008, a economia mundial ruiu. Foi a pior crise desde a Grande Depressão. Nos Estados Unidos, o mercado de ações despencou. O sistema bancário se viu de joelhos. Os indivíduos perderam seus empregos, suas poupanças se esfumaram e suas casas passaram a valer menos que as hipotecas – que eles, de qualquer forma, já não conseguiam pagar.

Mas se havia uma coisa que poderia fazer os americanos sentirem-se um pouco melhor, foi a noção de que pelo menos não estávamos na Islândia. Pois na Islândia os danos foram muito piores.

Nenhum país sofreu mais com a crise que a Islândia. Isto porque nenhum país se comportou tão tresloucadamente antes dela. Convencidos de que poderiam fazer qualquer coisa que os financistas de Wall Street fizessem, os pescadores e pastores de ovelhas que compunham a liderança econômica do país converteram-se em banqueiros e operadores de câmbio.

"Vikings dos negócios", era como se orgulhavam de serem chamados. Usando ternos sob medida confeccionados em Londres, eles desfilavam pelas ruas estreitas de Reykjavik em seus Range Rovers – antes uma raridade naquela terra de humildes carros compactos – acompanhados por deslumbrantes namoradas cobertas de peles e joias, em vez de botas de neve e parcas.

Praticamente todos eram homens. Homens jovens.

"Aos olhos do povo islandês, eles eram heróis. Nós tínhamos os 'gênios' que estavam conquistando o mundo", disse-me Jón Steinar Gunnlaugsson, juiz da Suprema Corte durante os anos de explosão econômica, quando o visitei em seu modesto escritório (pós-crise) de advocacia próximo ao litoral. Parecia quase saudoso. "Talvez uma das razões dessa tragédia na economia islandesa seja o fato de que aqueles caras eram durões demais."

Quando os islandeses falam sobre os anos de explosão econômica, essa imagem de virilidade aparece bastante. Conquistadores. Vikings. Saqueadores. O sistema bancário era como se fosse "um navio viking", como o descreveu um relatório do governo. "Os islandeses têm disposição para correr riscos. São audaciosos e agressivos", disse Ólafur Ragnar Grimsson, presidente do país, em uma palestra proferida em 2005 no Walbrook, um aristocrático clube londrino.

Foi uma mensagem que ele repetiu inúmeras vezes, não só em Londres como em Wall Street, países da Ásia e até nas reuniões do Fórum Econômico Mundial, realizadas em Davos. Como os vikings de alto-mar, os banqueiros islandeses eram jovens, enérgicos, rápidos em tomar decisões e implacáveis, conquistando tudo o que lhes surgia pela frente. Esses banqueiros não se limitavam a distribuir dinheiro ao redor. Prodigalizavam-no a outros, oferecendo empréstimos bancários a praticamente qualquer um que pedisse. A ascensão desses novos vikings alavancava quase tudo.

○ ○ ○

DE VOLTA AO HOTEL, após uma corrida sob a chuva desde o Museu Falológico, encontrei-me com Gunnar Sigurdsson. Aos 56 anos, sorriso maroto e humor malicioso, ele é pescador, como a maioria dos homens que conheci aqui. Ou, melhor dizendo, foi pescador. No início do *boom* financeiro, ele conseguiu perseguir seu verdadeiro sonho: tornar-se diretor de teatro.

Tomou então dinheiro emprestado e fundou uma companhia teatral. Depois, com mais dinheiro emprestado, comprou um apartamento de dois quartos em um bairro nobre. A prestações, comprou um Nissan. Como outros islandeses, fez seus empréstimos em euros e ienes; a ideia era de que o valor da coroa islandesa estava subindo tão rápido que seria mais barato e sensato contrair débitos atrelados a moedas menos valorizadas. Se olharmos um gráfico representando o débito nacional da Islândia de 2001 a 2008, veremos uma linha ascendente, quase vertical.

Gunnar pode não ter percebido o fato, mas sua boa fortuna foi o resultado de uma mudança na legislação efetuada em 2003, quando a Islândia privatizou seus três bancos estatais. Antes, os banqueiros atuavam de forma ordeira, mas pouco notável, emprestando dinheiro a pescadores e criadores de carneiros, bem como a pessoas que vendiam suéteres islandeses a turistas. Eles conheciam pessoalmente os clientes. Afinal, muitos deles eram parentes.

A Islândia tem apenas 320 mil habitantes. A população é tão homogênea que os cientistas a usam como placa de Petri para pesquisas genéticas. Devemos muito do que sabemos sobre a genética do mal de Alzheimer a experiências feitas com os islandeses. Tantos deles têm vínculos de parentesco que existe um aplicativo que lhes informa se a pessoa com quem pretendem ter relações sexuais é um primo ou prima.

Antes da explosão econômica, a Islândia desfrutou de anos de paz e, se não exatamente de prosperidade, pelo menos de conforto geral. Seus cidadãos estão entre os mais educados do mundo e seu sistema de saúde é robusto. Sua licença parental remunerada é extravagantemente generosa, estendendo-se por nove meses. O país não tem guerras há séculos e não possui exército.

Como outras nações nórdicas, está tão perto do socialismo quanto possível no mundo moderno. Quando aterrissei no aeroporto de Reykjavik, percebi que os passageiros da primeira classe eram encaminhados para as mesmas filas que o resto de nós, como se os islandeses não quisessem que os ricos ficassem muito cheios de si.

Mas isso tudo mudou depois que os bancos foram privatizados e o país ingressou em um frenesi de financiamentos internacionais. De repente, os novos bancos privados podiam fazer negócios com qualquer um, em qualquer lugar. O então primeiro-ministro David Oddsson acalentava visões de dominação internacional. Poeta e ex-prefeito de Reykjavik, ele se encantara com Ronald Reagan e Margaret Thatcher, seus heróis do livre mercado. Abaixou então os impostos e liberou o comércio. A inflação na Islândia estava disparando – efeito dos investimentos maciços que o país fizera na fundição de alumínio – e as taxas de juros estavam altas, alcançando dois dígitos em 2007. Quando os novos bancos privatizados abriram as portas para o mundo, investidores estrangeiros começaram a afluir, atraídos pela expectativa de obter facilmente uma taxa de 14% ao ano. Subitamente, os bancos se viram nadando em dinheiro.

Para Gunnar, o momento não poderia ser melhor. Ele passara anos se virando numa variedade de empregos, de pescador a proprietário de uma loja de vídeos e sorvetes. Agora, pela primeira vez, não precisaria se preocupar com dinheiro. Era fácil obtê-lo. O que o levou a alimentar ambições maiores que a de ganhar a vida como diretor de teatro local. Tal como os banqueiros, traçou como objetivo uma expansão mundial. Alugou então um teatro em Londres e começou a ensaiar seus atores para a estreia no exterior.

Seus planos pareciam modestos se comparados aos de alguns amigos. Nos Estados Unidos, o mercado de ações dobrou de tamanho entre 2003 e 2007. Na Islândia, não dobrou nem triplicou; aumentou nove vezes. A Islândia, antes conhecida por sua distribuição equitativa de renda, passou a contar com uma classe de pessoas indescritivelmente, ostentosamente, inimaginavelmente podre de rica.

Em sua festa de aniversário, o proprietário de uma companhia de navegação transformou um de seus armazéns num gigantesco salão e contratou Elton John para se apresentar lá. Um magnata do varejo chamado Jón Asgeir Jóhannesson comprou um iate de 45 metros e um apartamento de cobertura em Manhattan no valor de 25 milhões de dólares (depois foi processado por compradores em potencial por ter equipado a cozinha com armários baratos da Ikea). Um presidente de banco, Larus Welding, ficou tão frustrado com seus gerentes, que pleiteavam a triplicação de seus salários, que disse a eles: "Parem de comprar Porsches e beber tanto que vocês vão se sentir bem melhor. E parem de trocar de esposas; vão economizar um monte de dinheiro".

Os banqueiros da Islândia se tornaram presunçosos com o infindável gêiser de dinheiro – e desatentos aos sinais de que estavam no cerne de uma das maiores bolhas financeiras que o mundo já vira. Na verdade, a economia islandesa estava à beira do colapso. No final de 2007 já se sussurrava que a bolha estava prestes a estourar. Bancos internacionais, agências reguladoras e jornalistas começaram a fazer perguntas. Por todo o mundo, uma sensação de medo, de desastre iminente, começou a se avolumar.

Em Reykjavik, Gunnar, o pescador convertido em diretor teatral, não se preocupou com os rumores. Acreditava nos políticos islandeses que os descartavam como bobagens. Um banqueiro seu amigo minimizou as preocupações como "um problema de imagem" que poderia ser resolvido como uma "campanha publicitária".

Gunnar achou que seus amigos e os líderes do país sabiam mais que aqueles estrangeiros negativistas, que provavelmente estavam com inveja do sucesso da Islândia. De resto, estava ocupado demais ensaiando seus atores para a estreia em Londres – num local de ensaios que alugara juntamente com o teatro. Tudo estava progredindo como ele planejara.

"Pensei que tudo estava indo bem", lembra ele. "Os gênios financeiros tinham as coisas sob controle, e quem dissesse o contrário era ignorante ou idiota."

Os "ignorantes e idiotas", é claro, tinham razão. A estreia da peça de Gunnar estava marcada para 8 de outubro de 2008, que veio a ser o dia em que os bancos da Islândia faliram. Ninguém conseguiu controlar o pânico internacional que se seguiu ao colapso do banco americano Lehman Brothers, algumas semanas antes.

O caos passou a reinar. A Islândia, o pequeno país que fazia acontecer, transformou-se, de repente, no ridículo país que não cumpriu o que prometeu. O resto do mundo havia decidido que o país – ao contrário, digamos, do Goldman Sachs – não era grande demais para falir. E a Islândia faliu espetacularmente.

Em Reykjavik, Gunnar observava os acontecimentos com crescente apreensão. Desesperadamente, tentou entrar em contato com seus patrocinadores em Londres, que deixaram de retornar seus telefonemas. E todos os seus planos – tudo aquilo pelo qual trabalhara durante a vida inteira – evaporaram-se diante de seus olhos atônitos.

O temor se transformou em pânico, e com razões de sobra. No final, a coroa foi desvalorizada. Isto significava que os empréstimos que Gunnar contraíra em euros teriam que ser pagos com a aviltada moeda islandesa. O valor dos pagamentos, de repente, triplicou. Gunnar devolveu o carro e parou de pagar a hipoteca. Sua peça jamais estreou, o que destruiu seus sonhos de fama internacional. Ele acabou perdendo cada centavo de seus investimentos.

Alguns de seus vizinhos não se conformaram. Um islandês, cuja casa fora confiscada por um banco, ficou tão furioso que a demoliu totalmente. Os classificados dos jornais ofereciam carros a preços negativos – os proprietários pagavam para que alguém levasse embora seus veículos. Um brincalhão pôs a Islândia à venda no eBay – a cantora islandesa "Björk não está incluída na oferta", dizia o anúncio. Preço inicial: 99 *pence*.

No outono de 2008, quando tudo desabou, os cidadãos da Islândia, geralmente pacíficos, insurgiram-se furiosamente contra o "pensamento idiota". Multidões ganharam as ruas. Gunnar, com as economias exauridas, os sonhos teatrais malogrados e o automóvel retomado, juntou-se aos manifestantes. A turba exigia a renúncia do governo.

Evidentemente, os protestos foram realizados à moda islandesa – com pacíficas mães, por exemplo, passeando em meio aos manifestantes com seus carrinhos de bebês. Os mais exaltados arremessavam laranjas e bananas nos prédios públicos. Um dos coros mais típicos era assim:

Queremos novas formas de governo? Sim!
Queremos abolir a corrupção? Sim!
Queremos demonstrações pacíficas? Sim!

Foi por essa época que uma das poucas banqueiras do país ouviu insistentes batidas à sua porta. Seu banco fora o único do país que, evitando riscos tresloucados, ainda estava solvente – graças ao fato de, segundo as palavras do sócio dela, ter introduzido "grandes valores femininos no mundo financeiro".

Ao abrir a porta, ela se deparou com um homem idoso. "Quero que uma mulher tome conta do meu dinheiro", disse ele, conforme conta Michael Lewis em *Bumerangue: Uma Viagem pela Economia do Novo Terceiro Mundo*, sua envolvente investigação sobre a crise. Segundo Lewis, "um dos traços mais característicos do desastre na Islândia – assim como em Wall Street – foi como as mulheres tiveram pouco a ver com o assunto".

∘ ∘ ∘

ENTRE OS JORNALISTAS financeiros, a piada era que não teria havido nenhuma crise se o Lehman Brothers se chamasse "Lehman Sisters". Na verdade, como Lewis observou, os Estados Unidos e a Islândia possuíam algo em comum: as mulheres não tinham praticamente nada a ver com as desastrosas apostas financeiras nos respectivos países.

O que é notável, no entanto, é como cada país reagiu. Nos Estados Unidos, os homens que destruíram a economia permaneceram em seus postos. Na Islândia, foram para a cadeia. Mulheres os substituíram. Dois dos três bancos da Islândia nomearam mulheres para suas novas presidências. Todo o governo islandês renunciou, a começar pelo primeiro-ministro, o petulante incentivador dos "vikings dos negócios". Ele também foi substituído por uma mulher, Jóhanna Sigurdardóttir, a primeira lésbica assumida a liderar um governo, na história de qualquer país.

A presidência da Câmara de Comércio da Islândia foi também ocupada uma mulher, que falou em nome de muita gente quando motejou a "crise provocada pelos homens" como uma "competição de pênis" entre banqueiros.

Ocorreu então um fenômeno extraordinário. Foi como se toda uma população se levantasse, unida, com um só objetivo: eliminar a testosterona de seu sistema – desafiando milhares de anos de história e virando de cabeça para baixo uma cultura que sempre celebrara a sanguinária herança viking.

A tomada de poder pelas mulheres foi um espetáculo como o mundo jamais vira. No Reino Unido, o jornal *The Guardian* anunciou a mudança. "Após a Quebra, Mulheres Islandesas Comandam Recuperação." O *Financial Times* proclamou: "Islândia Recorre a Banqueiras para Corrigir Erros dos Jovens Banqueiros". Na Nova Zelândia, o *NZ Herald* proclamou: "Mulheres Vikings Lutam para Salvar o País do Colapso"; enquanto, talvez mais contundentemente, a *PBS* noticiou: "Mulheres Vikings Pretendem Acabar com a Era da Testosterona na Islândia".

O novo governo de Jóhanna (os islandeses usam seus nomes de batismos, em vez dos sobrenomes) de fato derramou um balde de estrogênio no mundo dos negócios e finanças, dominado pelos homens. Ela não perdeu tempo em exonerá-los de algumas das mais elevadas posições de poder, determinando que 40 por cento dos postos nos conselhos de administração fossem ocupados por mulheres. E criou uma nova divisão no departamento de finanças dedicada à implementação de um "orçamento com perspectiva de gênero", que é exatamente o que parece: um departamento destinado a garantir que o governo não gastasse mais com homens do que com mulheres.

"A Islândia foi o primeiro país do mundo a entrar na crise, mas pode ser o primeiro a sair, e as mulheres terão um grande papel a desempenhar neste processo", disse Halla Tómasdóttir, uma das fundadoras de um banco dirigido por mulheres. "A coisa remonta ao tempo das mulheres vikings. Enquanto os homens saqueavam e estupravam, as mulheres administravam as coisas em casa."

Para chegar às raízes da crise financeira, as mulheres no comando do país reuniram um grupo de especialistas – que os islandeses chamaram de "comissão da verdade". Então, em um movimento surpreendente, elas trouxeram da universidade local duas professoras especializadas no estudo dos gêneros para determinar o papel que estes tiveram na crise. No que pode ter sido uma iniciativa pioneira na história mundial, o governo da Islândia avaliou se a postura machista acarretou o colapso econômico. A conclusão pode ser resumida em uma palavra: "sim".

O mais notável foi que essa ampla transformação só ganhou impulso após o fluxo de poder inicial. A nova "feminização" não deixou quase nada incólume. O que começou como represálias contra banqueiros irresponsáveis acabou se alastrando por todos os setores da cultura.

Em 2010, a Islândia baniu os clubes de *striptease*. Depois anunciou medidas para reprimir a pornografia na internet. E, pela primeira vez, uma mulher foi nomeada bispo da Igreja da Islândia. Ainda em 2010, cinco anos antes dos Estados Unidos, a Islândia – que já permitia uniões civis – legalizou formalmente o casamento gay. A primeira-ministra foi uma das primeiras mulheres gays a se casarem.

Quando cheguei à Islândia, achei que a situação do país fosse uma coisa transitória. Tinha certeza de que era um caso em que um país, sofrendo as consequências das loucuras financeiras praticadas antes de 2008, havia aderido a uma histérica compulsão de se purgar de tudo o que fosse masculino.

Porém, à medida que a visita se prolongou, percebi que aquilo não foi um modismo passageiro.

Talvez o que mais tenha me surpreendido foi o fato de que os homens que conheci apoiavam o movimento rumo à "feminização" pelo menos tanto quanto as mulheres.

Para Gunnar, com certeza, foi um processo bem-vindo. "As sagas islandesas são cheias de mulheres", diz-me ele mais tarde, enquanto me conduz de carro pela principal avenida de Reykjavik. "Veja as histórias sobre os famosos vikings, que costumavam se matar uns aos outros. Mas por trás desses caras, nas sagas, havia mulheres fortes."

Se alguma coisa o incomoda, é o desejo de que as mulheres tivessem ido ainda mais longe. Ele franze a testa quando menciono que a Islândia está em primeiro lugar na análise feita pelo Fórum Econômico Mundial. "Acho que está errado. Estamos muito longe da igualdade."

Momentaneamente distraído, ele aponta para uma bela casa pela qual estamos passando, situada em um penhasco com vista para o porto. Foi lá, em 1986, que Ronald Reagan e Mikhail Gorbachev se encontraram pela primeira vez, explica ele.

"Linda", murmuro.

"É assombrada."

"O quê?"

Ele entra em uma rua lateral. "A Islândia tem 320 mil habitantes, mas possui 500 mil duendes, 250 mil *trolls* e um milhão de fantasmas; então, na verdade, temos muito habitantes", diz ele com satisfação.

Logo paramos próximo ao Kaffivagninn Café, um rústico restaurante em frente ao cais. Barcos de pesca flutuam nas proximidades; vejo grandes grupos de pescadores sentados ao redor de longas mesas de madeira.

Instalado a uma mesa de canto está Arthur Bogason, capitão de um barco de pesca. É um homem grande e musculoso, com mais de um metro e noventa. Ele trabalha em barcos de pesca desde os quatorze anos, exceto por um breve interlúdio como levantador de pesos em Dayton, Ohio. Está com sessenta anos agora, mas ainda dá a impressão de que pode levantar uma centena de quilos sem suar.

Arthur não está ali para falar sobre banqueiros (a quem desdenhosamente se refere como "duendes, pois ser um duende na língua daqui significa ser meio burro") nem sobre pesca. Em vez disso, pretende discutir a defasagem salarial entre os gêneros, a qual na Islândia situa-se em torno de 18%, semelhante à existente nos Estados Unidos.

"Nunca consegui entender isso, e acho isso tão idiota que nem tenho palavras para descrever", diz ele. "Tenho muita dificuldade para entender por que mulheres que fazem o mesmo trabalho que os homens não recebem os mesmos salários. Eu defendo a igualdade entre os gêneros, de todo o coração."

Enquanto ele fala, começo a entender um aspecto singular da cultura islandesa – e em particular dos homens islandeses. Quase todos os homens que encontro têm o mesmo ponto de vista: não importa que alguns burocratas do Fórum Econômico Mundial digam que a Islândia é o país número um em igualdade de gêneros; para eles, a Islândia não é um país nem remotamente igualitário para as mulheres. Os homens islandeses acreditam tanto nisso quanto as mulheres.

Por acaso, minha visita coincide com uma conferência que assinala os cem anos da concessão do direito de voto às mulheres, ocorrida em 1915. Cinco anos antes dos Estados Unidos, para aqueles que gostam de comparações.

A conferência é realizada na magnífica Harpa, a nova sala de concertos, um monumento ao exagero construído na época da explosão econômica. Trata-se de um prisma de vidro modernista, levemente ridículo, encomendado por um dos magnatas do sistema bancário e projetado por um famoso artista islandês. A construção ficou pela metade após o colapso, e a conta para terminá-la acabou nas mãos dos pagadores de impostos.

As mulheres que encontro na conferência, assim como os homens com quem conversei durante toda a semana, também não estão satisfeitas com os progressos que a Islândia tem feito no sentido da igualdade de gêneros. Amargamente, observam que a primeira primeira-ministra mulher já foi afastada do gabinete pelo voto (seu sucessor, não muito depois de nossa visita, será obrigado a renunciar, em meio a um escândalo financeiro). As leis contra a pornografia, amplamente ridicularizadas, têm sido difíceis de implementar. Um artigo publicado na revista *Vice* classificou de "asininos" os esforços contra a pornografia no país. A Islândia está sendo novamente governada por homens.*

Entretanto, a conferência também me oferece perspectivas a respeito de como, apesar de tudo, a Islândia ainda supera outros países quando se trata da igualdade feminina. O que é, em parte, um reflexo do famoso viés igualitário compartilhado por todos os países nórdicos. As distinções sociais com as quais nos acostumamos nos Estados Unidos – é improvável encontrarmos um diretor-executivo e o mecânico de seu automóvel no mesmo jantar social – não repercutem aqui. Neste país, pescadores confraternizam com financistas.

Como que para comprovar o fato, durante um intervalo na conferência – quando foram oferecidos café e salgadinhos –, reconheço uma senhora de cabelos louros e curtos. Usa sapatos de saltos baixos, segura uma bolsa e está conversando no saguão. É a ex-presidente Vigdís Finnbogadóttir. Para ela, não existe a necessidade de salas VIP, guarda-costas nem áreas reservadas.

Naquela noite, sou convidada para uma recepção na casa do atual presidente – juntamente com dúzias de outras pessoas que participaram da conferência –, que é o equivalente islandês da Casa Branca. Fico surpresa e deliciada, mas também preocupada em pôr meus papéis em ordem para a inevitável revista. Nos Estados Unidos, uma visita à

---

* Em 30 de novembro de 2017, uma mulher foi eleita novamente primeira-ministra da Islândia: Katrín Jakobsdóttir. Quando esta tradução foi terminada, no início de 2019, ela ainda se mantinha no cargo. [N.T.]

Casa Branca requer a passagem por uma bateria de policiais, barreiras de cimento, detectores de metal e cães farejadores de bombas.

Mas aqui é a Islândia. Ninguém pede meus papéis. E, ao invés de passarmos por uma falange de seguranças, subimos em um ônibus e vamos até uma casa encantadora – outrora uma escola – situada ao lado de uma pista pública de *jogging*. Entramos pela porta da frente, que está destrancada, penduramos nossos casacos e somos recebidas por um homem que vem a ser o próprio presidente, Ólafur Ragnar Grimsson. Os islandeses não esperariam nada diferente. Em qualquer dia, ele pode ser encontrado na fila do armazém. "A Islândia, como nação, é como se fosse a cidade de Bloomington, Indiana", explica um amigo meu.

Na casa do presidente, tenho oportunidade de conhecer Vigdís, que é divertida, irreverente, e me traz à memória a longa história de mulheres fortes da Islândia. Em 24 de outubro de 1974 – quase quarenta anos antes do dia da minha visita –, as mulheres islandesas fizeram uma greve que ficou famosa. Além de não comparecerem aos locais de trabalho, elas se recusaram a cozinhar, limpar a casa e tomar conta dos filhos, praticamente paralisando o país.

Bancos, fábricas, indústrias de pescado, escolas e lojas tiveram que fechar as portas. Os homens foram obrigados a levar os filhos para o trabalho, munidos de doces para mantê-los quietos. Nem sempre funcionou; locutores de rádio tiveram suas vozes abafadas pelo som de crianças brincando nos estúdios. A economia estancou. Os protestos, que ficaram conhecidos como "O Dia de Folga das Mulheres", mudaram para sempre a dinâmica do país.

Cinco anos depois, os islandeses elegeram Vigdís – então uma popular diretora teatral – como presidente. A presidência é um cargo basicamente cerimonial na Islândia; porém, mesmo assim, ela foi a primeira mulher no mundo a ser eleita chefe de estado. Durante a campanha, um oponente do sexo masculino a chamou desdenhosamente de "meio mulher", pois ela sobreviveu a uma operação de câncer no seio. Na noite de sua vitória, ela contra-atacou: "Bem, eu não vou amamentar a nação islandesa; vou liderá-la".

Os ganhos para as mulheres prosseguiram. Em 2000, o país implantou uma das políticas mais liberais de licença parental do planeta: uma licença paga de nove meses, incluindo três meses para a mãe, três para o pai e três para qualquer um deles que desejar utilizá-los. As creches são amplamente subsidiadas pelo governo. Não muito depois de minha visita, uma integrante do parlamento fez história ao amamentar seu bebê de seis meses enquanto fazia um discurso na assembleia.

Nada disso faz os islandeses pararem de reclamar. Enquanto pego um *kleinur* – produto da pastelaria islandesa cujo gosto lembra o de uma rosquinha e ao qual me afeiçoei –, conheço uma mulher enérgica e elegantemente vestida chamada Sigridur Einarsdóttir, que também participava da conferência. Ela é uma veterana de três décadas da companhia aérea Icelandair e a piloto mais graduada da empresa. Em 1996, comandou a primeira tripulação inteiramente constituída por mulheres da história da empresa. No entanto, está desencorajada. "Quando olho para trás, acho que muito pouca coisa mudou. A maior parte dos cargos gerenciais ainda é ocupada por homens."

Outra convidada, uma mulher gregária chamada Katrín Anna Gudmundsdóttir, se junta a nós. Katrín, outrora porta-voz da Associação Feminista da Islândia, dirigiu o departamento orçamentário da igualdade de gêneros, onde passava os dias garantindo que o orçamento do estado não favorecesse os homens e discriminasse as mulheres.

"A Islândia não constitui um mundo feminino. Nosso mundo ainda é centrado nos homens", diz ela. Ela também ridiculariza a classificação divulgada pelo Fórum Econômico Mundial. "O simples fato de estarmos no primeiro lugar mostra que a igualdade de gêneros anda muito mal no mundo. É uma prova do quanto ainda temos que avançar."

Fico estarrecida com as contradições. Supõe-se que a Islândia seja o melhor lugar do mundo para uma mulher. As mulheres alcançaram um grande poder aqui, e chegaram a comandar todo o governo. No entanto, todos os que encontro aqui, sejam homens ou mulheres, estão insatisfeitos. Ninguém acredita que, na Islândia, os gêneros sejam verdadeiramente iguais. O adjetivo que mais ouvi na minha viagem foi "idiota".

O dia seguinte será meu último na Islândia. Após fazer minhas malas, dirijo-me ao saguão do hotel para uma última saída com Gunnar. Desde que perdeu tudo na crise, ele acumula empregos para sobreviver. É guia de turismo, diretor de teatro e meu tradutor durante minha visita. Agora quer me apresentar a mais um amigo.

Dirigimo-nos aos arredores da cidade, até um prédio que lembra um velho e triste shopping center californiano de beira de estrada. Em seu interior, subimos um lance de escadas para conhecer Gudmundur Gunnarsson, um corpulento e barbudo eletricista que até recentemente dirigia o Sindicato dos Eletricistas da Islândia. Ele me diz que, após a crise, metade dos membros do sindicato faliu. Muitos perderam suas casas. Sobreviviam à base de morcelas baratas, feitas com intestinos de carneiros. Evidentemente, ficaram insatisfeitos com o governo da explosão econômica; "nosso presidente e os vikings islandeses que negociaram com os outros países", ele disse. E acrescenta, sobre o momento em que tudo desmoronou: "muitas pessoas disseram que talvez tivesse sido melhor deixar que as mulheres fossem mais ativas com relação ao modo como controlamos a economia islandesa".

Subitamente, tudo faz sentido para mim. Percebo algo mais nos homens islandeses: apesar de toda a postura de machões, eles ficam notavelmente à vontade quando falam sobre as diferenças entre os gêneros, de um modo que os homens americanos não ficam.

Nos Estados Unidos, quando alguém pronuncia a expressão "igualdade entre os gêneros", é quase possível ver os homens se encolherem fisicamente, adotando uma postura defensiva. Não é assim na Islândia, onde as mulheres do parlamento, certa vez, representaram "Os monólogos da vagina" – quando até o presidente Grimsson, grande promotor dos vikings dos negócios, declarou-se um "Guerreiro da Vagina".

Agora, em seu escritório com vista para um braço de mar, Gudmundur, um homem de compleição sólida trajando jeans azuis, nem pisca quando eu o pressiono sobre a questão das mulheres.

"Não é problema para mim dizer que sou feminista", informa, com voz profunda e retumbante. Ele criou seus seis filhos para que fossem feministas também, acrescenta. E ensinou a suas quatro filhas que "se não gostarem do que um homem está dizendo, podem se levantar e dizer: 'Não vou dar ouvidos a esse cara".

Essa é a diferença entre as mulheres islandesas e as mulheres americanas, sustenta ele. Ele tem uma filha que mora nos Estados Unidos, explica. E quando ele a visita lá, uma coisa os deixa loucos: "As mulheres americanas costumam permanecer sentadas, ouvindo as besteiras que um homem está falando".

É difícil imaginar uma conversa semelhante sendo travada com um eletricista, ou quase qualquer outro homem nos Estados Unidos. Por outro lado, eu já deveria saber, a essa altura, que a Islândia não é como os outros lugares. Sendo este país a Islândia, a filha de Gudmundur que mora nos Estados Unidos é mais conhecida como a cantora Björk.

Com minha visita chegando ao final, acho que finalmente compreendo por que a Islândia é tão hospitaleira para as mulheres, embora os próprios islandeses insistam que não é. O motivo de este país estar em primeiro lugar na igualdade entre os gêneros parece não ter muito a ver com as mulheres. Tem a ver com os homens. Os homens estão se movimentando em prol das mulheres. Estão tão frustrados com a desigualdade quanto suas esposas e filhas. Os homens e as mulheres da Islândia estão juntos nessa batalha.

Penso em uma coisa que Arthur Bogason, o musculoso capitão de barco e ex-levantador de pesos, disse no dia anterior. "Por que é tão fácil para você falar sobre os problemas das mulheres?", perguntei a ele. "E como nós, mulheres, deveríamos engajar os homens americanos nas conversas sobre igualdade de gêneros? Os homens parecem ficar na defensiva quando levantamos o assunto, como se estivéssemos lhes dando um sermão ou os acusando de alguma coisa horrível."

Ele afagou a curta barba por alguns momentos, olhou-me diretamente nos olhos e me deu um conselho para ser transmitido aos homens americanos: "Eu perguntaria a eles se o mundo iria acabar se alguém gritasse com eles. E daí? Comecem a droga da conversa".

"Tudo se baseia na ignorância", diz ele a respeito do desassossego dos homens. Mas a conversa "é necessária. E vai acabar ocorrendo. Quanto antes eles derem o primeiro passo, melhor".

11

O FUTURO É
AGORA

ERA NOVEMBRO DE 2016. Teresa Shook, uma avó residente no Havaí, estava alarmada com o comportamento do candidato Donald Trump em relação às mulheres, recentemente revelado em um áudio gravado às escondidas quando ele se preparava para participar do programa televisivo *Access Hollywood*. Na gravação, Trump se gabava de ter bolinado órgãos genitais de mulheres. Agora, ele acabara de vencer a eleição, obtendo a maioria dos votos das eleitoras brancas. Ao expressar sua frustração no Facebook, Teresa expôs uma ideia. Por que não organizar uma marcha em Washington, capital do país, defendendo a igualdade para as mulheres? Enviou então convites a uma dúzia de amigas, perguntando se estas gostariam de se juntar a ela. Depois foi dormir.

Ela não fazia ideia de que sua postagem se transformaria em um movimento. Sua sugestão se alastrou como um incêndio. E no dia seguinte ao que o presidente foi empossado, a Marcha das Mulheres sobre Washington atraiu mais de meio milhão de participantes, com milhões de outras mulheres ao redor do mundo saindo às ruas também.

Elas se reuniram não só em cidades americanas, como Washington e Nova York; mas também em cidades de outros países, de Paris a Lima, no Peru, passando por Tbilisi, capital da Geórgia, e Erbil, no Iraque. Cerca de cinco milhões de pessoas, segundo estimativas, marcharam nos Estados Unidos e em duzentas localidades ao redor do mundo.

As marchas foram uma extraordinária demonstração de solidariedade feminina. Mas algo mais chamou minha atenção enquanto eu assistia às filmagens das manifestações: os homens. Milhares deles, algo inédito. Impávidos, eles compareceram às marchas e manifestaram seu apoio à igualdade entre os gêneros. Para muitos deles, nos Estados Unidos, a questão ali não era ser democrata ou republicano. Era ser humano.

"Eu sou um típico eleitor de Trump, um homem branco de 54 anos. Mas minha mãe me criou corretamente", disse o manifestante Jeff Parker, de Washington, DC. O viúvo Glenn Wallace marchou em homenagem à sua falecida esposa. Alexander McCoy, veterano do Corpo de Fuzileiros Navais, explicou por que compareceu: "Já fui chefiado por mulheres – e meu grande ego de Fuzileiro Naval sobreviveu muito bem. Já é tempo de o país perceber que seguir a liderança de uma mulher não torna um homem fraco".

Eis por que estou otimista. Apesar dos problemas enfrentados pelas mulheres todos os dias, apesar dos intratáveis problemas de misoginia e abuso em alguns setores, estamos nos aproximando de soluções. Cada vez mais homens estão se juntando a nós, transpondo a lacuna que há entre os gêneros e nos ajudando a fechá-la.

Esses homens provêm de todos os cantos do país e do mundo, e têm visões políticas extremamente diferentes entre si. Mesmo assim, atravessam barreiras socioeconômicas, raciais, étnicas e etárias para fechar as lacunas existentes nos lares, nos escritórios e nas escolas. Talvez não sejam chamados de "feministas", como os homens da Islândia, mas suas ações transcendem os rótulos – e já estão fazendo diferença.

São homens como Jared Mauldin, um universitário que está se formando em engenharia no estado de Washington. Ele decidiu tomar posição depois de notar que a maioria de seus colegas do sexo masculino fazia pouco caso das colegas de turma.

Em uma carta que escreveu ao jornal da escola, ele escreveu: "às mulheres das minhas turmas de engenharia, vocês e eu somos realmente desiguais". Depois enumerou os obstáculos enfrentados pelas mulheres: serem desencorajadas de estudar matérias científicas, serem chamadas de "mandonas", serem ignoradas por professores, serem consideradas menos qualificadas e acusadas de só serem contratadas para preencher cotas". Ele concluiu: "Quando eu obtenho sucesso, a premissa dos outros é de que foi por merecimento. Portanto, eu e vocês não podemos ser iguais. Vocês já superaram muito mais obstáculos só para chegar até aqui do que eu jamais enfrentarei".

A carta viralizou e a resposta foi esmagadoramente positiva. No que lhe dizia respeito, Mauldin simplesmente provou seu ponto de vista. "Eu não disse nada de novo", explicou ele à reportagem do programa *Today*, da NBC. "A única coisa diferente é que... eu sou homem."

Homens um pouco mais velhos que ele estão assumindo postura similar. Uma indicação interessante veio do *Wall Street Journal*. Após reconhecer que mulheres em cargos executivos são sempre indagadas sobre como conciliam o trabalho com a vida familiar, a reportagem inverteu as coisas e fez a mesma pergunta a 25 líderes empresariais.

Com o jornal observou, "a conciliação entre o trabalho e a vida familiar não é uma questão exclusivamente feminina. Mas frequentemente parece que é".

Algumas das respostas mais pungentes partiram de homens na casa dos cinquenta anos ou mais, como Dan Glaser, diretor-executivo da empresa de serviços profissionais Marsh & McLennan Companies, que não acompanhou as atividades de seus dois primeiros filhos e agora redobrou seus esforços para comparecer às atividades do terceiro, tais como o jogo de futebol.

"Quando somos mais jovens, temos aquela sensação de imortalidade, de que sempre poderemos recuperar o tempo perdido. Podemos achar isso quando estamos com nossas mulheres ou nossas esposas", disse ele. "Mas nossos filhos só são jovens uma vez e não podemos recuperar esse momento."

Satya Nadella, 49 anos, diretor-executivo da Microsoft e pai de três filhos, admitiu que "é uma luta conciliar o trabalho com a vida familiar". E completa: "Por exemplo, quando eu levo minha filha a um jogo de lacrosse, quanto tempo estarei ao telefone e quanto tempo estarei, de fato, assistindo ao jogo? Por alguns momentos, preciso lembrar a mim mesmo que estou presente em uma atividade com minha filha."

Executivos mais jovens, entretanto, estão oferecendo um exemplo diferente. Adam Goldenberg, 35 anos, diretor-executivo da JustFab, contratou um treinador de executivos para ajudá-lo a encontrar um equilíbrio; e acabou criando um esquema que lhe permite jantar em casa três vezes por semana e passar os fins de semana com a família.

Eric Poirier, o jovem diretor-executivo da Addepar, marca os períodos em que estará fora em um calendário visível a todos os funcionários, observando que levará sua filha pequena ao pediatra ou que sairá do trabalho às seis da tarde para jantar com ela antes que ela vá dormir. Seu raciocínio é o de que isso fará os funcionários sentirem que "têm apoio da empresa" em suas vidas particulares.

Homens assim estão contribuindo para que haja mudanças nos locais de trabalho que beneficiam ambos os sexos. Sua influência se faz notar de muitas formas, mais visivelmente em novos direitos, como licenças parentais sem distinção de gênero. A prática se iniciou na indústria de tecnologia, e desde então se espraiou por outras empresas, como a Ernst & Young (16 semanas), a Johnson & Johnson (até 17 meses para as mães e 9 meses para os pais) e o Credit Suisse (20 semanas, embora apenas para o cuidador "primário"). Enquanto isso, pela última contagem, cinco estados implementaram leis de licença parental paga: Nova York, Califórnia, Nova Jersey, Rhode Island e Washington, além de Washington, DC, que é o distrito federal.

Além disso, assim como os *Embaixamachos* de Harvard, executivos mais velhos estão começando a ingressar em organizações de apoio a suas colegas. Em firmas dominadas por homens, como a empresa de consultoria Bain Consulting, o escritório de advocacia Simpson Thacher & Bartlett e o banco MB Financial, os grupos de mulheres estão começando a incluir homens em suas reuniões.

Ao conversar com grupos mistos como esses, noto acenos de reconhecimento por parte das mulheres na sala quando discuto as indignidades sutis e os preconceitos inconsciente que nós vivenciamos. Para os homens, porém, essas conversas podem significar um alerta, uma tomada de consciência.

Nos últimos anos, diversas organizações têm surgido com o objetivo de congregar homens para defender as mulheres. A Paradigma para a Paridade, fundada no final de 2016 por executivos, como Ellen Kullman, ex-diretora-presidente da DuPont, propõe a igualdade nos cargos executivos por volta de 2030, e oferece um "conjunto de ferramentas" para implementar as ações propostas. Entre elas: treinamento contra o preconceito inconsciente, avaliações baseadas no desempenho em vez de no contato pessoal e provimento de instrutores que possam alavancar as carreiras de mulheres com grande potencial – e não apenas mentores para lhes oferecer conselhos. Diretores-executivos, em sua maioria homens, de mais de duas dúzias de empresas, como o Bank of America, a Coca-Cola e a LinkedIn, assinaram a favor dessas medidas.

Um esforço equivalente está sendo efetuado na área estudantil. A Forte Foundation, uma organização sem fins lucrativos criada para encorajar mulheres a obter educação na área empresarial, agora está convidando homens também. Para isso, criou a "Iniciativa Homens como Aliados" para estudantes e professores que desejam criar grupos masculinos que apoiem mulheres no campus. Outra organização sem fins lucrativos, a "Faça Acontecer", iniciou a campanha "#FaçamosAcontecerJuntos"*, destinada a atrair a colaboração masculina.

Esforços semelhantes estão germinando ao redor do mundo. Na Austrália, a organização "Defensores Masculinos de Mudanças" reúne executivos quatro vezes por ano para trabalhar em questões como transparência nos pagamentos a homens e mulheres, e horários flexíveis de trabalho; esses homens também se comprometem a não participar de assembleias exclusivamente masculinas. O Quênia, por sua vez, conta com a organização "Homens pela Igualdade entre os Gêneros Agora". O Clube 30%, criado por Helena Morrissey, executiva do setor financeiro no Reino Unido, recruta executivos graduados que apoiem seu objetivo de aumentar o percentual de mulheres nos conselhos de administração. Fundado em 2010, o clube já se estendeu por seis outros países, inclusive os Estados Unidos.

E a Organização das Nações Unidas lançou o programa "Ele Para Ela" dirigido a homens que tenham o propósito expresso de apoiar as mulheres, tendo a atriz Emma Watson como seu rosto público. "A igualdade entre os gêneros é problema seu também", disse Watson, apresentando a iniciativa em uma palestra na ONU, implorando aos homens que estavam na plateia que perguntassem a si mesmos: "Se não eu, quem? Se não agora, quando?".

Internacionalmente, esses grupos de homens muitas vezes se concentram em diminuir a violência contra as mulheres, que tem demonstrado um alarmante crescimento em diversos países, desde a Indonésia até o Reino Unido. No Equador, uma organização chamada "Capacetes Rosas" ensina meninos em idade escolar a respeitarem as mulheres. Homens na Argentina, no Chile e no Uruguai têm participado de manifestações pelos direitos das mulheres. No Burundi, homens que apoiam a igualdade feminina fundaram um grupo chamado

* Em inglês, #LenInTogether. [N.T.]

Abatangamuco, que literalmente se traduz como "trazendo a luz". Em janeiro de 2015, a "Ele Para Ela" e a ONU sediaram um encontro que foi chamado de "Barbeiro" – o primeiro do gênero, uma conferência internacional de homens para discutir os problemas das mulheres. Centenas de homens compareceram, provenientes de diversos países, tais como Paquistão, Tunísia, Letônia e Suécia.

Encontros como este constituem um passo na direção certa. Mas sejamos claros: por si sós, não são o bastante. Para que mudanças reais ocorram – se quisermos transformar a cultura há tanto tempo moldada pelos homens e para os homens – será preciso que as pessoas, uma a uma, tomem posição, transpondo a divisão entre os gêneros. As vitórias virão a partir da acumulação de pequenas interações cotidianas entre mulheres e homens.

Adam Grant, por exemplo, professor da Wharton School, adquiriu o hábito de interromper qualquer um que esteja menosprezando ou fazendo observações ofensivas contra mulheres. Às vezes, ele simplesmente faz a seguinte pergunta, em tom baixo e gentil: "O que você quer dizer com isso?". Trata-se de uma abordagem não agressiva, que leva os homens a refletirem sobre o que acabaram de dizer e por que o fizeram, permitindo-lhes que façam suas próprias reflexões sobre seu procedimento. Nos casos mais extremos, Grant chama o ofensor para uma conversa particular e lhe explica que outras pessoas estão notando sua conduta, o que está afetando sua reputação.

Grant reconhece seus próprios preconceitos enrustidos. "Uma das coisas que os homens podem fazer é conversar sobre seus preconceitos", disse-me ele. "Os homens se sentem em julgamento quando o assunto é levantado. Mas quando reconhecem (o próprio preconceito), a situação fica equilibrada".

O capitalista de risco Roger McNamee, por sua vez, sugere uma ação por dia para equilibrar o jogo. Por exemplo: poucos anos atrás, ele mudou seu estilo de escrever e-mails para adotar o que ele descreve como uma abordagem mais "feminina". Ele inicia cada mensagem com uma saudação formal ("Dear Joanne") e introduz suas ideias como perguntas, em vez de diretrizes, de modo a criar um clima de colaboração. A ideia é "mostrar respeito pela outra pessoa", diz ele, acrescentando: "Se um número suficiente de indivíduos realizar uma ação por dia, isso vai fazer diferença".

Os homens cujas vozes povoam este livro sugerem múltiplas estratégias, sejam grandes ou pequenas, que em última análise nos levarão a um mundo mais justo. Homens como Robert Moritz, da PricewaterhouseCoopers, que escreve por que as mulheres são fundamentais para o sucesso do empreendimento. Como Brian Welle, que ensina seus colegas do Google a reconhecerem os próprios preconceitos inconscientes. Como Sam Polk, que desafia a perniciosa "fala dos manos" no mundo das finanças. Como Kip Tindell, da Container Store, que fala sobre o valor das mulheres executivas nos processos decisórios. Como Tom Falk, da Kimberly-Clark, que oferece bonificações para iniciativas bem-sucedidas que contemplem a diversidade. Como o Dr. Augustus White III, que explica o "analfabetismo cultural" e afirma que a conscientização é a chave para se tratar qualquer pessoa com respeito, independentemente de gênero ou etnia.

Para eliminarmos a defasagem entre os gêneros, não há dúvida de que ainda temos um longo caminho pela frente. Até os homens mais esclarecidos, que tentam honestamente fazer isso, enfrentam forças estruturais e culturais que são difíceis de superar.

"O que me deixa mais consistentemente perplexo é como a coisa é profunda. Mesmo pessoas progressistas ainda agem de modo desdenhoso e desrespeitoso com relação às mulheres", disse-me Polk. "É preciso estar alerta. E isso requer muito trabalho duro."

O canadense e filho de missionários Dominic Barton, diretor-executivo da firma de consultoria McKinsey & Company, é um dos mais sinceros defensores das mulheres que existem no país. Em sua empresa, ele encoraja os homens mais graduados a orientar mulheres promissoras. A McKinsey exige que todos os seus funcionários recebam treinamento contra os vieses inconscientes (antes era algo opcional, mas "os indivíduos que têm esse problema, que são preconceituosos, não compareçam", explicou-me ele). E até instituiu metas de recrutamento para a contratação de mais mulheres.

A ambiciosa missão de Barton é aumentar para 40% o percentual de sócias até 2020. No entanto, em 2016, as mulheres constituíam apenas 11% dos cargos mais elevados. "As coisas estão indo na direção certa, mas não rápido o bastante. Ainda não resolvemos o problema", reconhece ele.

Ele ainda está tentando. "Os homens têm um papel decisivo a desempenhar", informou ele. "As mulheres não podem fazer tudo sozinhas."

Esses esforços requerem coragem. Homens que defendem mulheres às vezes se arriscam não só a sofrer abusos verbais como também a serem alvos de violência. As mais benignas demonstrações desse apoio podem atrair injúrias. Quando um grupo americano de profissionais judeus, o "Homens como Aliados", instigou seus filiados a pedirem a outros homens que não participassem de assembleias exclusivamente masculinas, a revista *The Atlantic* decidiu convocar seus leitores a fazer o mesmo. A resposta foi tão agressiva que a revista teve que fechar sua seção de comentários.

Os homens não enfrentam oposição somente de outros homens, mas de mulheres também. Alguns movimentos femininos excluem homens intencionalmente, em parte para evitar a perda de participantes. "O movimento das mulheres continua a demonstrar má vontade para recrutar homens", escreveu Joshua Reiman na *International Affairs Review*. No entanto, permitir o ingresso de homens "transformaria a causa, que ainda é em grande parte apoiada apenas por mulheres, em um movimento social de amplo espectro".

Apesar de tudo, os homens persistem. E lenta, mas seguramente, estão destruindo o estigma que circunda os homens que defendem abertamente a igualdade entre os gêneros. Eles nos oferecem uma percepção do que será necessário às mulheres – e aos homens também – para convencer mais homens a se juntar a elas. Suas estratégias variam, mas a mensagem é a mesma. As mulheres não conseguirão resolver o problema sozinhas. Os homens precisam perceber que o problema é deles também.

No fim das contas, a igualdade para as mulheres significa a igualdade para os homens também. Precisamos expandir a definição de empregos aceitáveis tanto para homens quanto para mulheres, principalmente em uma economia que, cada vez mais, preza valores tradicionalmente femininos, como empatia e colaboração. Uma mulher especializada em cirurgia não deve causar um espanto maior que um homem trabalhando como enfermeiro. Gloria Steinem observou: "Fico feliz por ter criado minhas filhas mais como meus filhos; mas isto nunca funcionará se não criarmos nossos filhos mais como minhas filhas".

○ ○ ○

MILHÕES DE HOMENS têm demonstrado que estão prontos e dispostos a cobrir a lacuna. E muitos mais são aliados em potencial desta causa. A questão é, portanto: como poderemos canalizar esses esforços? Como poderemos fazer mais homens entenderem que essa causa também é deles? Como fazê-los se interessar? Em resumo, como poderemos conversar com eles?

Às vezes, tudo de que precisamos é perguntar. Para o executivo de tecnologia da informação Steve Boehm, a percepção da defasagem entre os gêneros começou com uma simples pergunta. Anos atrás, um colega quis saber se ele já havia perguntado a um colega com histórico diferente do dele – uma mulher, ou um integrante de alguma minoria – como era trabalhar na empresa. Ele nunca fizera isso. E é o primeiro a admitir que, naquela época, não pensava muito nos desafios enfrentados pelas mulheres ou pelas minorias. Mas a questão o instigou a reavaliar suas atitudes e comportamento.

Quinze anos atrás, "eu achava que era um cara legal, tratava bem todo mundo", contou-me ele. "Muitas pessoas são como eu. São bem-intencionadas. Mas não têm noção do que não sabem."

As mulheres têm. Porém, precisamos ir além de apenas conversarmos entre nós. Já é hora de convidarmos os homens a participar da conversa.

Os homens com quem me encontrei durante a coleta de informações para este livro – e as mulheres que estão trabalhando para criar uma sociedade igualitária para todos – me dão uma grande esperança. Desde Glen Mazzara tomando providências para que as mulheres na sala dos roteiristas não fossem interrompidas, até orquestras sinfônicas nos mostrando todos os dias como seria um mundo sem preconceitos, passando por cientistas perscrutando o interior de crânios humanos e por pesquisadores esquadrinhando os e-mails da Enron, cada vez mais homens, todos os dias, estão cobrindo a lacuna entre os gêneros.

Sem dúvida, ainda é um movimento incipiente entre os homens. Neste momento, ainda se encontra difuso e pouco visível. Mas os indivíduos que conheci ao longo do caminho estão começando a trazê-lo para a linha de frente, agregando-se em torno da ideia de que precisamos de homens e mulheres trabalhando juntos para eliminar a defasagem. Eles estão iniciando um importante debate nacional.

Os homens e as mulheres que encontrei não têm nenhuma pretensão de ter todas as respostas. Nem eu. A vida no trabalho, assim como a vida em qualquer lugar, é complicada. Mas minhas viagens me ajudaram – e, espero, ajudarão outros – a repensar como olhamos uns para os outros e como tratamos uns aos outros.

Sim, as mulheres ainda estão vivendo em um mundo masculino. Mas a cada dia mais homens estão cobrindo a defasagem entre os gêneros. Estamos realmente trabalhando lado a lado, olhando juntos para o futuro.

LEMBRETE

DICAS E INFORMAÇÕES PARA HOMENS – E MULHERES

OS MUITOS HOMENS e mulheres que entrevistei contribuíram com diversas estratégias para igualar o campo de jogo entre ambos os sexos. Eis algumas delas que qualquer um de nós, homem ou mulher, pode adotar.

1. INTERROMPA OS INTERRUPTORES

Até as mulheres das Supremas Cortes de Justiça são interrompidas com uma frequência três vezes maior que os juízes do sexo masculino. Por mais poderosas que sejam, essas mulheres "são iguais às outras mulheres", escreveram pesquisadores da Universidade do Noroeste, "e são interrompidas por seus colegas homens". Solução: instituir uma regra de "não interrupção" para todos, como faz Glen Mazzara, o produtor da série *The Walking Dead*. Alternativamente, quando uma mulher for interrompida em uma conversa, interrompa o interruptor: "Olívia estava falando. Deixe que ela conclua o pensamento dela".

2. USE AMPLIFICAÇÃO E PROPAGANDISTAS

As ideias das mulheres não são ouvidas – a menos que sejam repetidas por um homem, que fica com o crédito. Solução: use uma dica das mulheres da administração Obama e "amplifique" o que outra falou, repetindo sua ideia e assegurando-se de que ela receba o devido reconhecimento. Além disso, como as mulheres são penalizadas quando falam sobre suas realizações, elas podem se tornar (juntamente com homens solidários) propagandistas umas das outras. Podem falar sobre as realizações das outras e elogiá-las.

3. DIVERSIFIQUE OS ENTREVISTADORES, NÃO APENAS OS POSTULANTES

As empresas estão, cada vez mais, adotando a Regra de Rooney, exigindo um leque diversificado de postulantes nas ofertas de emprego. Mas incluir postulantes do sexo feminino é apenas um primeiro passo. Se os entrevistadores não forem diversificados – se, digamos, todos os entrevistadores forem homens brancos –, eles serão menos inclinados a ver uma mulher como "culturalmente adequada"; enquanto a mulher pode se sentir tão pouco à vontade que rejeita o emprego mesmo que este lhe seja oferecido. Solução: misturar as coisas. Ampliar a Regra de Rooney de modo que inclua também os entrevistadores: tome providências para que não só os entrevistados sejam diversificados, mas também os entrevistadores.

4. ELA VAI MELHORAR SEUS RESULTADOS

As mulheres são frequentemente excluídas de empregos ou promoções porque não têm "o perfil adequado"; ou são descartadas como "contratações para preencher cotas", que são vistas como um sinal de critérios mais frouxos. Solução: observar os fatos. Mulheres tornam os grupos de trabalho mais criativos. As empresas com diretoras financeiras fazem melhores aquisições que as empresas com diretores financeiros. As firmas que possuem mais mulheres no conselho diretor têm um desempenho melhor que aquelas que possuem menos mulheres, em quase todos os parâmetros financeiros. Grupos mistos podem até solucionar um assassinato com mais perfeição que grupos compostos por apenas um dos sexos. Quer uma receita para o sucesso? Acrescente mulheres.

5. ELA NÃO ESTÁ "PEDINDO DESCULPAS", ELA NÃO "TEVE SORTE" E ELA NÃO ESTÁ LHE FAZENDO UMA PERGUNTA

Pesquisadores descobriram que as mulheres usam qualificadores ("Desculpe incomodar você, mas...") para parecer menos ameaçadoras. Quando agem de modo assertivo são penalizadas, sendo consideras mandonas, arrogantes ou difíceis de trabalhar. Solução: as mulheres estão plenamente cientes desses tiques verbais e tentam controlá-los. Mas se não o fizerem, lembre-se de que na próxima vez que uma mulher terminar uma frase com entonação interrogativa, ela está na verdade sendo assertiva e dando um soco na mesa.

6. SIM, ISSO NÃO É UM CUMPRIMENTO

As mulheres são muitas vezes submetidas a cumprimentos que, intencionalmente ou não, as depreciam – como quando passei horas me preparando para uma entrevista na televisão, apenas para que um executivo graduado me dissesse que eu estava "bonita". Solução: você diria isso para um homem? Se não, você provavelmente também não deve dizer isso a uma mulher.

7. ELA TEM CERTEZA DE QUE VOCÊ NÃO A RESPEITA

Pesquisadores descobriram que os homens são mais respeitados que as mulheres – até quando ocupam exatamente o mesmo cargo. Solução: mantenha-se vigilante contra desconsiderações, grandes ou pequenas, e ajuste sua conduta. Quando você encontra um casal, você faz perguntas ao homem sobre o trabalho dele, mas ignora a mulher? Você escuta um homem falar em uma reunião, mas confere seus e-mails quando uma mulher está falando? Esse estado de alerta vale para todas nós, inclusive para mim mesma. Em um primeiro rascunho deste livro, inadvertidamente me referi a uma médica por seu primeiro nome, mas ao me referir a um médico usei o título honorífico de "doutor". Trata-se de um menosprezo comum, segundo descobriram os pesquisadores. Mas é um erro que não cometerei novamente.

8. NÃO DECIDA POR ELA

Quando surge uma oportunidade, ouço frequentemente executivos graduados dizerem coisas como "Mia seria ideal para a função, mas está com um bebê em casa e não gostaria de viajar"... ou que ela tem filhos pequenos e não gostaria de se mudar... ou que ela não gostaria de fazer horas extras. Solução: não presuma. Pergunte a ela. Mesmo que ela recuse a oferta, renove-a na próxima oportunidade e na oportunidade seguinte a esta. Meus próprios patrões fizeram isso quando meus filhos eram pequenos. O resultado foi que, quando eu estava preparada para novamente acelerar minha carreira, eles estavam lá, oferecendo-me oportunidades.

9. NÃO TENHA MEDO DE LÁGRIMAS

Barbara Annis e John Gray, coautores do livro "*Trabalhando Juntos: Homens e Mulheres Inteligentes Colaborando e Vencendo*", identificam a emoção como uma das maiores armadilhas enfrentadas pelos homens. O medo das lágrimas pode levar administradores do sexo masculino a não oferecer às mulheres o feedback honesto de que elas necessitam para progredir. Solução: se você for um administrador, verifique as avaliações de seus funcionários, para se assegurar de que está avaliando homens e mulheres de modo igual. E a propósito, se uma mulher derramar lágrimas, procure descobrir o motivo: ela não está chorando porque está triste. Está chorando porque se encontra frustrada – ou porque está furiosa. Quando os homens estão enraivecidos, eles gritam; para as mulheres, o choro desempenha a mesma função.

10. ELA ESTÁ PRONTA PARA RECEBER UM AUMENTO, MAS NÃO QUER PEDIR

Os homens têm quatro vezes mais probabilidades de pedir um aumento do que as mulheres – e quando as mulheres o fazem normalmente pedem trinta por cento a menos do que os homens pediriam, diz Linda Babcock, professora de Economia da Universidade Carnegie Mellon. Solução: se você for um administrador, verifique se está recompensando aquele que reclama mais – e se os homens estão pedindo aumento com mais frequência e ganhando mais que as mulheres de sua equipe com experiência comparável. Se você for uma funcionária, arme-se com informações salariais, disponíveis em empresas como PayScale, Salary.com e Glassdoor. Diversos estados e alguns países hoje exigem auditorias sempre que há disparidades salariais. E os resultados são anunciados publicamente.

11. "CONTRATE MULHERES COM A IDADE DA SUA MÃE"

Este é o atraente título de um artigo publicado na seção op-ed do *New York Times*. Sua autora, Sally Koslow, ex-editora-chefe da revista *McCall's*, captura perfeitamente a situação das mulheres mais velhas. Muitas delas abandonaram seus empregos ou passaram a trabalhar meio-expediente em empregos sem futuro quando seus filhos ainda eram pequenos. Mas quando estes abandonam o ninho, as mulheres se veem com a mesma ambição de sempre, e ansiosas para retomar suas carreiras. Solução: contrate-as! Ou, melhor ainda, estruture o trabalho para que nós não deixemos de contar com elas. Para as mulheres que deram um passo para trás quando seus filhos ainda eram pequenos, ofereça projetos que não exijam contato pessoal, mas permitam que elas continuem a contribuir e crescer – redigindo sumários jurídicos ou elaborando modelos financeiros.

12. ELA MERECE UMA PROMOÇÃO. SÓ NÃO SABE DISSO AINDA

Os homens têm muito mais probabilidades de se oferecer para trabalhos mais importantes, quer estejam preparados ou não. Mas empresas como o Google, por exemplo, descobriram que mulheres qualificadas muitas vezes não se oferecem. Solução: tome providências para que mulheres qualificadas estejam entre os mais cotados, mesmo que não tenham levantado as mãos. Esteja preparado para vencer resistências. Muitos executivos com quem conversei me disseram que identificam mulheres com o perfil exigido e pedem a elas que se candidatem. Isto não significa que a mulher obterá o cargo – mas com certeza não obterá se seu nome não estiver na lista.

AGRADECIMENTOS

SOU PROFUNDAMENTE GRATA a todos aqueles que partilharam comigo suas histórias, conselhos, pesquisas e tempo. A generosidade de vocês anima cada página deste texto.

Com relação à casa editorial William Morrow, que publicou este livro, minha estima não tem limites. Agradeço à editora-chefe Liate Stehlik e à extraordinária editora Rachel Kahan, cujas sugestões melhoraram o manuscrito (e entregamos o livro antes da data aprazada!). Muitos agradecimentos a Sharyn Rosenblum, Lynn Grady, Molly Waxman e Alivia Lopez, por lutar por este livro em cada etapa do caminho. Julia Meltzer, Nyamekye Waliyaya e a revisora Karen Richardson me salvaram de mim mesma mais vezes do que consigo contar. Meus agradecimentos a Henry Ferris, que promoveu estas páginas desde o início.

O livro não teria existido sem a ajuda da inimitável Suzanne Gluck, que me impulsionou durante a fase de proposta, encorajou-me na gestação do projeto e me ofereceu sugestões valiosas quando o manuscrito ficou pronto. Além de uma grande amiga, é uma bem-sucedida mãe-empresária, que vem pavimentando o caminho para nós todas. Agradeço também a Matilda Forbes Watson, Janine Kamouh, Lauren Szurgot e Andrea Blatt.

Por sua ajuda, quando estávamos correndo para entregar o trabalho no prazo, a jornalista Michelle Higgins tem minha eterna gratidão (e privilégios eternos para Veloria, no uso da piscina!). Agradeço também aos pesquisadores e conferentes de fatos Kevin Millian, Taylor Hess e Nicole Gimple.

Durante a elaboração deste livro, ingressei na equipe do jornal *USA Today*, da holding Gannett. Meus colegas me inspiram todos os dias com seu talento, dedicação e criatividade. Sou grata a muitos de vocês, cujo discernimento permeia estas páginas e cujo apoio valorizo demais. Entre eles – mas não exclusivamente eles! – estão Barbara Wall, Brent Jones, Keira Nothaft, Chrissy Terrell e Markus Williams, leitores de primeira hora do manuscrito.

Enormes agradecimentos a Roger McNamee, por suas críticas imensamente valiosas ao manuscrito. Agradeço também às outras pessoas que leram os primeiros manuscritos, na totalidade ou em parte, e o aprimoraram a cada vez; entre eles, Sheryl Sandberg, Ragini Verma, Andrew Tisch, Adam Grant, Sallie Krawchek, Katie Couric, Charles Duhigg, Matt Krentz, Melanie Kupchynsky e Glen Mazzara. Meu apreço a Maggie Kneip e Courtney Hamilton por seus excelentes conselhos. Agradecimentos especiais a minha eterna colega de quarto Carol O'Keefe, por sua sabedoria, franqueza e amizade.

Finalmente, agradeço à minha família. Meu falecido pai, Burton Lipman, e minha mãe, Diane Lipman, por terem criado três filhas fortes, as quais, por sua vez, criaram mais duas gerações de filhas e filhos (além de genros e noras!). Agradeço a meus filhos, Rebecca e Andrew, que são uma inspiração diária para mim. E ao meu marido, Tom, que não só conviveu com este livro durante três anos como também conviveu com o livro a vida inteira, como defensor das mulheres, em geral, e meu defensor, em particular. Meu amor por vocês é infinito.

©2019, Pri Primavera Editorial Ltda.

© Joanne Lipman

Equipe editorial: Larissa Caldin, Lourdes Magalhães e Manu Dourado
Tradução: Mabi Costa
Preparação de texto: Larissa Caldin
Revisão: Fernanda Guerriero Antunes
Projeto Gráfico e Diagramação: Primavera Editorial
Capa: Project Nine Editorial

Dados Internacionais de Catalogação na Publicação (CIP)
(Câmara Brasileira do Livro, SP, Brasil)

Lipman, Joanne
　　Escute o que ela diz : o que os homens precisam saber (e as mulheres falar) sobre trabalhar juntos / Joanne Lipman ; tradução Mabi Costa. -- São Paulo : Primavera editorial, 2019.
　　296 p.

ISBN 978-85-5578-083-7

Título original: That's What She Said

1. Feminismo 2. Mulheres - Discriminação de sexo no emprego 3. Discriminação de sexo contra as mulheres 4. Mulheres – Identidade I. Costa, Mabi II. Título

19-0713　　　　　　　　　　　　　　　　CDD 305.42

Índices para catálogo sistemático:

1. Mulheres - Discriminação de sexo no emprego

PRIMAVERA
EDITORIAL

Av. Queiroz Filho, 1560 - Torre Gaivota Sl. 109
05319-000 – São Paulo – SP
Telefone: (55 11) 3034-3925
www.primaveraeditorial.com
contato@primaveraeditorial.com

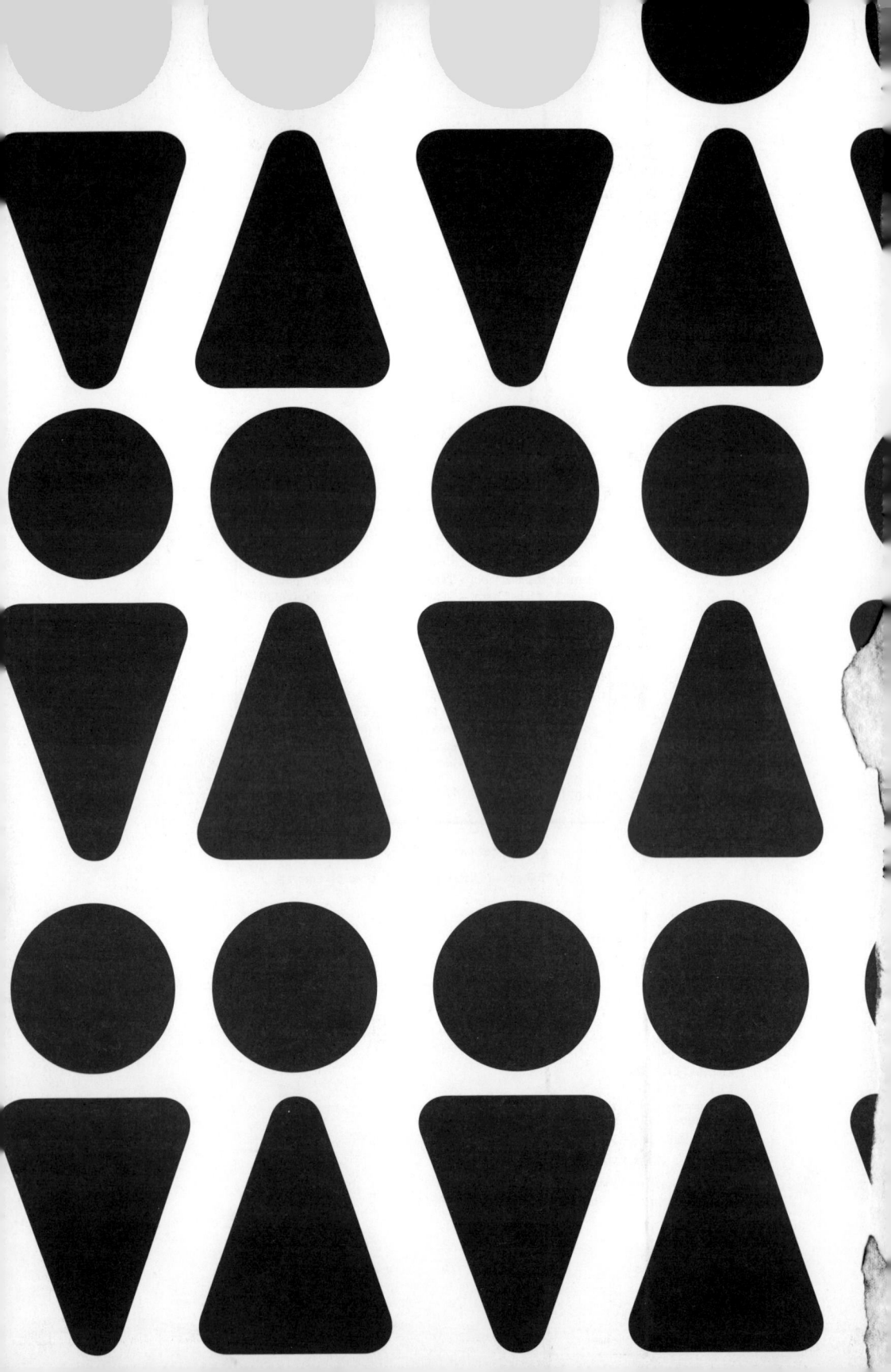